AF707966

SCHRIFTENREIHE MARCHIVUM **11**

MANNHEIMS ARCHIV
HAUS DER STADTGESCHICHTE
UND ERINNERUNG

HARALD STOCKERT

NAPOLEONS

ZWEITFAMILIE IN MANNHEIM

**DER SOHN,
DIE GELIEBTE, DIE ADOPTIVTOCHTER
UND DER INTENDANT DES NATIONALTHEATERS**

MARCHIVUM

verlag regionalkultur

Umschlagabbildungen Vorderseite	Napoleon in seinem Arbeitsraum. Gemälde von Jacques-Louis-David, National Gallery of Art, Washington. Mannheim 1830. Stahlstich von L. Schnell. MARCHIVUM

Gedruckt mit Unterstützung von

Karin & Carl-Heinrich ESSER STIFTUNG

FREUNDES KREIS MARCHIVUM

Bibliografische Information der Deutschen Nationalbibliothek
Die Deutsche Nationalbibliothek verzeichnet diese Publikation in der Deutschen Nationalbibliografie; detaillierte bibliografische Daten sind im Internet über http://dnb.dnb.de abrufbar.

Titel	Napoleons Zweitfamilie in Mannheim
Untertitel	Der Sohn, die Geliebte, die Adoptivtochter und der Intendant des Nationaltheaters
Reihe	Schriftenreihe des MARCHIVUM Nr. 11
Herausgeber	Harald Stockert
Autor	Harald Stockert
Herstellung	verlag regionalkultur
Satz	Jochen Baumgärtner, vr
Umschlaggestaltung	Jochen Baumgärtner, vr
Endkorrektorat	Anastasia Ziesche, vr; Heidrun Pimpl, Mannheim

Diese Publikation ist auf alterungsbeständigem und säurefreiem Papier (TCF nach ISO 9706) gedruckt entsprechend den Frankfurter Forderungen.

ISBN 978-3-95505-412-0

© 2025. 2. Auflage. Alle Rechte vorbehalten.

verlag regionalkultur
Ubstadt-Weiher – Heidelberg – Stuttgart – Speyer – Basel

Verlag Regionalkultur GmbH & Co. KG
Bahnhofstraße 2 • 76698 Ubstadt-Weiher
Telefon (07251) 36703-0 • *Fax* (07251) 36703-29
E-Mail kontakt@verlag-regionalkultur.de
Internet www.verlag-regionalkultur.de

VORWORT

Ein englisches Bonmot lautet: *Napoleon war nie in London, aber London ist voll von Napoleon.*[1] Und tatsächlich hat der französische Kaiser, vor allem aber der Kampf gegen ihn, viele Spuren in der britischen Hauptstadt hinterlassen – etwa in Ortsnamen wie Trafalgar Square und Waterloo Bridge, aber auch in Denkmälern wie dem Wellington Arch oder der Nelson Säule. Dergleichen sucht man in Mannheim vergebens. Lediglich ein Veteranendenkmal in D 5 sowie eine Stele auf der Friesenheimer Insel erinnern an die Kriege jenes Zeitalters und ihre Opfer.

Und doch ließe sich der Satz auch auf die Quadratestadt übertragen, zumindest wäre dies für die erste Hälfte des 19. Jahrhunderts möglich. Dabei geht es weniger um (im-)materielle Überreste als vielmehr um knapp ein halbes Dutzend Personen aus dem Umkreis des Kaisers, die in Mannheim wohnhaft oder zumindest regelmäßig zu Besuch waren. Ihre Verbindung zu Napoleon war dabei so eng, dass man fast von einer „Zweitfamilie" des Korsen in Mannheim sprechen könnte. Eine Familie, deren Mitglieder heute weitgehend vergessen sind – sieht man einmal von Stephanie de Beauharnais ab. Dabei waren ihre Werdegänge für das frühe 19. Jahrhundert alles andere als alltäglich. Im Gegenteil, ihre außergewöhnlichen Lebensläufe und eben ihre Beziehung zu Napoleon machten sie zu Figuren der internationalen Presse. Ihre spannenden Lebensgeschichten sind Gegenstand des vorliegenden Buches.

Dabei hat alles mit einem Fehler begonnen. Bei den Recherchen für mein Buch „... viele adeliche Häuser. Stadtsitze, Landschlösser und adlige Lebenswelten in Mannheim und der Kurpfalz", das ich 2011 veröffentlicht habe, bin ich das erste Mal auf den in Seckenheim wohnenden *Graf Leon von Louxbourg, ein illegitimer Sohn Napoleons* gestoßen, der angeblich das dortige Schloss gekauft habe.[2] Ich stützte mich hierbei auf die Sekundärliteratur, ohne leider diese Angabe näher zu überprüfen, da dies für den damaligen Forschungszweck nur eine Randnotiz war. Jahre später erinnerte ich mich an diesen durchaus spannenden Eintrag und stellte weitere Recherchen an. Nach und nach wurde ich mir nicht nur des Fehlers bewusst – er wird im Laufe dieses Buches aufgeklärt –, sondern es entstand vor meinen Augen die Lebenswelt gleich mehrerer Personen, die eng mit Napoleon verbunden waren. Ihre Lebenswege führten sie – und damit mich als Historiker zumindest gedanklich – von Seckenheim und Mannheim nach Karlsruhe, Baden-Baden und Zweibrücken und zuletzt nach Paris und London.

Die moderne Geschichtsvermittlung bedient sich mit der Methode des „Storytelling" eines Ansatzes, mittels kleiner, meist personenbezogener Geschichten die Leserschaft zu unterhalten und dabei en passant historische Informationen zu vermitteln. Auf diese Weise können weitaus nachhaltigere Einblicke in vergangene Epochen gegeben und die Menschen aus ihrer Zeit heraus besser verstanden werden. Auch das vorliegende Buch verschreibt sich diesem Ansatz. So möchte ich die Leserinnen und Leser anhand der Biographien der Mitglieder von Napoleons Mannheimer „Zweitfamilie“ in das 19. Jahrhundert zurückführen. In ihnen manifestierten sich immer wieder große geschichtliche Entwicklungen mit direkten Auswirkungen auf ihren jeweiligen Werdegang, angefangen vom Kaiserreich Napoleons, dessen Untergang, die Restaurationsepoche, die Revolutionen von 1830 und 1848, das Wiedererstarken des Bonapartismus in Frankreich und nicht zuletzt die Epoche des Zweiten Kaiserreichs unter Napoleon III. Und dazu – lokal heruntergebrochen – Mannheimer Stadt- und auch Theatergeschichte.

Dabei offenbaren sich in den Lebenswegen immer wieder persönliche Skurrilitäten oder auch allzu menschliche Schwächen, die uns die Protagonisten trotz der historischen Ferne sehr nahe erscheinen lassen. Es geht darum, hier eine „Geschichte aus der Geschichte“ zu erzählen, um damit den Titel des Podcasts von Richard Hemmer und David Meßner aufzugreifen, der mich in den vergangen Jahren mit seinen zahlreichen lebendigen Erzählungen nicht nur unterhalten und begeistert hat, sondern auch Pate steht für den gewählten Ansatz der Darstellung.[3]

Für das Zustandekommen der Veröffentlichung bin ich zahlreichen Institutionen und Personen zu großem Dank verpflichtet. Die Finanzierung ermöglichten der Freundeskreis MARCHIVUM sowie die Karin- und Carl-Heinrich-Esser-Stiftung. Beide haben spontan ihre Hilfe zugesagt. Ich danke den zahlreichen Archiven und Bibliotheken, auf deren Material ich mich stützen konnte. Dank gebührt dem verlag regionalkultur mit seinem Grafiker Jochen Baumgärtner für die verlegerische Betreuung und die Erstellung des schönen Layouts. Dr. Anja Gillen und Markus Enzenauer haben unermüdlich Korrektur gelesen. Schließlich bedanke ich mich bei Monika Geier, die nicht nur das Buch mit großem Interesse begleitet, sondern zuletzt auch mit mir auf Pariser Friedhöfen nach Grabsteinen gesucht hat, anstatt die Sehenswürdigkeiten der Weltstadt zu genießen.

Mannheim, im Sommer 2023
Harald Stockert

INHALT

Quoi de neuf
de Mannheim et de Paris ?
(Was gibt es Neues
aus Mannheim und Paris?)

Vous ne l'avez pas encore lu ?
(Haben Sie es noch nicht gelesen?)

1. BEGEGNUNGEN IN MANNHEIM

Der Winter des Jahres 1822/23 war einer der kältesten des Jahrhunderts.[4] Mannheim fror. Sogar der Rhein war von dickem Eis bedeckt, und man konnte gefahrlos über den sonst so tückischen Fluss zur Rheinschanze, dem späteren Ludwigshafen, spazieren. Einziges Risiko dabei war, auszurutschen und hinzufallen. Trotzdem betrachteten die Mannheimer Stadtoberen das Extremwetter mit großer Sorge. Noch war die Erinnerung an den Kältewinter 1783/84 nicht verblasst, als sich das Eis auf dem Neckar zu einem regelrechten Gebirge aufgestaut, die Uferbauten zerstört und ein schweres Hochwasser nach sich gezogen hatte.[5] Mit dieser möglichen Katastrophe vor Augen machten die Mannheimer dennoch das Beste aus der Situation und eroberten die vereisten Flüsse für das öffentliche Leben. So fanden im Januar 1823 auf dem Neckar Kegelturniere statt, die Bahn umgaben Buden, an denen Punsch, Wein und Essbares feilgeboten wurde. Noch lebhafter ging es auf dem Rhein zu. Neben der obligatorischen Verköstigung wurden hier Schauveranstaltungen ausgerichtet wie der Bau eines Riesenfasses mit einem Fassungsvermögen von 6.000 Litern, das anschließend versteigert wurde. Das Eis auf dem Rhein hielt dieser Last ebenso stand wie einem *eingeheizten Tanzsaale*, in dem es *alle Sorten warme und kalte Getränke wie auch Speisen aller Art* gab und wo das Tanzbein geschwungen werden konnte.[6]

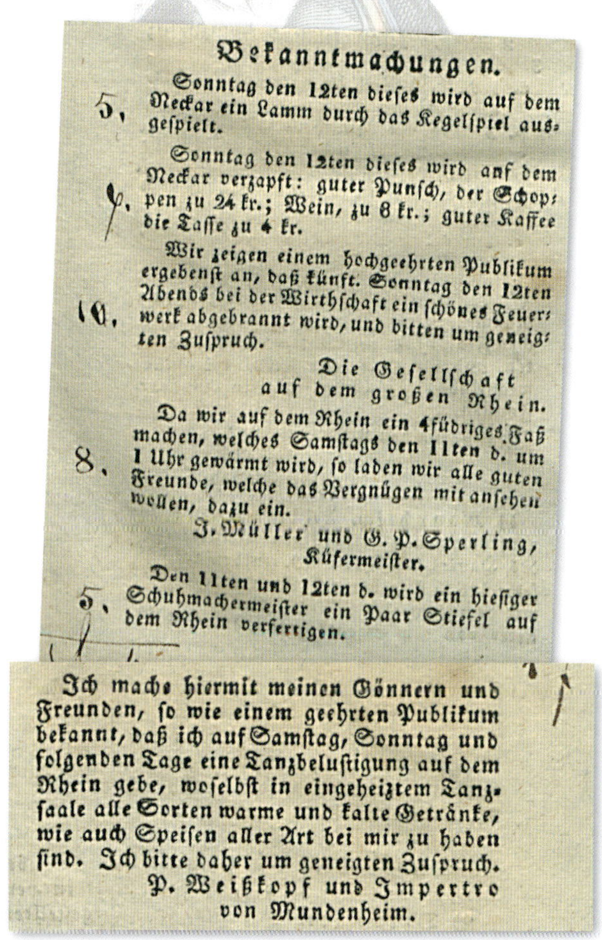

Bekanntmachungen.

Sonntag den 12ten dieses wird auf dem Neckar ein Lamm durch das Kegelspiel ausgespielt.

Sonntag den 12ten dieses wird auf dem Neckar verzapft: guter Punsch, der Schoppen zu 24 kr.; Wein, zu 8 kr.; guter Kaffee die Tasse zu 4 kr.

Wir zeigen einem hochgeehrten Publikum ergebenst an, daß künft. Sonntag den 12ten Abends bei der Wirthschaft ein schönes Feuerwerk abgebrannt wird, und bitten um geneigten Zuspruch.

Die Gesellschaft auf dem großen Rhein.

Da wir auf dem Rhein ein 4füdriges Faß machen, welches Samstags den 11ten d. um 1 Uhr gewärmt wird, so laden wir alle guten Freunde, welche das Vergnügen mit ansehen wollen, dazu ein.

J. Müller und G. P. Sperling, Küfermeister.

Den 11ten und 12ten d. wird ein hiesiger Schuhmachermeister ein Paar Stiefel auf dem Rhein verfertigen.

Ich mache hiermit meinen Gönnern und Freunden, so wie einem geehrten Publikum bekannt, daß ich auf Samstag, Sonntag und folgenden Tage eine Tanzbelustigung auf dem Rhein gebe, woselbst in eingeheiztem Tanzsaale alle Sorten warme und kalte Getränke, wie auch Speisen aller Art bei mir zu haben sind. Ich bitte daher um geneigten Zuspruch.

P. Weißkopf und Impertro von Mundenheim.

Anzeigen aus Mannheimer Tagblätter 11.1.1823

Mannheim um 1830, vom Rhein aus gesehen. Kolorierter Stich von L. Schnell nach E. Fries.

Abseits und unberührt von diesem Spektakel kam am 13. oder vielleicht auch am 14. Januar – das genaue Datum ist nicht belegt – per Kutsche ein Reisender in der Quadratestadt an, von wo aus er direkt nach Seckenheim weiterfuhr. Ziel des jungen Mannes, der ohne großes Gepäck reiste, war ein Schlösschen, das am östlichen Ortsrand oberhalb des Neckars lag.

Hier wurde er sicher voll Vorfreude erwartet. Wir können uns die Szene nur ausmalen, wie Gräfin Eleonore von Luxburg, eine elegant gekleidete, dunkelhaarige Frau, dem Ankömmling entgegeneilte, ihn auf Französisch begrüßte und fest in die Arme schloss.[7] Auch Hausherr Graf Karl August von Luxburg wird zugegen gewesen sein, steif und aufrecht, etwas distanziert danebenstehend und den Fremden namens Leon mit einem kräftigen Händedruck begrü-

Eingangsportal von Schloss Seckenheim. Foto von Andreas Henn, 2011.

ßend. Das emotionale Aufeinandertreffen seiner Ehefrau mit dem jungen Leon muss gemischte Gefühle in Luxburg ausgelöst haben, denn bei den beiden handelte es sich um Mutter und Sohn. Nicht Luxburgs Sohn freilich, und nicht der Sohn eines Unbekannten. Bereits andere Zeitgenossen hatten eine erstaunliche Ähnlichkeit des Jungen mit dessen leiblichem Vater festgestellt, und nun konnte Luxburg sich auch selbst ein Bild machen: Vor ihm stand ein Abbild des zwei Jahre zuvor verstorbenen Kaisers Napoleon Bonaparte. Zwar war Leon deutlich größer, aber die dunklen Augen, die etwas lange Nase, der schmale Mund und das leicht hervorstechende Kinn konnten keinen Zweifel an seiner Herkunft lassen. Selbstverständlich hatte Luxburg gewusst, dass seine Frau für kurze Zeit die Geliebte Bonapartes gewesen war und mit diesem einen Sohn hatte. Doch dies schien vergangen und weit weg. Und nun stand ihm Leon vor seiner Haustür leibhaftig gegenüber und damit auch die pikante Vergangenheit seiner Ehegattin.

Anders als das Eis zwischen Karl August und Leon, die von Beginn an ein eher distanziertes Verhältnis zueinander hatten, schmolz jenes auf Neckar und Rhein bereits Anfang Februar. Glücklicherweise blieb das Hochwasser aus. Die Mannheimer promenierten nun wieder entlang der Flussufer und verlegten ihre Vergnügungen zurück aufs Festland. Das kräftige Grün der Landschaft lockte nach draußen, und der vergleichsweise warme Frühling machte den eisigen Winter bald vergessen.

Eines Tages in diesem Jahr 1823 – auch hier ist das genaue Datum nicht bekannt – konnte auf der Pontonbrücke über den Neckar eine kleine Gruppe gut gekleideter Spaziergänger beobachtet werden, die in eine heftige Diskussion verwickelt waren. Es wurde wild gestikuliert, die Emotionen gingen erkennbar hoch, bis auf einmal ein junger Mann aus der Gruppe ausscherte und hinunter in den Fluss sprang. Die Bestürzung seiner Begleiterinnen war groß, doch zur Beruhigung aller war er ein guter Schwimmer und gelangte ohne Probleme ans Ufer, wo er völlig durchnässt wieder aus dem Wasser stieg.[8]

Wer waren diese Leute? Niemand anderes als Gefolge und Gäste der jung verwitweten Großherzogin Stephanie von Baden, die zusammen einen Spaziergang machten. Die Großherzogin, eine geborene Beauharnais, wohnte seit dem Tod ihres Ehemanns 1819 abseits des Karlsruher Residenzlebens wieder im Mannheimer Schloss, wo sie be-

Die Neckarbrücke, von der sich Louis-Napoleon 1823 stürzte, bestand aus Pontons. Stich, nach einem Gemälde von J. F. Voigt, 1834.

reits nach 1806 einige Jahre verbracht hatte. Ihr Hof war vergleichsweise klein und bescheiden, aber immer wieder das Ziel hochrangiger Gäste. Zu Besuch war an diesem Tag Stephanies Verwandte Hortense de Beauharnais, ehemalige Königin von Holland, mit ihrem 15-jährigen Sohn Louis-Napoleon. Und was die Gemüter bei dem eigentlich zur Erholung gedachten Spaziergang so erregte, war die Behauptung einer der Frauen, es würde keinen Mann mehr kümmern, sollte etwa der Handschuh einer Dame zufällig in den Fluss fallen. Ob sie damit Bezug auf die durchaus adelskritische Ballade „*Der Handschuh*" des zeitweise in Mannheim ansässigen Skandalautors Friedrich Schiller nahm, ist nicht bekannt, aber sehr wohl möglich. In dem Gedicht begibt sich ein Ritter in Lebensgefahr, um einen Handschuh zu retten, verschmäht aber anschließend die Dame, die das von ihm verlangt hat. Es geht um die Frage, wem bedingungslose Gefolgschaft gebührt, ein hochpolitisches Thema in dieser von Freiheitskämpfen geschüttelten Zeit. Vielleicht kochten deswegen die Emotionen beim Spaziergang so ungewöhnlich hoch. Und möglicherweise stürzte Louis-Napoleon sich hier mit einem beherzten Sprung in den Neckar, um einen Gesinnungsbeweis abzugeben und seine „Ritterlichkeit" zu zeigen. Jedenfalls war der spätere französische Kaiser Napoleon III. – denn um jenen handelte es sich – damit sprichwörtlich in Mannheim baden gegangen.

Diese kleinen Begebenheiten aus einem nicht gerade spektakulären Jahr eines eher ruhigen Jahrzehnts in der Quadratestadt scheinen keinen Zusammenhang zu haben. Und doch verband jene einander teils unbekannten Menschen, die der Zufall hier in Mannheim zusammenführte, etwas ganz Essentielles: Ihre familiäre Beziehung zu Napoleon, den ehemaligen Kaiser der Franzosen. Der junge Mann, der ins Wasser sprang, war der Neffe des Korsen, Stephanie von Baden seine Adoptivtochter, Leon der uneheliche Sohn, Eleonore die ehemalige Geliebte. Gewissermaßen als Zaungast mitbeteiligt sehen wir deren Ehemann Karl August. Auch wenn sie im napoleonischen Kosmos eher Randfiguren waren, so wurde ihr Leben doch von ihrer sehr persönlichen Verbindung zu Napoleon zeitweise oder auch dauerhaft bestimmt. Schatten wie Licht des Kaisers griffen immer wieder auf sie aus, verdunkelten teilweise ihre Individualität oder ließen sie umso heller leuchten. Und nicht allen sollte es gelingen, sich hiervon zu lösen.

Gerade einmal zwei Jahre waren 1823 seit dem Tod Bonapartes auf seiner Exilinsel St. Helena im Atlantischen Ozean vergangen, und schon änderte sich die Sicht auf ihn – in Frankreich, aber auch in Deutschland und in anderen Staaten. Hatte er in der Zeit nach seiner Verbannung zumeist als tyrannische Hassfigur gegolten, als ein moderner, völkermordender Attila, so wurde sein Bild nach 1821 zunehmend weicher gezeichnet, milder, bald wohlwollend. Wenige Jahre genügten, um Napoleon in breiten Schichten der Bevölkerung dies- wie jenseits des Rheins als einen Verfechter der bürgerlichen Freiheiten erscheinen zu lassen, zuweilen gar als einen Erlöser, an den angesichts der Dominanz der politischen Repression der Gegenwart mit Wehmut gedacht wurde. Motor dieser Entwicklung waren neben zahlreichen Zeitungsberichten vor allem die Erinnerungsbücher seiner ehemaligen Mitgefangenen von St. Helena, die nun auf den Markt kamen. Gezielt wurde darin die angeblich freiheitliche Gesinnung des Korsen verbreitet, er selbst als Genie, wenn nicht gar als *weltlicher Heiland* gefeiert und sein repressives Eroberungsregime dabei vergessen gemacht. Als besonders einflussreich erwies sich dabei das „*Mémorial de Sainte-Helène*" von Graf Emmanuel de Las Cases, das 1823 auf Deutsch erschien und reichlich beworben wurde – so etwa in der regional bedeutsamen „Neuen Speyerer Zeitung".[9] Bereits zuvor war aus diesem *Evangelium* – so die spöttische Bezeichnung von Heinrich Heine[10] – immer wieder in der Presse zitiert worden. Aufmerksame Leserinnen und Leser in Speyer und Mannheim konnten zudem am 14. Januar 1823 erfahren, dass der Kaiser zwei illegitime natürliche Söhne hinterlassen habe, *die sein lebendiges Ebenbild sind*, natürlich ohne dabei zu ahnen, dass sich einer von ihnen – Leon – genau zu diesem Zeitpunkt in der Region aufhielt.[11]

Napoleon war wieder en vogue, wurde zur interessanten zeitgeschichtlichen Figur, über die man viel wusste, und über die nun zunehmend auch Privates zu erfahren war. Allein im Jahr 1823 nahm etwa die Neue Speyerer Zeitung mehrere Dutzend Mal Bezug auf den Korsen. Seine historische Bedeutung wurde diskutiert und seine Schlachten, an denen zahlreiche Männer aus der Region teilgenommen hatten, aufs Neue analysiert und gewissermaßen nochmals geschlagen. Der französische Kaiser erfreute sich damit großen Interesses, verbunden teils mit Schaudern oder Sensationslust, aber auch mit politischer Sehnsucht. Diese war durchaus weit verbreitet. So notierte etwa der preußische Botschafter in Karlsruhe Karl August Varnhagen von Ense sein Entsetzen darüber, dass 1824 sogar in seinem Heimatland bei einem Trinkgelage von Staatsbeamten ein Toast auf „Kaiser Napoleon" ausgerufen worden sei.[12] Ähnliche Vorfälle gab es auch in Baden wie in der nunmehr bayerischen Pfalz.

Nicht weiter Notiz nahm die Presse indes von der Tatsache, dass in Mannheim regelmäßig gleich mehrere Personen mit sehr engen persönlichen Verbindungen zum ehemaligen Kaiser weilten. Stephanie hatte seit dem Tod ihres Mannes im Mannheimer Schloss einen festen Wohnsitz. Da war es naheliegend, dass andere Mitglieder des Familienclans Bonaparte-Beauharnais, darunter auch Exköniginnen und -könige, ihre Verwandte des Öfteren besuchten. Dies wurde sicherlich von den Einheimischen registriert, doch sie machten darum kein weiteres Aufheben, so dass die Prominenz ungehindert wie 1823 am Neckar entlang spazieren konnte. Gleiches gilt für Eleonore, Karl August und Leon. Ihre durchaus frivole Geschichte war natürlich ebenfalls stadtbekannt und gab vermutlich immer wieder Anlass zu Gesprächen. Öffentlich thematisiert wurde sie hingegen nie.

War Mannheim etwa ein heimlicher Hort von Napoleoniden? Zumindest diente die Stadt für Angehörige des napoleonischen Familienclans wie Hortense de Beauharnais immer wieder als Besuchs- und Durchgangsstation. Ihr Sohn, der spätere Kaiser Napoleon III., war daher ebenfalls wiederholt vor Ort, während sein Altersgenosse Leon hier später

Napoleon in seinem Arbeitszimmer. Gemälde von Jacques-Louis-David, 1812.

wohnte und gar Immobilien erwarb. Stephanie, Eleonore und Karl August hingegen lebten dauerhaft in der Stadt. Die Einschätzung Mannheims als Zentrum der Napoleoniden ginge zwar zu weit, zumal sich Eleonore und Karl August nicht als solche gesehen haben, aber mit Blick auf die sehr persönlichen Verbindungen zu Bonaparte könnte doch fast von einer hiesigen „Zweitfamilie" Napoleons gesprochen werden. Eine Familie freilich, deren Mitglieder mehr zufällig und unabhängig voneinander hierherkamen und die – wie noch zu zeigen sein wird – alles andere als harmonisch miteinander umgingen.

Abgesehen vom Lebensweg Stephanies ist die Geschichte dieser Mannheimer „Familie" Napoleons nicht weiter bekannt. Was erstaunlich ist, denn dabei handelt es sich um bemerkenswerte, um nicht zu sagen schillernde Persönlichkeiten mit außergewöhnlichen Werdegängen, voller Höhen und Tiefen. Sie verdienen eine nähere Betrachtung, gerade auch weil zwischen ihnen jeweils ganz eigene, unabhängige Beziehungen bestanden. So kannten sich Eleonore und Stephanie bereits von Jugend an, Luxburg und Stephanie verkehrten wiederum über das Nationaltheater in Mannheim miteinander und auch Leon und Louis-Napoleon kamen sich näher, als man vielleicht annehmen möchte – und dies durchaus im wörtlichen Sinne.

Ein Teil ihres Mit- und Gegeneinanders fand unter den Augen der Öffentlichkeit statt, wurde von der Presse aufgegriffen und dürfte Stoff für so manches Mannheimer Stadtgespräch geliefert haben. Insbesondere Leon war zeitweise eine international bekannte, skandalträchtige Figur, über die umfangreich berichtet wurde. Das große mediale Interesse an ihm und an seiner Mutter (mittelbar damit auch an Luxburg) speiste sich vor allem aus ihrem persönlichen Bezug zu Napoleon, der in den Zeitungen immer wieder betont wurde. Stephanie indessen zog als Großherzoginwitwe und Teil der badischen Herrscherfamilie Aufmerksamkeit auf sich, umso mehr, da sie zeitweise die einzige Verwandte des ehemaligen Kaisers war, die ihren herrschaftlichen Rang nicht verloren hatte.

In der folgenden Darstellung betrachten wir vor allem den Werdegang von Leon, Eleonore und Karl August. Für sie war das Leben im mächtigen Schatten Napoleons daseinsbestimmend und machte sie immer wieder zu Getriebenen der großen Geschichte. Vor allem Leon und Eleonore konnten ihre Rollen als Sohn bzw. ehemalige Geliebte niemals abschütteln. Zeitweise rangen sie hart um Eigenständigkeit, oft versuchten sie aber auch, ihren Status zum persönlichen Vorteil auszunutzen. In dieser Arbeit werden wir ohne Anspruch auf Vollständigkeit im Sinne einer erschöpfenden biographischen Darstellung die wichtigsten Aspekte ihres Lebens betrachten. Die weitaus bekanntere Geschichte von Stephanie wird ergänzend einfließen. Zudem muss Louis-Napoleon, wenn auch nur als Zaungast, immer wieder eine Rolle spielen.

Der Fokus dieser chronologisch angelegten Parallelbiographie wird auf Mannheim als wichtigem Bezugsort liegen. Besonderes Interesse gilt dabei den Schnittstellen der verschiedenen Lebenswege, wobei uns die Geschichte immer wieder über Mannheim hinaus bis nach Paris oder London führen wird. Und nicht zuletzt gilt – um ein bekanntes Zitat des Historikers Thomas Nipperdey aufzugreifen: *Am Anfang war Napoleon*.[13] Ohne ihn hätte es die Lebensläufe unserer Protagonisten in dieser Form nicht gegeben. Und so hat er in ganz eigener Weise auch auf Mannheim gewirkt.

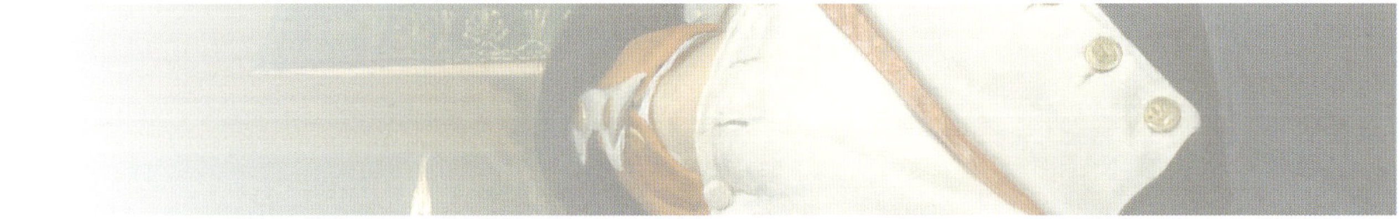

NAPOLEON UND MANNHEIM

Napoleon kam nur bis Ludwigshafen – beziehungsweise in die Dörfer links des Rheins, aus denen Jahrzehnte später die nach einem bayerischen König benannte Industriestadt entstehen sollte. Das gegenüberliegende Mannheim besuchte er indes nie. Mehrfach kursierten zwar Gerüchte, der Korse würde in Bälde in die Quadratestadt einziehen oder sie zumindest passieren – doch alle diesbezüglichen Erwartungen wurden enttäuscht. Stets zog er es vor, an anderen Orten den Rhein zu überqueren oder auch zu nächtigen. Am nächsten kam Napoleon der Stadt am 3. Oktober 1804 im Rahmen einer Reise ins Rheinland, als er in Frankenthal zur Übernachtung Station machte. Da es noch früh am Tag war, ritt er am Spätnachmittag rheinaufwärts bis zur Rheinschanze, wo sich heute die Innenstadt Ludwigshafens befindet. Von hier aus warf er einen Blick auf Mannheim und betrachtete die eindrucksvolle Silhouette mit Schloss und Jesuitenkirche. Er überquerte jedoch nicht den Fluss, sondern zog es vor, zu seinem Nachtlager zurückzukehren.[14]

Dennoch war ihm die Stadt an Rhein und Neckar keineswegs unbekannt. Als Militär wusste er von der eindrucksvollen, wenn auch in die Jahre gekommenen Festung, als Politiker kannte er die Stadt als umstrittene Verhandlungsmasse im großen Länderschacher, der mit dem Reichsdeputationshauptschluss 1803 ein vorläufiges Ende gefunden hatte. Im Ergebnis der von Napoleon bestimmten Länderneugliederung wurde der Rhein zur neuen deutsch-französischen Grenze. Da das verbliebene wittelsbachische Herrscherhaus kein größeres Interesse mehr an seinen Stammlanden hatte, fiel der rechtsrheinische Rest der Kurpfalz an das kleinere Baden mit Karlsruhe als Hauptstadt. Mannheim hatte das Nachsehen und musste sich fortan mit dem Rang einer Provinzstadt begnügen. Zwar sollte 1806 als Kompensation und symbolische Geste des neuen Herrscherhauses das Erbgroßherzogspaar Karl und Stephanie ins Schloss einziehen, doch dies konnte nicht über den erlittenen Bedeutungsverlust hinwegtäuschen.

Mannheim war in der Krise und Napoleon dafür sicherlich einer der Urheber. Seine politischen Entscheidungen verschärften die ohnehin seit mehreren Jahrzehnten in der Stadt grassierenden Strukturprobleme. Die Abtretung der linksrheinischen Pfalz an Frankreich und die damit verbundene Errichtung neuer Zollgrenzen schnitten Mannheim von seinem Kerngebiet ab und zerstörten ein über Jahrhunderte etabliertes Netz an Lieferwegen und Absatzmärkten. Zusätzlich musste die Stadt durch die Verlegung der wichtigsten Verwaltungs- und Gerichtsbehörden einen Aderlass erleiden, da viele Beamte ab 1803 nach Karlsruhe versetzt wurden. Durchaus nachvollziehbar, dass so mancher Zeitgenosse wie der Archivar Albert Friederich Mannheim *vor dem Untergang* sah.[15]

Blick nach Mannheim vom linken Rheinufer, wie er sich Napoleon dargeboten hat. Kolorierte Radierung von Andreas Bissel, um 1810.

Dass die Zeiten auch nach 1803 schwierig blieben, war ebenfalls untrennbar mit dem Korsen verbunden. Weit mehr als tausend Mannheimer mussten über Jahre als Soldaten in seinen Feldzügen in ganz Europa kämpfen. Es

Der napoleonische Adler ist geköpft: Teil der Illumination, die Freiherr Siegers van der Würde am 12. Mai 1814 um sein Haus aufgebaut hat. Die Buchstaben M und P stehen für die Städte Moskau und Paris.

ging nach Preußen, nach Polen, gegen Österreich, nach Spanien und zuletzt nach Russland, von wo nur wenige lebend zurückkehrten. Und auch für die Zivilisten war das Leben hart. Nicht nur wurde die Stadt wiederholt von Truppendurchzügen und auch -einquartierungen in Mitleidenschaft gezogen, die ständigen Kontributionen sowie schließlich die Kontinentalsperre bewirkten einen drastischen Anstieg der Preise und Schulden und ließen große Teile der Bevölkerung verarmen. Kritik an den Verhältnissen war dabei kaum möglich; die Presse wurde zensiert und die öffentliche Meinung gelenkt.

Doch trotz dieser Belastungen gab es auch positive Entwicklungen in jener Zeit. Die umfangreichen Rechts- und Verwaltungsreformen, welche die badische Regierung durchführte, gingen zu großen Teilen direkt auf den Kaiser selbst zurück und bewirkten eine nachhaltige Modernisierung von Staat und Gesellschaft. Das neue Badische Landrecht von 1810 fußte auf dem Code Napoleon und regelte etwa die Einführung der Zivilehe, der Religionsfreiheit, die Gleichheit vor dem Gesetz, die Emanzipation der Juden, die Abschaffung vieler Adelsprivilegien und nicht zuletzt eine Rechtseinheitlichkeit und Rechtssicherheit für die Menschen im ganzen Land. Indes wurde die weitreichende Bedeutung vieler dieser Reformen angesichts der aktuellen Nöte zunächst kaum wahrgenommen.

Stattdessen avancierte Napoleon während der Befreiungskriege 1813/14 zur allgemeinen Hassfigur, die nun – endlich! – öffentlich ins Visier genommen werden konnte. Spottkarikaturen kursierten ebenso wie franzosenfeindliche Lieder und Gedichte, der nationale Überschwang schlug sich auch in Mannheim schnell eine Bahn. Im Oktober 1814, zum ersten Jahrestag der Völkerschlacht von Leipzig wurde etwa ein großes patriotisches Fest gefeiert mit Dankgottesdienst, Umzug und Volksbelustigungen. Und selbst Privatleute wie der Freiherr Nicolaus Eeuwius Siegers van der Würde ließen es sich nicht nehmen, öffentlich Flagge zu zeigen und anlässlich des Einzugs der Alliierten in Paris am 12. Mai 1814 das eigene Haus mit Schautafeln zu illuminieren, die so manche antinapoleonische Spitze enthielten, und ein Feuerwerk für den Sieg zu veranstalten.

Dennoch hatte das Feindbild Napoleon nicht allzu lange Bestand. Die bedrückende Zeit der Restauration nach 1815 ließ den ehemaligen Kaiser vor allem in liberalen Kreisen bald wieder in einem positiveren Licht erscheinen – wurde er doch nun als Vorkämpfer gegen das alte System gesehen, der mit seinen Reformen den bürgerlichen Freiheiten einen Weg eröffnet habe. Dies galt insbesondere für den deutschen Südwesten. Vor allem in der linksrheinischen Pfalz, die ja bis 1814 zu Frankreich gehört hatte, etablierte sich ein regelrechter Napoleonkult, der zusehends auf das rechtsrheinische Gebiet ausstrahlte. Und auch in Mannheim wurde die nunmehr Geschichte gewordene Zeit des französischen Imperators differenzierter gesehen. Selbst ein so kritischer Geist wie der Liberale Friedrich Ludwig Bassermann ließ es sich nicht nehmen, mehrere Bilder des Kaisers in seinem Schlaf- und Arbeitszimmer aufzuhängen.[16] Letztlich kam Napoleon so dann doch in die Quadratestadt.

2. ZWEI FREUNDINNEN IM INTERNAT

Am 27. Dezember 1804 unterzeichneten im Büro des Pariser Notars L'Alleman der Dragonerkapitän Jean-Honoré-François Revel sowie der Rentier Dominique Denuelle de la Plaigne einen Heiratsvertrag. Letzterer agierte dabei als Vormund für seine 17-jährige und damit minderjährige Tochter Louise-Catherine-Eleonore. Vorausgegangen waren turbulente Verhandlungen mit dem Resultat, dass Revel seiner künftigen Ehefrau eine Summe von 50.000 Francs zusichern musste, um ihr Auskommen zu finanzieren. Gegengezeichnet wurde der Vertrag von den Zeuginnen Madame Henriette Campan, Stephanie Tascher de la Pagerie sowie Stephanie de Beauharnais.[17] Der Vertrag war Grundlage für die kurz darauf durchgeführte Eheschließung, die auf dem Rathaus im Pariser Stadtteil Saint-Germain am 15. Januar 1805 beurkundet wurde.

Porträt von Henriette Campan (1752 – 1822) von Joseph Boze, um 1786.

Eleonore, die spätere Gräfin von Luxburg, sowie Stephanie, die spätere Großherzogin von Baden, die beide ab den 1820er Jahren in Mannheim bzw. Seckenheim wohnten, kannten sich demzufolge bereits aus Paris. Mehr noch, sie waren Freundinnen – anders lässt sich die Zeugenschaft Stephanies auf dem Heiratsvertrag kaum erklären – und Schulkameradinnen. Denn beide besuchten sie die angesehene „Institution Nationale de Saint-Germain“ von Henriette Campan, einer früheren Kammerzofe von Königin Marie-Antoinette.[18] Das 1794 gegründete Mädcheninternat hatte sich in kurzer Zeit zu einer der begehrtes-

Stephanie de Beauharnais (?), gezeichnet von Hortense de Beauharnais, undatiert.

ten Ausbildungsanstalten des gehobenen Pariser Bürgertums entwickelt. Dies war nicht zuletzt dem Umstand zu verdanken, dass Josephine de Beauharnais, ab 1796 Gattin Napoleons, ihre Tochter Hortense bereits 1795 hierhergeschickt hatte. Diese Entscheidung war wegweisend. In den Folgejahren gingen mit Pauline und Caroline Bonaparte, Stephanie und Emilie de Beauharnais oder auch Antoinette Murat weitere Töchter der bald wichtigsten Familie des Landes hierher. Auch die oben genannte Stephanie Tascher de la Pagerie, eine Verwandte von Josephine, ist diesem Kreis zuzurechnen.

Parallel mit dem Aufstieg Napoleons zum Konsul wurden Internatsplätze bei Campan immer begehrter, zumal sich zeigte, dass die hier ausgebildeten jungen Frauen in höchste Kreise einheiraten konnten. Henriette Campan agierte hier ausgesprochen geschickt. Sie sorgte mit hervorragenden Lehrern nicht nur für eine gute gesellschaftliche Ausbildung ihrer Elevinnen in den Bereichen Kunst, Musik, Theater, Tanz und Etikette, sie schaffte es auch, einen eigenen Corpsgeist unter den Mädchen zu bilden, der in der Regel über Jahrzehnte hinweg Bestand hatte. Ziel war es, so Campan selbst, Frauen voller Herz und Geist (*des femmes d'esprit et de coeur*) auszubilden.[19] Und so fanden sich hier Töchter aus dem wohlhabenden Bürgertum und von erfolgreichen Militärs ebenso wie von prominenten Ausländern wieder.

Vor diesem Hintergrund war es eine bewusste Entscheidung Napoleons und Josephines, ab 1803 auch Stephanie de Beauharnais auf dieses Institut zu schicken. Zu diesem Zeitpunkt war das Mädchen gerade einmal 14 Jahre alt. Nur unbeholfen und unsicher bewegte sie sich in der höfischen Welt in Paris, die sie erst wenige Monate zuvor kennengelernt hatte.[20] Es fehlte ihr nicht nur an Bildung, sondern auch an gesellschaftlicher Gewandtheit und Haltung – wenig verwunderlich, war sie doch weitab von der Hauptstadt an wechselnden Orten in Südfrankreich, zuletzt in Périgueux aufgewachsen.

Aus Angst vor den revolutionären Unruhen in der Hauptstadt war die Mutter Claudine de Lezay Marnesia (1768 – 1791) mit der am 28. August 1789 in Versailles geborenen Stephanie noch im gleichen Jahr in die Provinz, zunächst nach Hyères an der französischen Riviera geflohen. Der Vater Claude de Beauharnais (1756 – 1819) – ein Hauptmann der königlichen Garde – blieb hingegen in Versailles und zeigte in der Folge kein Interesse mehr an Ehefrau und Tochter. Mit dem frühen Tod der Mutter 1791 wurde Stephanie faktisch Vollwaise.[21] Denn auch dann kehrte sie nicht zum Vater zurück, vielmehr wurde sie der Pflegschaft der Engländerin Lady Laura Bath, einer ehemaligen Schulfreundin von Claudine überlassen. Diese kam zwar für den Unterhalt von Stephanie auf, übergab sie jedoch der Obhut zweier Nonnen und einer Kinderfrau. Das Flüchtlingsschicksal sowie die damit verbundenen Wohnungswechsel wirkten sich in

Eleonore Denuelle de la Plaigne, nach einem Gemälde von Jeanne-Philiberte Ledoux, um 1805. Dodds, S. 33.

mehrfacher Hinsicht nachteilig auf das Mädchen aus. Einerseits kam der regelmäßige Unterricht zu kurz, andererseits wuchs sie hauptsächlich in Gegenwart älterer Frauen und ohne Gleichaltrige auf. Stephanie erlebte ihre Kindheitsjahre in ausgesprochen ruhiger, behüteter Umgebung, vor allem in Montauban in Okzitanien und damit fernab ihres Geburtsorts.

1803 sollte es zu einer drastischen Änderung kommen. Stephanie wurde von Napoleon nach Paris gerufen, er hatte mittlerweile von der Existenz dieser entfernten Verwandten seiner Frau Josephine erfahren. Diese war in erster Ehe mit dem Armeeoffizier Alexandre de Beauharnais (1760 – 1794) verheiratet gewesen und hatte aus dieser Ehe die beiden Kinder Hortense und Eugène. Hintergrund für Bonapartes Entscheidung war sicherlich der Plan, eine eigene Dynastie zu begründen und mit Stephanie ein weiteres Familienmitglied mit den etablierten Herrscherhäusern verheiraten zu können. Entsprechend galt es, die junge Angehörige nach Paris zu holen und ihr hier die notwendige Ausbildung und Erziehung zukommen zu lassen – und dies im bereits etablierten Institut von Henriette Campan.

Hier lernte Stephanie unter anderem Eleonore Denuelle de la Plaigne kennen, mit der sie vermutlich rasch Freundschaft schloss. Über Kindheit und Jugend der am 13. September 1787 in Paris geborenen Eleonore ist nichts weiter bekannt.[22] Dem Vernehmen nach hatte sich ihr Vater Dominique Denuelle selbst den adlig klingenden Namenszusatz *de la Plaigne* gegeben, um gesellschaftlich und als Geschäftsmann mehr Anklang zu finden – allerdings ohne den erhofften Erfolg. Im Gegenteil, seine teilweise windigen Spekulationsgeschäfte waren nicht nur ruinös, sondern sollen ihn zeitweise auch ins Gefängnis geführt haben. Dennoch lebte Denuelle Mitte der 1790er Jahre mit seiner Ehefrau Françoise, geborene Couprie, in einem repräsentativen Appartement und damit vermutlich weit über seine finanziellen Verhältnisse. Mit Zulma (geboren 1798) hatte das Paar bald noch eine weitere Tochter. Vor diesem familiären Hintergrund erscheint es überraschend, dass es gelang, für Eleonore einen Platz im renommierten und auch teuren Institut zu bekommen. Während spätere Zeitgenossen hierfür eine mutmaßliche Bekanntschaft von Eleonores Mutter mit Campan, die beide früher am Königshof gearbeitet hatten, ins Felde führten, ging der Historiker Frédéric Masson von freien Plätzen im Internat aus, die, wenn schon nicht mit finanziell potenten, dann doch mit hübschen Heiratskandidatinnen belegt worden seien.[23]

Und so war es neben der außergewöhnlichen Schönheit Eleonores, die von verschiedener Seite bestätigt wird, vor allem auch ihre Ausbildung bei Campan, die sie für Revel äußerst attraktiv erscheinen ließ. Der notorisch klamme Militär witterte eine finanziell attraktive Partie, als er um die Hand dieser von ihm später so genannten *Cléopâtre de seize ans* anhielt.[24] Kennengelernt hatten sich die beiden bei einer Theateraufführung. Umgekehrt fanden Eleonore wie auch die Schwiegereltern in spe Gefallen an dem schneidigen Dragonerkapitän, der freilich seit mehreren Jahren wegen Rheumatismus außer Dienst stand. Revel selbst war zu diesem Zeitpunkt 31 Jahre alt, zweifacher Vater und bereits Witwer.

Es entbehrt nicht einer gewissen Ironie, dass sowohl der Bräutigam als auch die Familie der Braut mit der im Januar 1805 vollzogenen Heirat die Hoffnung einer finanziellen Gesundung verbanden und dabei von jeweils falschen Voraussetzungen bei der Gegenseite ausgingen. Bereits während der Flitterwochen stürzte das Kartenhaus zusammen. Am 17. März 1805 wurde Revel vor den Augen Eleonores wegen Schulden und ausstehender Zahlungen – darunter peinlicherweise auch für das Hochzeitsessen – verhaftet. Im sich anschließenden Prozess verurteilte ihn das Gericht zu zwei Jahren Gefängnis. Die 17-jährige Eleonore war völlig geschockt von der Entwicklung. Bis dato hatte sie mit Revel übergangsweise in einem Hotel gewohnt, da die künftige Wohnung noch renoviert wurde. Beides kam nun nicht mehr als Wohnstatt in Frage. Im Gegenteil, sie musste das Hotel verlassen und stand vor dem Nichts. Eine Rückkehr ins Institut war auch nicht möglich – Madame Campan lehnte es prinzipiell ab, eine verheiratete Frau aufzunehmen. Dennoch setzte sie sich für ihre ehemalige Elevin ein: Eleonore sei zwar sehr hübsch, hätte mit ihren 17 Jahren aber wenig Urteilsvermögen, weshalb die Welt ohne einen Ehemann zu gefährlich für sie sei. Daher solle sie nach einer Auflösung der Ehe mit Revel einstweilen verschwinden und am besten nach einiger Zeit fernab in der Provinz verheiratet werden.[25] Zu diesem Zweck stellte die Institutsleiterin den Kontakt zu einer ihrer früheren Schülerinnen her mit der Bitte, sich um Eleonore zu kümmern.

Eingang zum Institut Campan im Hotel de Rohan in Saint-Germain-en Laye (heute Rue des Ursulines). Gemälde von Victor Jean Nicolle, 1806/7.

3. NAPOLEONISCHE FAMILIENPOLITIK IM JAHR 1806

Sowohl für Eleonore als auch für Stephanie war 1806 das Schicksalsjahr schlechthin. Von hier aus nahmen ihre Leben eine völlig neue Richtung und verliefen in bislang so nicht vorgesehenen bzw. auch nicht vorhersehbaren Bahnen, die sie beide schließlich auch nach Mannheim führen sollten. Es waren dabei nicht eigene Entscheidungen, die hier von den Frauen getroffen wurden und sie auf diese Wege brachten. Vielmehr waren sie fremdbestimmt, konkret von Napoleon Bonaparte persönlich, der jeweils den Anstoß gab. Beide wurden sie zu Objekten der napoleonischen Familienpolitik im engeren (Stephanie), aber auch in einem weiteren Sinne (Eleonore), was ihre Leben auch in der Zeit nach 1815 nachhaltig bestimmen sollte.

Da er selbst in einem kinderreichen Elternhaus auf Korsika aufgewachsen war, hatte die Familie für Napoleon von Anfang an eine ganz besondere Bedeutung und auch Bindekraft. Prägend hierfür waren die Erfahrungen der Korsen in ihrem Widerstandskampf gegen die französische Herrschaft, die ein eigenes Clanbewusstsein geschaffen hatten. Es war überlebenswichtig, sich vorrangig mit Verwandten zu umgeben, auf deren Loyalität man absolut vertrauen konnte. Diese Haltung verband sich mit einer umfassenden wechselseitigen Verantwortung füreinander, der zufolge Wohlstand und Fortkommen der Familie an erster Stelle standen. Nur konsequent war es daher, dass Napoleon bei seinem Aufstieg seinen Brüdern wichtige Positionen anvertraute. Joseph und Louis wirkten beim Italienfeldzug 1796 mit, während Lucien eine zentrale Rolle beim Staatsstreich von 1799 spielte, durch den Napoleon an die Spitze der französischen Republik gelangte und Erster Konsul wurde.

Allerdings war der Aufstieg Napoleons zum Konsul auf Lebenszeit 1802, vor allem aber die Selbstkrönung zum Kaiser 1804 von familiären Dramen begleitet. Einerseits ging es um Titel, Geld und Standesvorrechte, andererseits aber auch um die Regelung der Nachfolge. Insbesondere Joseph tat sich hierbei hervor. Der Familienälteste hatte gegenüber dem jüngeren Bruder Napoleon immer das Nachsehen gehabt, weshalb er nun nicht bereit war, in der Frage einer eventuellen Thronfolge auf das ihm seiner Meinung nach zustehende Recht zu verzichten. Einig waren sich die Geschwister Bonaparte hingegen in ihrer Haltung gegenüber Josephine de Beauharnais, der Ehefrau Napoleons. Allesamt lehnten sie die mondäne Pariserin ab, die über großen Einfluss auf ihren Gatten verfügte und zudem zwei Kinder – Hortense und Eugène – mit in die Ehe gebracht hatte. Somit stand Napoleon zwischen zwei Familienclans, die immer wieder miteinander rivalisierten. Daran änderte auch die arrangierte und letztlich unglückliche Ehe zwischen Louis Bo-

Die ganze Familie Bonaparte fiktiv zusammen: Napoleon unterzeichnet 1807 den Ehevertrag seines Bruders Jêrome mit Katharina von Württemberg. Im Bild finden sich unter anderem Stephanie (rechts neben der Braut Katharina) sowie ihr Mann Karl (Zweiter von rechts). Ursprünglich war dieses Familienbild für deren Hochzeit bestellt, wurde jedoch dann auf die württembergische Eheschließung umgewidmet. Gemälde von Jean-Baptiste Regnault, nach 1807.

naparte und Hortense de Beauharnais wenig. Der verwundbarste Punkt des Kaiserpaars Napoleon und Josephine war dabei deren Kinderlosigkeit, die von Bonapartes Geschwistern immer wieder thematisiert und durch die der Streit um die Nachfolge erst virulent wurde.

Durch die siegreiche Schlacht von Austerlitz gegen Österreich und Russland im Dezember 1805 dehnte sich die Vorherrschaft Frankreichs über weite Teile Europas aus. Das Heilige Römische Reich Deutscher Nation implodierte, ebenso die bisherigen Machtverhältnisse in Italien. Und es lag an Napoleon, die politische Landkarte neu zu ordnen. In Deutschland konnten sich etwa Bayern, Württemberg und Baden als Bündnisgenossen Napoleons auf Kosten kleinerer Fürstentümer zu Mittelstaaten vergrößern und selbst zu Königreichen bzw. zum Großherzogtum aufsteigen. Zusammen mit einem Dutzend anderer Staaten, die teilweise neu gegründet wurden, formierten sie im Sommer 1806 den Rheinbund unter dem Protektorat Napoleons. Und auch in Italien wurden neue Grenzen gezogen.

Zusätzlich suchte Napoleon seine Vorherrschaft durch *Machtdelegation an Familienangehörige* zu sichern.[26] Gezielt setzte er engere und auch entferntere Verwandte auf Throne oder verheiratete sie in bereits bestehende Dynastien. Joseph Bonaparte stieg 1806 zum König von Neapel auf, Schwester Caroline mit ihrem Mann, dem General Joachim Murat, zu Großherzogin und Großherzog von Berg, während Louis und Hortense König und Königin in Holland wurden. Familiäre Bande knüpfte Napoleon auch mit Württemberg, Bayern und Baden. Hier war Machtausübung zunächst nur ein mittelbares Motiv. Vielmehr ging es ihm darum, diese neuen Alliierten enger an Frankreich zu binden und deren vorhandene Abhängigkeit mit der Durchsetzung von Eheschließungen zu verstetigen. Und en passant konnte dabei der Clan Bonaparte-Beauharnais sich mit den höchsten Häusern verbinden und Mitglied des europäischen Adelsnetzwerks werden. Und so heiratete 1807 Bruder Jérôme die Prinzessin Katharina von Württemberg, nachdem im Januar 1806 bereits der Adoptivsohn Eugène (de Beauharnais) Auguste von Bayern geehelicht hatte. Letzteres hatte sich freilich als nicht unproblematisch erwiesen, da die Prinzessin bereits mit Erbprinz Karl von Baden verlobt gewesen war. Auf

Medaille auf die Hochzeit von Stephanie mit Karl von Baden 1806 unter besonderer Betonung des Ehestifters: Während auf der Vorderseite über dem Paar ein von Sonnenstrahlen umziertes „N“ (für Napoleon) zu sehen ist, zeigt die Rückseite das mit Lorbeeren bekränzte Profil des Kaisers.

Druck Bonapartes wurde diese Verbindung gelöst und stattdessen Auguste mit Eugène sowie der Badener mit Stephanie de Beauharnais verheiratet. Alle drei Eheschließungen geschahen gegen den Willen der direkt Betroffenen, aber auch ihrer Familien. Letztlich waren sie jedoch der Preis für weitere Ländereien, aber auch für die neuen Kronen, die sie dank Napoleon erhielten: Die Kurfürsten von Württemberg bzw. Bayern wurden 1806 Könige, der Badener Großherzog mit der Titulatur „Königliche Hoheit“.

Für Stephanie kam diese Entwicklung völlig überraschend. Selbst befand sie sich Anfang 1806 im Institut bei Madame Campan, als sie unvermittelt zum kaiserlichen Hof geholt wurde und dort die Mitteilung erhielt, alsbald mit dem Thronfolger von Baden verheiratet zu werden. Hinter den Kulissen hatte es im Vorfeld längere Verhandlungen gegeben. Napoleon persönlich war in Karlsruhe gewesen, um dort Überzeugungsarbeit zu leisten – insbesondere die künftige Schwiegermutter Amalie von Baden hatte sich dem Projekt entgegengestellt und letztlich nur zähneknirschend zugestimmt. Auch der Erbprinz zeigte sich von seiner Verheiratung wenig begeistert, beugte sich jedoch der politischen Notwendigkeit. Immerhin hatte sich der Kaiser bereit erklärt, den Makel einer unstandesgemäßen Ehe, den Amalie ins Feld geführt hatte, durch eine Adoption Stephanies auszumerzen, die somit Tochter des französischen Kaisers wurde. Diese sollte zusammen mit der Verlobung am 4. März 1806 in Paris stattfinden, die Eheschließung dann am 8. April.

Die Beziehung der Neuvermählten stand dabei von Anfang an unter keinem guten Stern. Erste Begegnungen verliefen irritierend, beide hatten sich persönlich wenig zu sagen und suchten sich abgesehen von arrangierten Treffen aus dem Weg zu gehen. Hieran sollte auch die Ankunft des Paares in Baden wenig ändern.[27] Zwar wurden sie von Gratulationscours, Militärkapellen und freundlich winkenden Einheimischen willkommen geheißen, indes entging Stephanie nicht das distanzierte Klima, das ihr am Karlsruher Hof, vor allem von Amalie, entgegenschlug. Weitaus herzlicher war der Empfang in Mannheim, wo sie zwei Wochen später hinfuhren. Das dortige Schloss war im Heiratsvertrag als Wohnsitz des neuen Erbprinzenpaares vereinbart worden.

Die ganze Stadt auf den Beinen. Ähnlich wie hier im Bild 1811 anlässlich der Ankunft des neuen Großherzogs bereitete Mannheim 1806 dem seinerzeit jung vermählten Erbgroßherzogpaar einen fulminanten Empfang. Aquarell von Ludwig Neureuther, 1811.

Die Bevölkerung zeigte sich begeistert, *das heitere Volk der Pfälzer* trug die beiden auf Händen[28], sah man doch in der Ankunft der Jungvermählten eine schwache Reminiszenz an die große höfische Vergangenheit des 18. Jahrhunderts, in der Mannheim als kurpfälzische Haupt- und Residenzstadt europaweites Ansehen genossen hatte. Die aus Paris besondere Maßstäbe gewöhnte Stephanie nahm mit Wohlwollen das riesige Schloss und die repräsentativen Bauten in der Oberstadt wahr, ebenso das Nationaltheater, wo ihr zu Ehren die Oper „Palmira" aufgeführt wurde. Als Prolog gab es ein Chorkonzert mit dem programmatischen Refrain *Am Rhein, am Rhein, da lacht die Freude wieder!*

Nach einer weiteren, längeren Tour durch ihr neues Heimatland richtete sich Stephanie ab 1807 im Mannheimer Schloss ein, allerdings ohne ihren Ehemann. Karl weilte 1806/07 überwiegend im napoleonischen Heerlager, in der Heimat zog er Karlsruhe als Bleibe vor. Die getrennten Wohnsitze der beiden, die auch nach der Rückkehr Karls von den Feldzügen beibehalten wurden, waren indes ein Politikum und riefen die französische Außenpolitik und schließlich Napoleon persönlich auf den Plan. In mehreren Briefen nahm er Karl ins Gebet und erinnerte ihn an seine ehelichen und die damit verbundenen staatspolitischen Pflichten. Stephanie hingegen versank derweilen in resignative Melancholie. Noch 1809 hielt sie in ihrem Tagebuch fest: *Jetzt sind es drei Jahre* [seit der Hochzeit, H.S.].

Vom Hofmaler François Gérard als Ikone porträtiert: Die junge Erbgroßherzogin Stephanie von Baden, 1806. Aufgenommen von Arnim Welcher.

In diesen drei Jahren kein glücklicher Tag [...] Schließlich erscheint es mir, daß mein Leben mit 18 Jahren schon erfüllt ist. Noch einige Zeit, und ich fühle, daß ich nicht mehr fähig sein werde, weder Glück noch Leid zu empfinden.[29] Erst 1810 sollte es zu einer Versöhnung des Ehepaars kommen. Am 5. Juni 1811 gebar Stephanie ihre erste Tochter Louise – just wenige Tage vor dem Tod des greisen Landesherrn Karl Friedrich. Damit waren auch ihre Tage in Mannheim gezählt. Als neue Großherzogin zog sie 1811 nach Karlsruhe, wo sie an der Seite des Ehemanns und nunmehrigen Großherzogs Karl die Rolle der Landesmutter einzunehmen hatte.

Auch für Eleonore sollte sich das Jahr 1806 als wegweisend erweisen – ebenfalls in einer Form, die sie sicherlich in keiner Weise erwartet hatte. Ausgangspunkt war der rettende Kontakt, den Madame Campan nach der Verhaftung von Revel hergestellt hatte: Caroline, die Schwester Napoleons, früher selbst Campan-Schülerin, verheiratet mit General Joachim Murat, war bereit gewesen, sich um Eleonore zu kümmern. Ab Sommer 1805 fungierte die junge Frau als Vorleserin der Familie zunächst auf deren vornehmem Landsitz Neuilly, später in der Pariser Stadtvilla, dem berühmten „Hôtel du Théllusson" in der Rue de Provence. Und dort traf sie Ende Januar 1806 auf Napoleon. Der Sieger von Austerlitz war in die französische Hauptstadt zurückgekehrt und nutzte die Gelegenheit, seine Schwester und Murat, der ebenfalls bei dem Feldzug dabei gewesen war, zu besuchen. Napoleon fand sofort Gefallen an Eleonore, ihr muss seine Aufmerksamkeit geschmeichelt haben. Die beiden begannen eine Affäre und trafen sich fortan zum Rendez-Vous im nahe gelegenen „Hôtel Bonaparte" in der Rue de la Victoire.[30] Dieses hatte pikanterweise seine Gattin Josephine in die Ehe eingebracht, die jedoch mittlerweile ins ungleich komfortablere Schloss Malmaison umgezogen war.[31] Alternativ fanden auch Treffen im Palais des Tuileries statt. Spätestens im April jedoch verlor Napoleon das Interesse an der jungen Frau und beendete die Affäre.

Zu diesem Zeitpunkt war Eleonore schwanger. Zunächst wohnte sie noch einige Wochen im Pariser Haushalt der Murats, die allerdings im März nach Düsseldorf abgereist waren, wo sie als frisch ernanntes Großherzogspaar von Berg residierten. Im Sommer konnte Eleonore in ein eigenes Haus umziehen – Rue de la Victoire 29 –, das Napoleon diskret über einen Vertrauten für sie hatte kaufen lassen. Auch wenn er kein persönliches Interesse mehr an der Frau hatte, so zeigte er sich immerhin einstweilen verantwortlich für ihre Situation. Im neuen Heim gebar sie am 13. Dezember 1806 ihren Sohn Leon. Vermutlich war der gewählte Name bewusst eine Anspielung auf den Vater, der freilich in der Geburtsurkunde nicht näher genannt und als *abwesend* bezeichnet wurde (*de père absent*).[32] Caroline ließ es sich derweilen nicht nehmen, eigens einen Boten ins französische Heerlager nach Warschau zu schicken, wo sich Napoleon zu diesem Zeitpunkt aufhielt und ihn die Nachricht am 31. Dezember 1806 erreichte. Für den Kaiser war es mit Sicherheit eine sehr frohe Kunde, Vater geworden zu sein. Dies änderte freilich nichts an der Diskretion, mit der er die Angelegenheit handhabte. Auch Gefühle für Eleonore sollten dadurch nicht wiedererwachen – im Gegenteil, am 1. Januar 1807 lernte er mit Maria Walewska (1786–1819) eine Frau kennen, mit der er bald abseits der Öffentlichkeit fast sieben Jahre liiert sein sollte.

In der Literatur wird die Geburt Leons, wenn sie denn Erwähnung findet, dahingehend gedeutet, dass sich Napoleon nun sicher geworden sei, zeugungsfähig zu sein.[33] Die Ursache für die Kinderlosigkeit des Kaiserpaars musste bisher– angesichts der Mutterschaft Josephines in ihrer früheren Ehe – bei ihm zu suchen sein. Dies hatte sich nunmehr als falsch erwiesen und sollte nachhaltige Folgen auf seine Politik haben: Er, Napoleon war in der Lage, Vater und damit selbst Begründer einer Herrschaftsdynastie zu werden. Die

Das Hôtel Thélusson war der Stadtsitz der Murats und zeitweise dann auch Wohnort von Eleonore. Gemälde von Louis-Gabriel Moreau, um 1800.

Das Hôtel Bonaparte in der Rue de la Victore. Anonymes Gemälde, um 1820 (?).

Heirat einer Prinzessin aus hohem Haus wurde für ihn zur politischen Option, die er letztlich auch ergriff: Ende 1809 ließ er sich von Josephine scheiden. Es folgten weitreichende bündnispolitische Überlegungen für eine Neuverheiratung, bis er sich schließlich für Marie-Louise, die Tochter des österreichischen Kaisers entschied. Auf diese Weise wollte er den Habsburger, den er 1809 noch im Krieg besiegt hatte und der nun als Bündnisgenosse an seiner Seite stand, dauerhaft für sich gewinnen.

Am 11. März 1810 fand in Wien eine sogenannte Stellvertreterhochzeit statt – Erzherzog Karl, der Onkel der Braut, agierte im Auftrag des abwesenden Napoleon –, ehe am 1. April die offizielle Eheschließung in Paris vollzogen wurde. Aus der Ehe ging mit Napoleon-François 1811 ein Sohn hervor, den er zum „König von Rom" ernennen ließ. 1814/15 wurde der Junge mehrfach als Napoleon II. zum Kaiser ausgerufen, ehe man ihn nach Österreich brachte, wo er nunmehr als Napoleon Franz mit dem Titel eines Herzogs von Reichstadt aufwuchs. 1832 starb er bereits in jungen Jahren an den Folgen einer Tuberkuloseerkrankung.

Folgt man der beschriebenen Lesart, so war Eleonore eine – wenn auch unfreiwillige – Wegbereiterin der Wende in der napoleonischen Familienpolitik. Hier schließt sich eine zweite Frage an, die ebenfalls heftig diskutiert wird: War ihr Zusammentreffen mit Napoleon zufällig? Oder war es ein vorausschauender Plan, ein *Projekt* (A. Gavoty), ein *Experiment* (S. Normington) von Caroline Murat als Kupplerin?[34] Mit dem Ziel, Napoleon zu zeigen, dass er Vater werden könnte? Eine Intrige der Bonapartes gegen Josephine de Beauharnais mit Eleonore als sexuellem Köder? Insbesondere die populärwissenschaftliche Literatur greift diesen Gedanken gerne auf, der bereits unter Zeitgenossen grassierte.

Indes spricht die Tatsache, dass Napoleon bereits zuvor Affären hatte, ebenso gegen diese These wie vor allem seine Bereitschaft, für eigene politische Zwecke auch ohne große Skrupel Familienmitglieder wie Figuren auf einem Schachbrett hin- und herzuschieben. Um sich von Josephine zu trennen, von der er sich sukzessive entfremdete, hätte er wohl kaum eine derartige „Motivation" gebraucht.

In jedem Fall gab es mit dem 1806 geborenen Leon ein bleibendes Ergebnis der kaiserlichen Affäre mit Eleonore. Bonaparte zeigte sich in der Folge durchaus an seinem Nachwuchs interessiert. Ob er tatsächlich in diesem einen

Eine Kupplerin? Caroline Bonaparte hier als Königin von Neapel mit ihren Kindern, denen Eleonore 1805/6 (teilweise) vorlas. Gemälde von François Gérard, 1808.

Reserve-Thronerben sah, wie immer wieder kolportiert wurde,[35] erscheint dabei eher unwahrscheinlich. Hier hätten sicherlich die Kinder von Hortense, seine Großneffen, Vorrang gehabt. Vielmehr handelte es sich trotz aller Umstände wohl eher um eine gewisse väterliche Fürsorge, die er im Übrigen auch dem 1810 geborenen Sohn Alexander aus seiner Beziehung mit Maria Walewska angedeihen ließ. Die Vaterschaft zu Leon wurde zwar strikt geheim gehalten, dennoch beruhte es vermutlich auf einer Entscheidung des Kaisers, dass man das Kind bereits Mitte Februar 1807 von der angeblich überforderten Mutter wegnahm und in die Obhut einer Tagesmutter übergab.

Möglicherweise ein Porträt von Eleonore: Die antike Dichterin Sappho. Stich von Johann Pleikard Bittheuser, nach einer Vorlage von François Gérard, um 1810.

Für Eleonore war dies mit Sicherheit ein großer Schlag. Ihre Versuche, Napoleon noch einmal persönlich zu sprechen, verliefen erfolglos – der Zutritt zum Kaiser blieb ihr verwehrt. Sie sollte ihren Sohn rund 15 Jahre nicht mehr sehen. Doch auch ohne das Kind auf dem Arm verlief ihr Leben weiterhin turbulent. Noch im April 1806 war es ihr gelungen, die Scheidung von ihrem ersten Ehemann Revel zu erreichen, der zu diesem Zeitpunkt noch im Gefängnis war. Der einstmals so schneidige Militär war damit nicht einverstanden und suchte die Scheidung nach seiner Entlassung 1807 anzufechten, was jedoch bei den Behörden auf taube Ohren stieß. Um Eleonore vor ihm zu schützen und ihr zudem ein sicheres Auskommen zu garantieren, wurde auf Geheiß der Bonapartes nach einem neuen soliden Ehemann für sie gesucht und schließlich mit Pierre-Philippe Augier de la Souzaie, einem Militär aus dem Departement Charentes, auch einer gefunden. Augier hatte den Rang eines Leutnants inne und war Träger des Ordens der Ehrenlegion, als er am 4. Februar 1808 Eleonore in Paris heiratete. Dies geschah im Übrigen gegen den entschiedenen Widerstand der Eltern, die sich erst unter Androhung einer Inhaftierung mit der neuerlichen Eheschließung ihrer immer noch minderjährigen Tochter einverstanden erklärten. Besänftigend wirkte möglicherweise zudem das Hochzeitsgeschenk Napoleons. Er ließ Eleonore über den Mittelsmann und Notar Jean-Claude Henry eine üppige Rente von jährlich 22.000 Francs zukommen, nachdem sie diesem zuvor das Haus in der Rue de la Victoire verkauft hatte.[36]

Über die Beziehung des Brautpaars ist nichts weiter bekannt; Augier war wohl nur selten in Paris anwesend und setzte seine Karriere beim Militär fort. Er stieg zum Adjutanten, später zum Capitaine auf, nahm aber auch 1812 am Feldzug nach Russland teil. Dort wurde er zuletzt angeblich Anfang 1813 schwer verletzt auf dem Rückzug bei Wilna gesehen, ehe er gänzlich verschollen blieb. Als Geschiedene, mutmaßliche Witwe und Ex-Geliebte des Kaisers stand Eleonore wieder einmal vor einem neuen Anfang.

ELEONORE ALS SAPPHO IN WEISS-ROT? EIN BILDERRÄTSEL

Es ist ein absoluter Hingucker, aber auch ein Rätsel: Ein großformatiges Gemälde, Öl auf Leinwand, zeigt eine junge Frau in einem weißen Kleid mit einer Lyra in der Hand. Ein kirschroter Mantel umgibt die Spielerin. Im Hintergrund zeichnet sich eine von Wald umgebene Meeresbucht ab. Mit sanftem Lächeln schaut die Frau in Richtung des Betrachters, doch scheint ihr Blick verträumt an ihm vorbeizugehen. Sie strahlt damit etwas Verführerisches aus, was durch ihre nackte freie Schulter noch verstärkt wird. Eine erotische Komponente ist dem Bild jedenfalls nicht abzusprechen.

Bei der jungen Frau handelt es sich um Sappho, die bedeutendste Lyrikerin des klassischen Altertums. Sie lebte um die Wende zum 6. Jahrhundert vor Christus auf der griechischen Insel Lesbos. Zu ihren Werken gehören Götterhymnen, aber auch Hochzeits- und Liebeslieder voller erotisch aufgeladener Zeilen, die sie dem Vernehmen nach auch selbst mit der Leier begleitet hat. Im antikenbegeisterten 18. Jahrhundert war sie eine Sehnsuchtsgestalt, ein Inbegriff von philosophischer Klugheit und Sinnlichkeit gleichermaßen.

Vorlage für die Frau auf dem um 1810 entstanden Bild soll – und darüber scheint das Internet sich einig – niemand anders als Eleonore Denuelle de la Plaigne sein. Diese Zuschreibung findet sich in zahlreichen genealogischen Foren, bei Bildagenturen wie auch bei seriöseren historischen Portalen, freilich ohne jeglichen Beleg. Der bekannte französische Genre- wie auch Porträtmaler François Gérard (1770 – 1837) soll demnach der Urheber dieses Gemäldes sein. Und das scheint auch zu passen. Gérard war einer der begehrtesten Künstler der napoleonischen Zeit, der zahlreiche Mitglieder des Familienclans Bonaparte-Beauharnais auf Leinwand bannte. Hierzu gehörten neben der Mutter Letizia unter anderem Hortense, Caroline und Joachim Murat, Marie-Louise mit ihrem Sohn, aber auch der Kaiser selbst. In zahlreichen Geschichtsbüchern findet sich das bekannte Bild von 1805 „Napoleon im Krönungsornat“ abgedruckt, das sich heute im Schloss Fontainebleau befindet. Das Bild der Sappho fügt sich anscheinend in diese Reihe ein.

Doch der genauere Blick weckt Zweifel. Die Pinselführung ist weitaus flächiger und weniger fein, die Darstellung weniger detailreich und auch der Hintergrund grobschattiger, man möchte fast sagen stimmungsvoller und romantischer als bei den Werken des französischen Staatsmalers. Es findet sich in keinem der vorliegenden Werkverzeichnisse und ist auch wissenschaftlich nicht nachgewiesen. Nicht zuletzt fehlt dessen typische Signatur. Und auch der Eigentümer – das Musée Antoine Lecuyer in Saint-Quentin – ist deutlich zurückhaltender als die Internetforen und spricht stattdessen von einem anonymen Urheber. Sicherer ist das Museum hingegen, dass es sich bei der dargestellten Person um Eleonore handeln soll – *Portrait de Madame de La Plaigne*, so der geführte Titel.[37] Doch kann diese Zuschreibung stimmen? Schließlich befand sich Eleonore nur für wenige Wochen im Umfeld des Kaisers und wurde zudem sehr diskret gehalten.

Sappho mit Lyra: ein Porträt Eleonores von anonymer Hand? Aufnahme von G. Dufrêne.

Eine Spur führt ins Frankfurter Städel-Museum. Hier befand sich bis 1933 ein weiteres angebliches Bild der Napoleon-Geliebten, geschaffen von Gérard.[38] Es war im 19. Jahrhundert über einen italienischen Bankier an einen Frankfurter Bürger gelangt, der es wiederum 1866 an das Städelsche Kunstinstitut in seiner Heimatstadt vermachte. Im Schenkungsvertrag findet sich die Zuschreibung: *Sitzende Sapho mit der Leier (Portrait der Mutter des Comte Leon natürlicher Sohn Napoleon I) von Gerard 1810.*[39] Doch wurde sein kunstgeschichtlicher Wert in späteren Jahren derart gering eingeschätzt, dass es 1933 zum Verkauf angeboten wurde.[40] Über ein Münchner Auktionshaus gelangte es für 90 Reichsmark in den Besitz einer Adelsfamilie aus Südwestdeutschland, wo es sich heute noch befindet.

Das Vorbild: Sappho mit Lyra. Gemälde von François Gérard, um 1806.

Allerdings handelt es sich hierbei um ein anderes Bild als das im Internet kursierende. Zwar weist es in der Motivik große Ähnlichkeiten mit diesem auf – ebenso eine sitzende Sappho mit Leier vor einem Naturhintergrund; jedoch ist dieser mit einer Signatur versehende Gérard weitaus feiner gemalt und auch inhaltlich detailreicher. Es ist ein für ihn typisches Ganzkörperbild – und nicht wie bei ersterem ein Ausschnitt – mit zahlreichen floralen Elementen, Bäumen und nicht zuletzt einer See- und Gebirgslandschaft im Hintergrund. Die Porträtierte selbst schaut dabei mit fast schon verdrehten Augen, verklärt zum Himmel und eben nicht in Richtung des Betrachters, wodurch die sinnliche Komponente verloren geht. Dennoch sind sich die beiden Porträtierten sehr ähnlich; die ovale Form des Gesichts, das dunkle Haar, die braunen Augen und auch der schmale Mund mit etwas hervortretender Unterlippe lassen darauf schließen, dass hier dieselbe Frau gemalt ist.

Doch handelt es sich tatsächlich um Eleonore? Hierauf deutet ein drittes, heute leider nicht mehr auffindbares Bild hin. Der Historiker Dennis Walton Dodds hat in den 1970er Jahren ein in Familienbesitz befindliches Porträt Eleonores, erstellt von der Porträtmalerin Jeanne-Philiberte Ledoux (1767 – 1840) ausfindig gemacht, das sie mit Feder am Schreibtisch zeigt (siehe oben S. 17). Auch sie sieht den Frauen in den beiden erstgenannten Bildern sehr ähnlich, was zum Schluss führt, dass mit hoher Wahrscheinlichkeit alle drei Bilder eine Darstellung Eleonores sind. Selbst die Tatsache, dass der prominente Gérard sie porträtierte, liegt durchaus im Bereich des Möglichen, hielt sie sich doch für längere Zeit im Umfeld Caroline Murats auf. Und diese wiederum ließ sich und ihre Kinder wiederholt vom französischen Staatsmaler porträtieren. Vermutlich handelt es sich daher bei der im Internet kursierenden Bild um eine eher romantisierende Adaption eines jüngeren Anonymus.

Alle drei Bilder unterstreichen die von den Zeitgenossen bestätigte Tatsache, dass Eleonore eine ausgesprochene Schönheit war. Dass sie dabei jedoch als eine andere, in diesem Fall als antike Sappho und eben nicht als sie selbst gemalt wurde, erscheint im Rückblick geradezu als typisch und paradigmatisch für ihren Werdegang und das Bild, das andere von ihr hatten – zeitlebens wurde sie in der Öffentlichkeit eben nicht als eigenständige Persönlichkeit dargestellt, sondern als Geliebte Napoleons, Mutter Leons oder eben als Sappho.

4. DIE KINDHEIT LEONS

Wenige Tage nach der Schlacht von Waterloo und seiner förmlichen Abdankung als Kaiser am 22. Juni 1815 fuhr Napoleon nach Schloss Malmaison, dem privaten Wohnsitz der Familie. Auch seine Stieftochter Hortense war anwesend. Eines Tages traf sie den früheren Kaiser zusammen mit einem ihr unbekannten Mann und einem neunjährigen Jungen. In ihren Memoiren gibt sie folgendes Gespräch wieder: „*Hortense, betrachten Sie dieses Kind: an wen erinnert es Sie?*" [so der Kaiser]. „*Das ist Ihr Sohn, Sire, das ist das Porträt des Königs von Rom*". „*Finden Sie? Dann muss es wohl so sein. Mich, der ich nicht glaube, ein weiches Herz zu haben, bewegt sein Anblick. Sie scheinen über seine Herkunft Bescheid zu wissen. Woher wissen das?*" „*Sire, in der Öffentlichkeit wird darüber gesprochen. Und die Ähnlichkeit zeigt mir, dass diese Annahme nicht falsch ist*". „*Ich gebe zu, dass ich lange Zeit Zweifel hatte, dass er mein Sohn ist. Dennoch habe ich ihn auf eine Privatschule in Paris gegeben. Der Mann, der ihn betreut, hat mir geschrieben, um zu erfahren, was meine Pläne für seine Zukunft sind. Ich wollte ihn sehen, und wie Euch, hat mich die Ähnlichkeit zu meinem Sohn beeindruckt.*"[41]

Dieser Dialog ist einer der wenigen Belege über die Haltung Napoleons zum illegitimen Sohn Leon, überliefert aus der Sicht von Hortense, einer Vertreterin des Beauharnais-Clans. Demnach hegte er eine Zeit lang tatsächlich Zweifel bezüglich seiner Vaterschaft, diese jedoch waren mit der festgestellten Ähnlichkeit ausgeräumt. Deutlich geht aus diesem

Hortense de Beauharnais als Königin von Holland. Gemälde von Jean-Baptiste Regnault, 1810.

Schloss Malmaison von der Gartenseite her. In der Mitte ein (vermutlich fiktives) Gespräch der Familie Bonaparte-Beauharnais, 1808. Stich aus Laborde, S. 62.

Gespräch hervor, dass sich Bonaparte durchaus für Leon verantwortlich fühlte. Dies geschah meist im Verbund mit seiner Schwester Caroline. Vermutlich war es auch deren Vorschlag gewesen, Leon im Alter von zwei Monaten von seiner leiblichen Mutter zu trennen und in die Obhut von Tagesmüttern zu geben. Hierbei handelte es sich zunächst um eine Madame Martin, später eine Madame Loir, die bereits Kinder der Murats betreut hatten. Bei ihnen verbrachte Leon seine frühen Kindheitsjahre. Der Tarnung halber soll er in jener Zeit den Namen des verstorbenen Generals Pierre Macon geführt haben.[42] Caroline trug weiter persönlich Sorge um ihn, freilich unter erschwerten Umständen, residierte sie doch fernab, zunächst als Großherzogin von Berg in Düsseldorf und ab 1808 als Königin in Neapel. Weilte sie aber in Paris, suchte sie Kontakt zu Leon. Dies tat auch der Kaiser, der dann zuweilen beide zu sich kommen ließ, sie mit Leckereien verwöhnte und sich an der Lebhaftigkeit des Kindes erfreute.[43]

1812 erhielt Leon einen Vormund. Damit sollte der rechtlich doch sehr bedenkliche Status des Jungen enden, der ja bis dahin faktisch elternlos aufgewachsen war. Die Initiative hierzu ging vermutlich auf Napoleon selbst zurück, der als Vertrauensperson mit Joseph-Ignace Mathieu, ernannt 1810 zum Baron de Mauvières, den Schwiegervater seines persönlichen Sekretärs Claude-François de Méneval auswählte.[44] Die Übertragung fand am 25. März 1812 vor dem Friedensgericht im 2. Arrondissement in Paris statt. Der Text der Urkunde zeigt dabei die juristisch doch sehr verschlungene und gleichzeitig fragile Basis des Rechtsakts auf: Da der Vater abwesend und unbekannt sei, ebenso der Verbleib der Mutter (*en l'absence de la mère et même dans le doute où l'on est sur son existence*), möchte künftig Mauvières, der die Situation des Kindes gut kenne, als Vormund (*tuteur*) fungieren. Leon selbst befinde sich in einer Pension bzw. Privatschule. Die derzeit dadurch entstehenden Kosten würden von einer unbekannten Person (*une personne également inconnue*) getragen.[45] Zumindest dem Hauptbeteiligten Mauvières muss dabei klar gewesen sein, dass diese Angaben falsch waren. Er kannte den Vater (Napoleon) ebenso wie den unbekannten Finanzier Leons (Napoleon), auch dürfte er von Eleonore gewusst haben, die ja 1812 immer noch in Paris wohnte und deren Verbleib damit keineswegs unbekannt war. Dass der Friedensrichter auch über

Grabstein von Joseph-Ignace de Mauvières (1754 – 1833) auf dem Pariser Friedhof Père Lachaise. Foto, 2023.

dieses Wissen verfügte, ist unwahrscheinlich. Falls ihm die Angelegenheit doch etwas dubios vorkam, war er vermutlich hinreichend von der Prominenz der fünf anwesenden Zeugen beeindruckt – allesamt hochrangige Politiker und Militärs, darunter mit Frédéric-Pierre Lecordier der Bürgermeister des 1. Pariser Arrondissements. Sie sollten künftig den Familienrat bilden, mit der Aufgabe, Mauvières als Vormund zu überwachen. Dazu gehörte auch die Aufsicht über das Vermögen Leons. Konkret wurde in der Urkunde eine Domäne im Departement Seine-et-Marne genannt, die für 9.200 Francs jährlich verpachtet sei.

In den folgenden Jahren sollte sich das Vermögen Leons weiter vermehren. Zwischen 1812 und 1815 ließ der Kaiser über Mittelleute nicht weniger als acht Schenkungen vollziehen, unter anderem Aktien an verpachteten Kanälen (Canal d'Orléans, Canal du Loing, Canal du Midi) sowie weiteren Grundbesitz, alles zusammen mit einem Kapitalwert von über 1 Million Francs. Leon wuchs damit äußerst wohlhabend auf und erhielt Unterricht in der angesehenen Privatschule von Jacques Antoine Hix, zeitweise aber auch zusammen mit den Kindern Mauvières auf dessen Schloss im Pariser Umland. Vermutlich kam es nach 1812 einstweilen zu keinem Treffen mit Napoleon mehr, der ja den desaströsen Feldzug gegen Russland führte und überwiegend bei der Armee war. Dies macht das Erstaunen des Korsen über die äußere Erscheinung Leons bzw. dessen Ähnlichkeit mit seinem Sohn Napoleon-François in der oben geschilderten Szene von 1815 durchaus glaubhaft. In jedem Fall war er auch weiterhin von einer gewissen Fürsorge getragen und unterzeichnete noch vor seiner Verschiffung nach St. Helena eine weitere Schenkung für Leon im Wert von 100.000 Francs.

Auch im Exil sprach Napoleon zuweilen über seine illegitimen Söhne Leon Macon und Alexander Walewski. Diese hatten sich im Übrigen erstmals 1815 in Malmaison getroffen und sollten im Laufe ihrer Leben mehrmals freiwillig-unfreiwillig miteinander in Verbindung treten. Beide wurden von Napoleon auch in seinem Testament erwähnt: So schrieb er in einer eigens formulierten Instruktion, dem heute nicht mehr im Original überlieferten 7. Codizill, an die Testamentsvollstrecker – es handelte sich hierbei um die Generäle und Exil-Mitgenossen Charles-Tristan de Montholon, Henri-Gatien Bertrand und den Kammerdiener Louis-Joseph Marchand: *Ich wäre nicht abgeneigt, wenn der kleine Leon in die Verwaltung eintreten würde, so das seinem Interesse entsprechen sollte. Ich wünsche*

Vermutlich des Öfteren Aufenthaltsort von Leon: Das Schloss seines Vormunds Mauvières in Saint-Forget, südwestlich von Paris. Foto von Lionel Allorge, 2013.

mir, dass sich Alexander Walewski für den Armeedienst begeistern wird.[46] Leon sollten in diesem Zusammenhang noch einmal 300.000 Francs übertragen werden mit der Auflage, hiervon Ländereien zu kaufen. Da Napoleon dies jedoch nicht schriftlich festhielt, sondern lediglich mündlich an die Testamentsvollstrecker weitergab, blieb dieser weitere Geldsegen für Leon aus – ein Vollzug dieses Wunsches des ehemaligen Kaisers scheiterte am Veto der bourbonischen Regierung.[47]

Dennoch war Leon dank der Vorsorge seines leiblichen Vaters finanziell gut aufgestellt. Dies machte sich alsbald auch in seinem Lebenswandel bemerkbar, der von Luxus und dem Wunsch nach Ablenkung geprägt war – nicht zuletzt zum Leidwesen seines neuen Vormunds. Wenige Monate nach dem Tod Napoleons am 5. Mai 1821 hatte Claude-François Baron de Méneval diese Aufgabe von seinem Schwiegervater übernommen, auf Wunsch des Familienrats und mutmaßlich auch des verstorbenen Vaters. Seinen ehemaligen Sekretär hatte Napoleon als verlässlich und verantwortungsbewusst eingeschätzt und entsprechend im Testament mit 150.000 Francs bedacht, vermutlich auch als Aufwandsentschädigung für das ihm überantwortete Mündel, ohne freilich dabei den Namen Leons zu nennen. Der Familienrat bewilligte für Leon Zahlungen von 12.000 Francs jährlich – eine ungeheure Summe für einen Teenager. Die auszugsweise überlieferten Ausgabenlisten Leons aus den Jahren 1821/22 künden denn auch tatsächlich von umfangreichen Einkäufen, beispielsweise von Parfum, Kleidung, edlen Möbeln, Schmuck oder einem chinesischen Porzellanservice – Belege für das Leben eines verwöhnten Dandys.[48] Méneval sah sich bald nur noch bedingt in der Lage, sich um seinen Schützling zu kümmern und engagierte mit Narcisse Vieillard einen Subtutor und Hauslehrer. Vieillard hatte sich bis dato um Leons leiblichen Cousin Napoleon-Louis (den älteren Bruder von Louis-Napoleon, dem späteren Kaiser Napoleon III.) gekümmert und war nun von Rom nach Paris zurückgekehrt. Fortan spielte der ehemalige Militär den Aufpasser und wohnte in einem eigenen Appartement in zentraler Pariser Lage in der Rue de Crébillon Nr. 3 durchaus luxuriös zusammen mit seinem neuen Zögling. Er gewährleistete, dass Leon weiterhin Unterricht erhielt, konnte jedoch dessen Neigung zu Ausschweifungen nicht verhindern.

Eigentlich hätte es sich bei Leon nur um einen beliebigen jungen, verwöhnten Mann aus reichem Hause handeln können– wäre da nicht seine ganz spezielle Erscheinung gewesen. So erinnerte sich Baron Agathon Fain, der ehemalige Geheimsekretär des Kaisers: *Ich habe Leon Macon zum ersten Mal 1822 bei Méneval gesehen. Er könnte vierzehnt bis fünfzehn Jahre alt gewesen sein und ich kann kaum sagen, wie gerührt ich war, im Gesicht dieses Kindes den jungen General Bonaparte wieder lebendig zu sehen, ungefähr so wie ich ihn das erste Mal 1796 [...] gesehen habe.*[49]

Claude François Méneval (1778 – 1850) arbeitete als Journalist, ehe er Sekretär bei Joseph Bonaparte wurde. 1802 trat er als Kabinettssekretär in die Dienste Napoleons über. Als ein enger Mitarbeiter und Vertrauter des Kaisers erhielt er 1810 den Adelsrang eines Barons. Gemälde von Jean Baptiste Isabey, um 1810. Abbildung aus Fleischmann, Tafel 6.

5. EIN GESCHEITERTER MILITÄR, ABER HOFFNUNGSVOLLER EHEMANN

Zunächst einmal war er von Beruf Sohn. Denn es war ausschließlich der väterliche Einfluss, dem Graf Karl August von Luxburg die neue Position verdankte. Vermutlich nur zähneknirschend hatte Kurfürst Max Josef von Pfalzbayern am 1. Dezember 1801 eine Urkunde unterschrieben, die den gerade einmal 19-Jährigen zum Rittmeister beim Reiterregiment Leiningen machte und ihm eine Eskadron – mithin rund 200 Mann – anvertraute.[50] Max Josef beglich damit alte Schulden seines Bruders, des 1795 gestorbenen Herzogs Karl II. August von Pfalz-Zweibrücken, der seine Bauten und seinen teuren Lebensstil vor allem mit Hilfe von Krediten bestritten hatte. Einer seiner größeren Finanziers war Johann Friedrich von Luxburg (1748 – 1820) gewesen, der sich 1783 im Gegenzug in einem Vertrag die Anwartschaft auf ein Oberamt – und damit einen finanziell lukrativen Verwaltungsposten – hatte verbriefen lassen. Diese wurde nun zu Gunsten des Sohnes Karl August in die besagte Militärstelle umgewandelt. Und auch in den Folgejahren zeigte sich der Vater um die Karriere des Filius besorgt, indem er immer wieder versuchte, seinen Einfluss geltend zu machen. Prädestiniert war Karl August für den neuen Posten freilich überhaupt nicht. Die letzten Jahre hatte er das fürstlich nassauische Forstinstitut zu Dillenburg besucht bzw. als Forstpraktikant gewirkt. Ihm fehlten jegliche militärische Erfahrung und auch die innere Disziplin. Kein gutes Omen war es daher, dass er kurz vor der Ernennung zum Rittmeister seinen Säbel verloren hatte.[51]

Karl August von Luxburg.
Porträt von Johann Lorenz Kreul, vermutlich um 1810.

Seine Kindheit hatte der 1782 auf den Namen des damaligen Landesvaters getaufte Karl August von Luxburg in Zweibrücken verbracht. Hier wirkte sein Vater als Geheimrat, vor allem aber als erfolgreicher Finanzmagnat.[52] Die Familie mit dem ursprünglichen Namen Girtanner stammte aus St. Gallen, war Mitte des 18. Jahrhunderts in den lothringischen Salzhandel eingestiegen und in die kleine pfälzische Residenzstadt gezogen. Den erworbenen Reichtum nutzte sie für Kreditgeschäfte und so gehörten bald verschiedene adlige Familien aus dem Westen des Reiches zu ihren Schuldnern. 1776 stieg man selbst in den Adelsstand auf, nannte sich nun nach einem wenige Jahre zuvor gekauften Schlossgut bei Egnach am Bodensee „*Girtanner von Luxburg*". 1790 wurden sie zu „*Reichsgrafen von Luxburg*" erhoben. Dieser atemberaubende Aufstieg geriet durch die Revolution in Erschütterung, als Zweibrücken 1793 von französischen Truppen besetzt, die Mutter Carolina Maria (1757 – 1820) zeitweise verschleppt und ihr Haus geplündert und schließlich beschlagnahmt wurde. So blieb nichts anderes als die Flucht ins Rechtsrheinische, wo sich die Familie in Mannheim und zeitweise auch in Hanau niederließ. Selbst diese schwierige Situation wusste Vater Johann Friedrich zu nutzen, indem er für den gleichfalls nach Mannheim geflohenen Herzog die Logierkosten vorstreckte.[53] Neben Karl August hatten die Luxburgs noch den 1783 geborenen Sohn Friedrich Christian, der zunächst in Marburg Rechtswissenschaften studierte, ehe er ab 1803 im diplomatischen Dienst Bayerns aufstieg. Die Schwester Auguste (1788 – 1861) heiratete 1810 den späteren badischen Staatsminister Wilhelm Ludwig Reinhard von Berstett (1769 – 1837).

Die Karriere Karl Augusts als bayerischer Militär verlief wenig erfolgreich. Er war ein Leichtfuß und immer wieder für Torheiten gut. Häufige Krankheiten führten dazu, dass er in dem ausgesprochen kriegsreichen Jahrzehnt nie wirklich im Felde war. Stattdessen war er des Öfteren in gerichtliche Auseinandersetzungen um Beleidigungen mit anderen Offizieren verwickelt und legte sich schließlich mit seinem Dienstherrn Max Josef an, der 1806 zum König von Bayern aufstieg. Dabei ging es um ausgebliebene Beförderungen ebenso wie um immer noch nicht getilgte Altschulden des Landesherrn bei den Luxburgs. Erst 1810 kam es hier zu einer Lösung. Der persönlich äußerst verärgerte König stimmte der Zahlung von 23.500 Gulden an Luxburg zu und beförderte ihn zum Major, woraufhin dieser sich bereit erklärte, aus dem bayerischen Armeedienst auszuscheiden und keine weiteren Forderungen mehr zu stellen. Der Graf hatte anfangs noch gehofft, auf einen hohen Posten im bayerischen Forstdienst wechseln zu können, was jedoch am Veto Max Josefs scheiterte. Immerhin blieb ihm nach zehn Jahren Militärdienst, der fast ausschließlich in der Etappe stattfand, der neue Rang „*Major à la Suite*", den er Zeit seines Lebens mit Stolz führte.

Die namensgebende Luxburg in der Schweiz. Foto von Eveline Gasser, 2022.

Der zum Zeitpunkt seines Ausscheidens gerade einmal 28 Jahre alte Luxburg bemühte sich in der Folge um einen Eintritt in andere Armeen, so 1811 in russische Dienste,

1813 in französische, was jedoch beides von der jeweils aktuellen politischen Realität rasch überholt wurde. Schließlich zog er sich einstweilen ins badische Mannheim zurück, wo seine Eltern seit mehreren Jahren wohnhaft waren.

Sein jüngerer Bruder Friedrich Christian machte unterdessen Karriere als Diplomat im Dienste Bayerns. Nach Stationen in Bern sowie in St. Petersburg wechselte er 1811 als Legationsrat nach Paris, wohin ihn Karl August im Dezember begleitete. Dieser wollte offensichtlich Ablenkung nach den vergangenen, doch recht schwierigen Jahren. Er stürzte sich ins Pariser gesellschaftliche Leben und nicht zuletzt auch in einige Liebesabenteuer. Dann wurde es plötzlich ernst. Am 21. Februar 1812 notierte Bruder Friedrich Christian in sein Tagebuch, Karl August hätte Madame Augier, eine ehemalige Mätresse Murats, getroffen, und sei von ihr ganz angetan. Es muss Liebe auf den ersten Blick gewesen sein beim Ex-Militär. Eine Woche später hegte er bereits Heiratspläne, zum Entsetzen seines Bruders und bald auch der Eltern. Doch auch deren energischer Widerspruch konnte nicht verhindern, dass sich Luxburg bereits am 23. März 1812 heimlich mit Eleonore verlobte.[54] Dies erscheint umso überraschender, da Eleonore zu diesem Zeitpunkt ja noch mit Augier verheiratet war – und dieser zweifelsfrei noch am Leben. Anfang 1812 wirkte dieser als Capitaine beim siebten Kürassieregiment und stand kurz vor seiner Abkommandierung zum Feldzug gegen Russland. Ob Eleonore diese Tatsache ihrem Bräutigam bewusst verschwiegen hatte, wie ein Nachfahre mutmaßte[55], oder aber bereits offen den Plan einer neuerlichen Scheidung hegte, bleibt letztlich unklar. Ihre private Situation 1811/12 ist jedenfalls nicht eindeutig. Das spurlose Verschwinden Augiers beim Russlandfeldzug Ende 1812 war jedoch sicherlich eine, wenn auch so nicht planbare Ideallösung für die Jungverliebten. Eleonore schien damit frei.

Indes sollte es noch weitere Turbulenzen um das angehende Brautpaar geben, zumal sich Karl August bei seinen Parisaufenthalten verschuldete und sein Bruder ihn immer wieder auslösen musste. Karl bestätigte damit einmal mehr die Rolle des missratenen Sohns im Vergleich zur glanzvollen Karriere Friedrich Christians. Dennoch – und das bleibt festzuhalten – läuteten am 23. Mai 1814 die Hochzeitsglocken. Und zwar in Seckenheim, dem unmittelbar in der Nähe Mannheims am Neckar gelegenen Dorf. Die Heirat fand in Anwesenheit der Eltern Luxburgs in der evangelischen Kirche statt. Offen ist, wo das Paar in jener Zeit in Seckenheim wohnte. Der Literatur zufolge erwarb Karl August am 18. Juli 1816 das dortige Schlösschen für 15.000 Gulden, das bis dato im Eigentum der Freiherren von Hacke gewesen war und nun zum festen Wohnsitz der Luxburgs wurde.[56]

Das Gebäude war 1767/69 von der kurpfälzischen Beamtenfamilie von Stengel erbaut worden und hatte dieser als Landsitz gedient. Es lag oberhalb des Dorfes am Neckar, umfasste zwei Geschosse, während ein rechteckiges Portal mit Oberlicht auf der Südseite ins Freie führte. Ein kleiner

Opernball in Paris, um 1804. Möglicherweise auf einem ähnlichen Ereignis haben sich Luxburg und Eleonore kennen gelernt. Druck von Jean François Bosio.

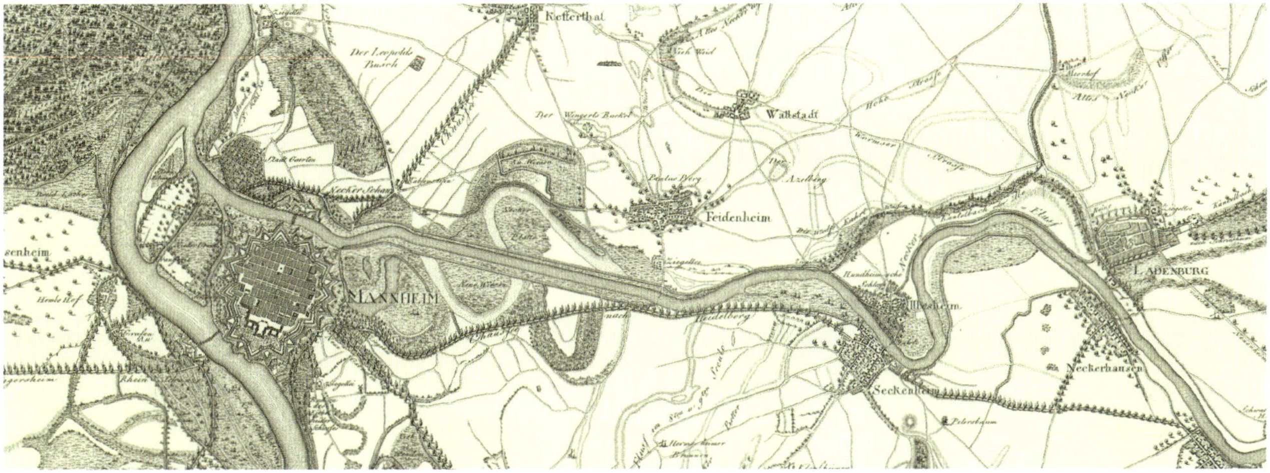

Mannheim, Seckenheim und Neckarhausen. Situationskarte von 1801. Gezeichnet von Johann Heinrich Haas, 1801.

Garten zum Flanieren schloss sich an. Zugehörig waren außerdem Wiesen und Wälder in der Umgebung. Mit dem Wegzug ins Bayerische hatten es die Freiherren von Stengel an die von Hacke veräußert, die wiederum nach Wien übersiedelten und es den Freiherren von Babo zur Verwaltung überließen, ehe sie es verkauften. In dem etwas verwunschen anmutenden Seckenheimer Schloss wohnten Karl August und Eleonore fast in direkter Nachbarschaft zu den Eltern Luxburgs, die 1811 ein Gut in Neckarhausen erworben hatten.[57] Diese lebten dort in einer kleinen Landvilla, die für die Besucherin Rahel Varnhagen wie ein Sehnsuchtsort wirkte – idyllisch am Neckar gelegen, die Odenwälder wie auch die Pfälzer Berge am Horizont, in der Nähe die französische Grenze. Besäße man das Haus der Luxburgs, so könnte man im Winter nach Paris gehen und im Sommer in der Rhein-Neckar-Region wohnen: *Wir hätten das Beste aus beiden Ländern, die, meiner Meinung nach, zwei Seiten einer Seele bilden.*[58] Ebenso euphorisch hätte Rahel vermutlich auch das Seckenheimer Anwesen der Luxburgs gelobt. Und anders als die nun sesshaft gewordenen Eltern pendelten die Neuvermählten zeitweise tatsächlich zwischen beiden Welten und lebten den Traum der Varnhagens. Doch dies war freilich nicht frei von atmosphärischen Eintrübungen.

Engagierte Briefeschreiberin und Fan des Luxburgschen Anwesens in Neckarhausen: Rahel Varnhagen von Ense. Lithographie von Gottfried Küstner (1834) nach einem Porträt von Moritz Daffinger (1818).

Denn auch wenn die Eltern gute Miene zur Hochzeit gemacht hatten, noch überwogen die Differenzen mit der Familie, so dass mutmaßlich eher wenig Kontakt bestand. Und so wohnten Eleonore und Karl August Ende des Jahres 1814 und teilweise auch 1815 noch überwiegend in Paris, machten dabei jedoch immer wieder längere Reisen. Eine solche führte sie im Sommer 1815 nach Baden-Baden, wo Eleonore Opfer der durch die Befreiungskriege aufgeheizten nationalistischen Stimmung wurde und sich als Französin öffentlich beschimpfen lassen musste.[59] Spätestens mit dem Erwerb des Seckenheimer Schlösschens hatte die Familie einen neuen Hauptsitz, der sich auch zu einem gesellschaftlichen Mittelpunkt des lokalen Adels und gehobenen Bürgertums entwickelte. Folgt man den Aufzeichnungen der Nachfahren, so soll hier ein repräsentatives Leben geführt worden sein, immer wieder gab es Besuche etwa von der in Edingen wohnenden, über die Mutter verwandte Familie von Hunolstein oder von den Berstetts aus Karlsruhe. Darüber hinaus waren oft alte Bekannte aus Zweibrücken, Karlsruhe, Frankfurt oder Baden-Baden zu Besuch.[60] Somit war das Luxburgsche Schloss ein Teil der noch existierenden Adelslandschaft in und um die ehemalige Residenz Mannheim, die freilich im Laufe des 19. Jahrhunderts ausdünnte, da sich die Familien zunehmend auf die Hauptstädte Karlsruhe oder München fokussierten.

Die Heirat mit Eleonore hatte auch die Beziehung Karl Augusts zu seinem Bruder erschüttert, der die Verbindung schlichtweg für eine Dummheit hielt. Als in Paris stationierter Legationsrat wusste er um die Vergangenheit der Braut und ahnte die damit verbundene Gefahr der öffentlichen Kompromittierung. So war es vermutlich eine Art Versöhnungsbesuch, als sich Karl August und Eleonore um die Jahreswende 1817/18 nach Dresden aufmachten, wohin Friedrich Christian als bayerischer Gesandter 1816 versetzt worden war. Dieser Besuch war für Eleonore ein gesellschaftlicher Lackmustest darüber, inwieweit sie als ehemalige Mätresse Napoleons von der höfischen Gesellschaft akzeptiert würde. Diese kostete es in der Tat durchaus Überwindung, die nunmehrige Gräfin von Luxburg in ihren Kreisen aufzunehmen. Laut Friedrich Christian kam es anfänglich zu peinlichen Situationen, da Eleonore insbesondere von den Ehegattinnen anderer adliger Würdenträger aufs Entschiedenste abgelehnt wurde. Erst der Neujahrsball 1818 sollte einen Durchbruch bewirken, als Eleonore offiziell vorgestellt wurde, was ihr Schwager in seinem Tagebuch als *großen Erfolg* verbuchte.[61] Damit war die Pariserin auf der höfischen Bühne angekommen. Möglicherweise hatte dazu auch ihre engagierten Auftritte bei einem französisch sprachigen Theaterspiel mit Stücken von Molière und Voltaire beigetragen, für die sie gefeiert worden war.

Dennoch zeigte sich bald, dass der Familienfrieden doch recht brüchig war. 1820 starben kurz hintereinander die in Neckarhausen wohnenden Eltern Luxburgs, die auf Wunsch Karl Augusts und mit besonderer behördlicher Genehmigung in einer eigenen Gruft im Seckenheimer Schlossgarten bestattet wurden. Was folgte, war ein handfester Streit der Kinder um das väterliche Erbe, der auch vor Gericht ausgetragen wurde. Kompliziert wurde es, da neben den Immobilien in Neckarhausen, die im Übrigen rasch versteigert werden konnten, auch Ansprüche und Forderungen gegen Gemeinden und Schuldner in und um Zweibrücken vorlagen. Diese rührten teilweise noch aus dem 18. Jahrhundert und konnten nur schwer eingetrieben werden. In den Auseinandersetzungen standen sich Karl August auf der einen, Friedrich Christian und Auguste auf der anderen Seite gegenüber. Erst nach mehreren Jahren sollte es hier zu einer Einigung kommen. Das Verhältnis der Geschwister war damit erst einmal nachhaltig belastet. Dies lässt sich auch in dem nur bruchstückhaft vorhandenen Briefwechsel Eleonores mit der angeheirateten Verwandtschaft erkennen, der von einer gewissen hinter Höflichkeitsfloskeln versteckten Distanziertheit geprägt ist. Sicherlich spielte dabei auch Eleonores pointiertes Auftreten als vornehme und selbstbewusste Pariserin eine Rolle. Und außerdem war da noch ihre Vergangenheit mit Napoleon, die sie immer wieder einholte …

6. DER SKANDAL

Falls Eleonore gedacht hatte, durch die Heirat mit Luxburg und die Übersiedlung nach Deutschland ihrer Vergangenheit entfliehen zu können, so musste sie spätestens Ende 1815 erkennen, sich getäuscht zu haben. Ihre Affäre mit Napoleon wurde Gegenstand eines Gerichtsprozesses in Paris, der weithin auf Interesse stieß. Die Zeitungen griffen das Thema begierig auf, der europäische Blätterwald rauschte, vor allem in Frankreich und Deutschland erschienen zahlreiche Artikel. Eleonore sah nicht nur ihr früheres Privatleben vor aller Augen ausgebreitet, sie wurde schlagartig zu einer öffentlichen Figur, zu einer Berühmtheit mit äußerst zweifelhaftem Ruf.

Verantwortlich hierfür war niemand anderes als Jean-Honoré-François Revel, ihr Ex-Mann. Dieser war nach seiner Freilassung aus dem Gefängnis 1807 wieder zum Militär zurückgekehrt und in der Folge als Lieutenant eines Infanterieregiments an verschiedenen Standorten stationiert gewesen. Offenkundig gab es tatsächlich Vorgaben, ihn weitab von Paris und damit fern von seiner Ex-Frau einzusetzen. So landete er 1808 in Besançon, ehe er nach Worms versetzt wurde. Laut Auskunft des Kriegsministeriums hatte auch der Kaiser persönlich angeordnet, ihm vor dem Umzug an den Rhein keinen Sonderurlaub in Paris zu gewähren.[62] In den folgenden Jahren fiel Revel nicht gerade als vorbildhafter Soldat auf. Kriegseinsätze scheiterten an seinen rheumatischen Beschwerden, was ihn freilich nicht daran hinderte, Schulden in Höhe von 20.000 Francs anzuhäufen, die zu seiner vorübergehenden Degradierung führten. Nach einer Station in Holland diente er zuletzt in Hamburg, wo er 1814 in Kriegsgefangenschaft geriet. Im Spätherbst 1814 kehrte er heim nach Paris.

Der besiegte Napoleon befand sich zu diesem Zeitpunkt im Exil auf Elba, es regierte mit König Ludwig XVIII. wieder ein Bourbone in Frankreich. Dies suchte Revel für sich zu nutzen Er diente sich dem neuen Herrscher als ein Verfolgungsopfer Bonapartes an mit dem Angebot, brisante Informationen über den Korsen zu liefern. Dabei ging es ihm nicht nur um Rache, vor allem hoffte er auf eine großzügige finanzielle Entschädigung. Noch Ende 1814 bereitete er eine Klage vor, die auf eine Ungültigkeitserklärung der Scheidung von Eleonore abzielte, und bedrohte diese mit einem Gerichtsvollzieher. Doch die Rückkehr Napoleons von Elba machte seine Bemühungen einstweilen zunichte und ließ ihn sicherheitshalber untertauchen. Nach der abermaligen Abdankung des Kaisers ging Revel erneut in die Offensive und reichte nun im Dezember 1815 offiziell Klage auf die Ungültigkeit der Scheidung (*Cause en nullité de divorce entre M. Revel, capitaine pensionné, et dame Louise-Catherine-Éléonore Denuelle-Laplaigne, son epouse*) beim Gericht des Departements Seine ein. Bereits die Verwendung des Mädchennamens in der Klageschrift zeigt, dass in seiner Lesart die Eheschließungen Eleonores mit Augier bzw. Luxburg keine Gültigkeit besaßen.

Zeitgleich ging er mit einer umfangreichen Schrift in die Öffentlichkeit, um sein Anliegen publik zu machen. Diese trug den reißerischen Titel „*Bonaparte und Murat. Entführer einer jungen Frau und einiges über die Komplizen bei diesem Raub, vor dem Tribunal des Departements Seine in erster Instanz. Denkschrift des empörten Ehemanns J.H.F. Revel*" – oder im Original: *Buonaparte et Murat. Ravisseur d'une jeune femme, et quel-ques-uns de leurs agents complices de ce rapt, devant le tribunal de première instance du Département de la Seine. Mémoire historique écrit par le mari outragé, J.H.F. Revel, Capitaine pensionné*. Gezielt nahm er dabei Napoleon und Murat als „Räuber" seiner Ehefrau ins Visier, mithin die Hauptprotagonisten des gestürzten Systems, die sich auch persönlich an Eleonore vergangen hätten und sowohl Entwie auch Verführer sowie Gewalttäter gewesen seien.

Minutiös schildert Revel als empörter, beleidigter oder auch gehörnter Ehemann, auf nicht weniger als 212 Seiten die Geschichte seiner Ehe und des ihm dabei widerfahrenen Unrechts. Er beginnt mit der Herkunft und dem Wesen der Familie Denuelle, beschreibt detailliert seine erste Begegnung und die komplizierte Werbung um Eleonore. Seinen eigenen angeblichen Reichtum, der ja Grundlage für die Zustimmung der Denuelles gewesen war, erklärt er mit falschen Informationen durch Freunde. Gleichzeitig betont er, wie raffiniert insbesondere die Mutter um den Ehevertrag gefeilscht und ihn letztlich über den Tisch gezogen habe. Madame Campan wird als scheinheilige Kupplerin beschrieben, die seine eigenen Zweifel an der Verbindung beiseite gewischt hätte. Seine Verhaftung nach der Hochzeit sei letzten Endes ein großes Missverständnis und damit ungerechtfertigt gewesen. Auch sei sein Fall vor Gericht zunächst recht gut verlaufen, doch mit einem Mal hätte sich die Situation ins Negative gekehrt und zu seiner Verurteilung geführt. Ursache seien Eleonores neue Lebensumstände gewesen, zunächst als *concubine*, als Geliebte von Murat, und später von Napoleon selbst. Entsprechend habe er nun nicht nur mit dem General, dem Kaiser und dessen Schwester Caroline zu kämpfen, sondern auch den Hof, die Ministerien und die Gerichte gegen sich gehabt. Dies habe zwangsläufig zu seiner Verurteilung geführt.

Auch nach der Freilassung habe er sich weiterhin Willkürakten der Verwaltung wie der Armee ausgesetzt

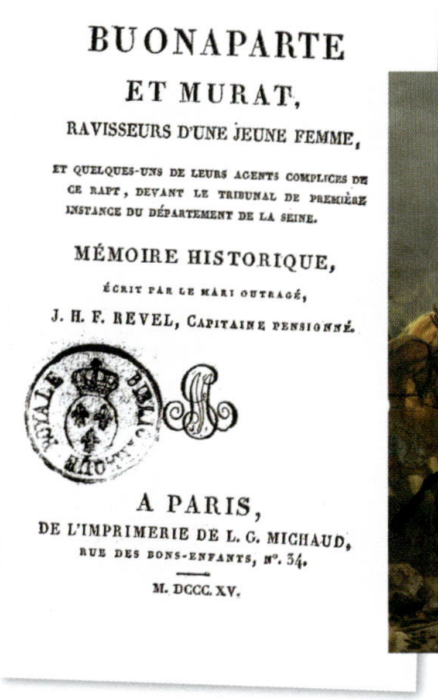

BUONAPARTE

ET MURAT,

RAVISSEURS D'UNE JEUNE FEMME,

ET QUELQUES-UNS DE LEURS AGENTS COMPLICES DE CE RAPT, DEVANT LE TRIBUNAL DE PREMIÈRE INSTANCE DU DÉPARTEMENT DE LA SEINE.

MÉMOIRE HISTORIQUE,

ÉCRIT PAR LE MARI OUTRAGÉ,

J. H. F. REVEL, CAPITAINE PENSIONNÉ.

A PARIS,

DE L'IMPRIMERIE DE L. G. MICHAUD,

RUE DES BONS-ENFANTS, N°. 34.

M. DCCC. XV.

Titelbild der Schrift von Revel „Buonaparte et Murat", 1815.

Die beiden mutmaßlichen „Ravisseurs": Murat und Napoleon, hier bei der Schlacht von Jena 1806. Gemälde von Horace Vernet, 1836.

gesehen, wie der Fortgang seiner Karriere beweise. Er habe nichts unversucht gelassen, vorzeitig aus dem Gefängnis und danach wieder auf die Beine zu kommen. Doch dies sei vergebens gewesen, stattdessen habe er *ins Exil* gehen müssen. Neben Napoleon und Murat ist es vor allem Eleonore selbst, die Revel aufs Korn nimmt und die er als undankbar, intrigant und vor allem unmoralisch zeichnet. Genussvoll und fast frivol breitet er in einem Kapitel mit dem vielsagenden Titel *Le boudoir d'Éléonore* angebliche Details ihrer Affären aus und behauptet, sie sei auch die Geliebte General Murats gewesen. Madame Campan habe sie letztlich zu einer Madame Dubarry (die 1793 hingerichtete Mätresse König Ludwig XV.) ausgebildet, die mit den Mächtigen spiele und sich zu bereichern suche. Napoleon hingegen habe sich dabei wie ein liebestoller Sultan in seinem Harem aufgeführt. Daher fordere er, Revel, nun Genugtuung, Gerechtigkeit und Entschädigung.

Revels Schrift gelangte 1815 in eine Öffentlichkeit, welche dabei war, die Kriege, die Schäden und die nationale Demütigung zu verarbeiten und die dem nach St. Helena abgeschobenen Napoleon zunächst nur wenig nachtrauerte. Mit seiner Bezeichnung Bonapartes als „Menschenfresser" (*l'ogre*) malte er ein Bild, das die veröffentlichte antinapoleonische Stimmung, wie sie von den neuen bourbonischen Machthabern systematisch gefördert wurde, gerne aufnahm. Mehr noch: Revel stellte den ehemaligen Kaiser als schurkischen, eigensüchtigen, unmoralischen Lüstling dar, der mit seiner Gier eine Ehe zerstört habe. Das für die Zeit außergewöhnliche Maß an *Sex and Crime* sicherte seiner Geschichte auch außerhalb des Gerichts eine große Verbreitung, und dies umso mehr, als sie direkt mit dem lange gefürchteten, nunmehr aber tief gefallenen Korsen verbunden war. Oder wie es das „Journal des Debats politiques et litteraires" formulierte: *Für die Gerichte, die manchmal ihre Tragödien, ihre Dramen, ihre Komödien haben, erklingt ein Fall, der mit seinen vielen Umständen das spektakulärste aus dem Genre des Schauspiels verspricht.*[63]

Und so interessierte es wohl zunächst nur wenige, dass das Gericht die Klage Revels bereits im Januar 1816 abwies

Auszug aus der Klage Revels sowie der Verteidigungsrede von Eleonores Anwalt. Berlinische Nachrichten 28.12.1815.

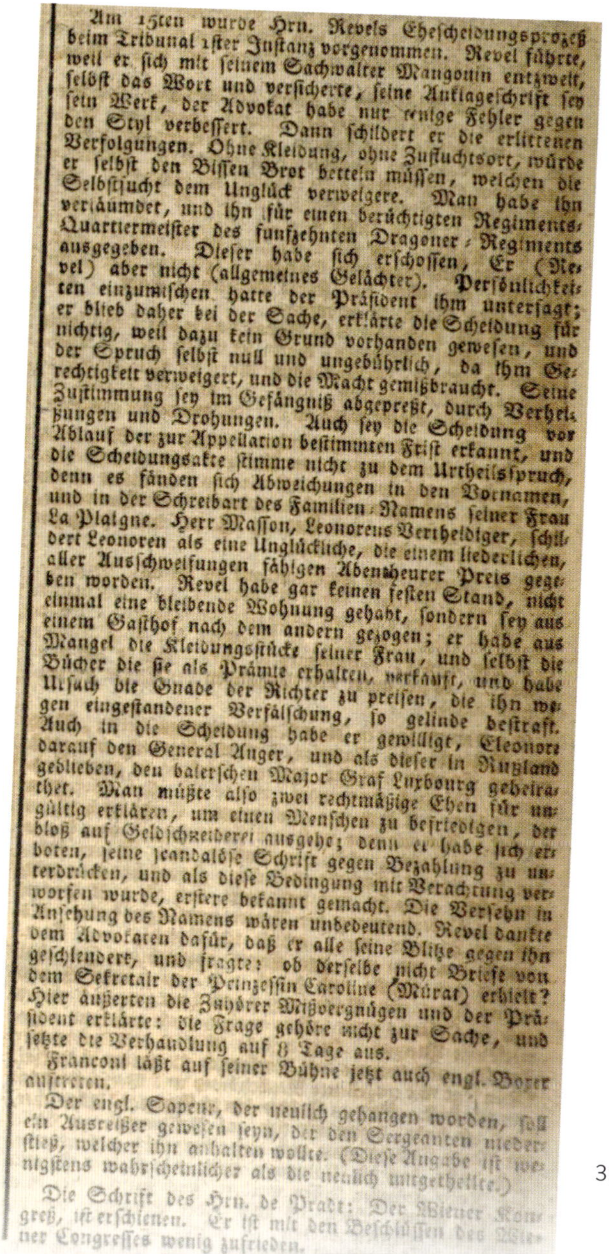

Am 15ten wurde Hrn. Revels Ehescheidungsprozeß beim Tribunal 1ster Instanz vorgenommen. Revel führte, weil er sich mit seinem Sachwalter Mangonin entzweit, selbst das Wort und versicherte, seine Anklageschrift sey sein Werk, der Advokat habe nur wenige Fehler gegen den Styl verbessert. Dann schildert er die erlittenen Verfolgungen. Ohne Kleidung, ohne Zufluchtsort, würde er selbst den Bissen Brot betteln müssen, welchen die Selbstsucht dem Unglück verweigere. Man habe ihn verläumdet, und ihn für einen berüchtigten Regiments-Quartiermeister des funfzehnten Dragoner-Regiments ausgegeben. Dieser habe sich erschossen, Er (Revel) aber nicht (allgemeines Gelächter). Persönlichkeiten einzumischen hatte der Präsident ihm untersagt; er blieb daher bei der Sache, erklärte die Scheidung für nichtig, weil dazu kein Grund vorhanden gewesen, und der Spruch selbst null und ungebührlich, da ihm Gerechtigkeit verweigert, und die Macht gemißbraucht. Seine Zustimmung sey im Gefängniß abgepreßt, durch Verheißungen und Drohungen. Auch sey die Scheidung vor Ablauf der zur Appellation bestimmten Frist erkannt, und die Scheidungsakte stimme nicht zu dem Urtheilsspruch, denn es fänden sich Abweichungen in den Vornamen, und in der Schreibart des Familien-Namens seiner Frau La Plaigne. Herr Masson, Leonorens Vertheidiger, schil dert Leonoren als eine Unglückliche, die einem liederlichen, aller Ausschweifungen fähigen Abentheurer Preis gege ben worden. Revel habe gar keinen festen Stand, nicht einmal eine bleibende Wohnung gehabt, sondern sey aus einem Gasthof nach dem andern gezogen; er habe aus Mangel die Kleidungsstücke seiner Frau, und selbst die Bücher die sie als Prämie erhalten, verkauft, und habe Ursach die Gnade der Richter zu preisen, die ihn wegen eingestandener Verfälschung, so gelinde bestraft. Auch in die Scheidung habe er gewilligt, Eleonore darauf den General Anger, und als dieser in Rußland geblieben, den baierschen Major Graf Luxbourg geheirathet. Man müßte also zwei rechtmäßige Ehen für ungültig erklären, um einen Menschen zu befriedigen, der bloß auf Geldschneiderei ausgehe; denn er habe sich erboten, seine scandalöse Schrift gegen Bezahlung zu unterdrücken, und als diese Bedingung mit Verachtung verworfen wurde, erstere bekannt gemacht. Die Versehn in Ansehung des Namens wären unbedeutend. Revel dankte dem Advokaten dafür, daß er alle seine Blitze gegen ihn geschleudert, und fragte: ob derselbe nicht Briefe von dem Sekretair der Prinzessin Caroline (Mürat) erhielt? Hier äußerten die Zuhörer Mißvergnügen und der Präsident erklärte: die Frage gehöre nicht zur Sache, und setzte die Verhandlung auf 8 Tage aus.

Franconi läßt auf seiner Bühne jetzt auch engl. Boxer auftreten.

Der engl. Sapeur, der neulich gehangen worden, soll ein Ausreißer gewesen seyn, der den Sergeanten niederstieß, welcher ihn anhalten wollte. (Diese Angabe ist wenigstens wahrscheinlicher als die neulich mitgetheilte.)

Die Schrift des Hrn. de Pradt: Der Wiener Kongreß, ist erschienen. Er ist mit den Beschlüssen des Wiener Congresses wenig zufrieden.

und einen weiteren Verkauf seiner Schrift verbot, da sie *unwahr, für die Sitten anstößig und führ mehrere Personen beleidigend* sei.[64] Stattdessen verbreitete sich die Geschichte in Frankreich, aber auch in Deutschland wie ein Lauffeuer. Als Friedrich Christian von Luxburg am 24. Dezember 1815 in seinem Tagebuch den zitierten Artikel erwähnt, hatten bereits viele deutschsprachige Zeitungen über den Fall berichtet. Eine der ersten waren die „Berlinischen Nachrichten von Staats- und gelehrten Sachen" am 16. Dezember, ihr folgten dann ab dem 19. Dezember zahlreiche andere Blätter.[65] Teilweise recht ausführlich wurde dabei die Sicht Revels nacherzählt, diese aber auch hinterfragt und abgelehnt. Es schien offensichtlich, dass hier eine schillernde und sehr zweifelhafte Figur agierte, die vor allem auf ihren Vorteil aus war. Dies war nicht zuletzt seinem persönlichen Auftritt vor Gericht geschuldet, wo Revel selbst die Klageschrift verlas, da er sich mit seinem Anwalt überworfen hatte. Die Sitzungen waren öffentlich und fanden großen Zuspruch bei einem Publikum, das sich *lüstern nach allen den schmutzigen Neuigkeiten* zeigte.[66]

Eleonore hingegen blieb dem Verfahren fern und musste in der Presse mitverfolgen, wie sie selbst zunehmend in Misskredit geriet – einerseits dargestellt als naives Opfer des lüsternen Kaisers, andererseits aber auch als berechnende Sirene, welche die Mächtigen umschmeichelte, sexuell verführte und für sich ausnutzte. Ihr neuer Name (*Luxburg, Luxbourg*) wurde dabei zumeist im Klartext genannt, so dass sie selbst in Deutschland nicht die Möglichkeit hatte, in der Anonymität zu verschwinden. Im Gegenteil, es fanden sich Blätter, die in Revels Schilderungen zwar *viele skandalöse Anekdoten*, aber auch *eine*[n] *wichtige*[n] *Beleg zur geheimen Geschichte der kaiserlichen Familie* sahen.[67] Gleichwohl erhoben sich auch Stimmen, die das Verfahren als *den lächerlichsten und ärgerlichsten Prozess* geißelten, *der wohl je eine Obrigkeit beschäftigt haben mag*.[68]

Obwohl das „Mannheimer Intelligenzblatt" als reine Anzeigen- und Verlautbarungszeitung nicht über den Prozess berichtete, dürfte er auch in Mannheim für genügend Gesprächsstoff gesorgt haben. In der Quadratestadt hatten bedeutsame Blätter wie die „Frankfurter Oberpostamts-Zeitung" oder die „Neue Speyerer Zeitung" ihre Leserinnen und Leser mehrfach über das Verfahren unterrichtet. Und auch vor Ort konnte man sich bald aus erster Quelle informieren: *Bei Buchhändler Fontaine in Mannheim ist so eben nachfolgende äußerst merkwürdige Schrift angekommen: Buonaparte et Murat ravisseurs* [...].[69] Der Verkauf einer französischsprachigen Prozessschrift in Mannheim war in der Tat ungewöhnlich und sprach für den Geschäftssinn, aber auch die Skrupellosigkeit des eigentlich für seinen Feingeist berühmten Buchhändlers Matthias Fontaine. Dieser wusste natürlich, dass die Familie Luxburg in der Region wohnte und versprach sich daher eine sensationslüsterne wie auch kaufbereite Leserschaft.

Wie die Betroffenen, vor allem die geschmähte Eleonore und ihr Gatte Karl August den Skandal persönlich aufnahmen, lässt sich nur ausmalen. Luxburg

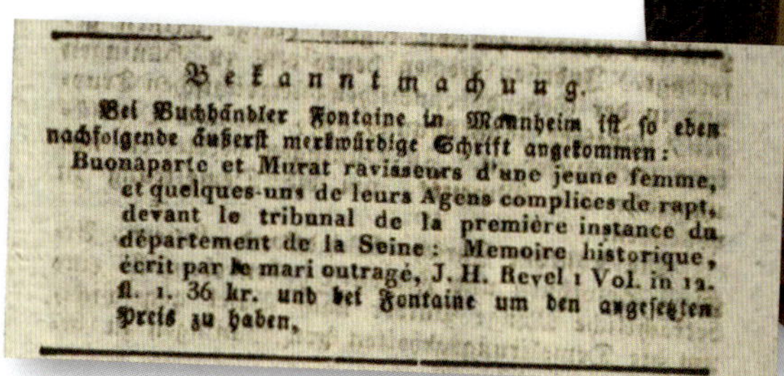

Bekanntmachung.
Bei Buchhändler Fontaine in Mannheim ist so eben nachfolgende äußerst merkwürdige Schrift angekommen: Buonaparte et Murat ravisseurs d'une jeune femme, et quelques-uns de leurs Agens complices de rapt, devant le tribunal de la première instance du département de la Seine: Memoire historique, écrit par le mari outragé, J. H. Revel 1 Vol. in 12. fl. 1. 36 kr. und bei Fontaine um den angesetzten Preis zu haben.

Geschäftstüchtiger Buchhändler in Mannheim: Mathias Fontaine (1749–1818).

Eine „äußerst merkwürdige Schrift" ist in Mannheim angekommen. Anzeige in der Frankfurter Oberpostamtszeitung vom 28.12.1815.

hatte von der Vergangenheit seiner Braut bekanntlich gewusst, ob er sich jedoch über die Skandalträchtigkeit und Explosivkraft dieser Geschichte im Klaren gewesen war, muss offenbleiben. In jedem Fall positionierten sich beide nicht öffentlich, sondern versuchten, sich über einen Anwalt in Paris zu verteidigen und ansonsten die Angelegenheit auszusitzen und Gras über die Sache wachsen zu lassen. Das Urteil des Gerichts war ja ganz in ihrem Sinne.

Doch Revel ließ nicht locker. Bereits 1816 veröffentlichte er eine weitere, mehr als 80 Seiten umfassende Broschüre mit *neuen Beweisen* (*nouvelles preuves*) für den angeblichen Frauenraub, in der er sich vorrangig gegen eine inzwischen veröffentlichte Verteidigungsschrift von Madame Campan richtete.[70] Auch wenn dies zunächst nur ein eher bedeutungsloser Federkrieg war, so reichte er aus, die Geschichte von Eleonores Vergangenheit in der Öffentlichkeit am Köcheln zu halten. Zeitgleich betrieb Revel weitere Recherchen im Vorfeld eines neuerlichen Prozesses, den er schließlich 1819 vor dem Pariser Gerichtshof anstrengte. Nach wie vor hielt er daran fest, dass die Scheidung ungültig gewesen sei. Darüber hinaus versuchte er nun den Nachweis zu führen, dass Augier als Armeeoffizier keine Heiratserlaubnis erhalten hatte und zudem sein Tod nicht förmlich bestätigt sei. Demzufolge hätte sich Eleonore zusätzlich der Trigamie schuldig gemacht, da sie nach wie vor mit ihm selbst, mit dem nicht als tot bestätigten Augier sowie mit Luxburg verheiratet sei – ein ganz besonders zu verabscheuendes Verbrechen, das nach harter Strafe rufe.

Es handelte sich mittlerweile um einen reinen Rachefeldzug Revels, der vergeblich auf finanzielle Zugeständnisse seiner Exfrau gehofft hatte und nun alle Ketten sprengte. Doch zum Glück für die Luxburgs ohne Erfolg: der Gerichtshof ebenso wie das angerufene Kassationsgericht wiesen die Angelegenheit zurück und auch der persönlich angeschriebene König Ludwig XVIII. zeigte kein Interesse. Revel war von der Angelegenheit regelrecht besessen und produzierte weiter zahlreiche Schriftsätze, die jedoch nicht das gewünschte Ergebnis brachten. Eine Anekdote berichtet in diesem Zusammenhang von einem zeitweise völlig verarmten und zerlumpten Revel, der in Mannheim aufgetaucht sei und Eleonore um Almosen angebettelt hätte – angesichts der weiteren Umstände gehört diese Geschichte mit Sicherheit ins Reich der Legende.[71]

Denn in der Zwischenzeit hatte Revel eine weitere Person identifiziert, von der er sich Geldgewinn versprach: Leon, den Sohn Eleonores. Eher beiläufig hatte ihn der Capitaine im Prozess von 1815/16 erwähnt, wodurch die Geburt eines illegitimen Nachkommen Napoleons erstmals einer breiteren Öffentlichkeit bekannt geworden war. Nun wurde auch Leon Zielperson in den gerichtlichen Auseinandersetzungen. Denn Revel hatte genau nachgerechnet: Da der Junge am 13. Dezember 1806 geboren worden war, musste die Zeugung aller Wahrscheinlichkeit im März, spätestens Anfang/Mitte April 1806 stattgefunden haben. Und zu diesem Zeitpunkt war die Mutter Eleonore noch mit Revel verheiratet gewesen – die Scheidung hatte bekanntlich erst am 29. April 1806 stattgefunden. Bezugnehmend auf eine Regelung des Code Napoleon, demzufolge Kinder, die innerhalb von 200 Tagen nach dem Scheidungstermin geboren waren, dem Vater zugesprochen werden konnten, reklamierte Revel das Recht für sich, die Vormundschaft für Leon auszuüben und dadurch über dessen Vermögen verfügen zu können. Entsprechend gründete er 1819 beim Pariser Friedensgericht einen eigenen Familienrat, dem

Der Gerichtstisch. Lithografie von Charles-Edouard de Beaumont, um 1840.

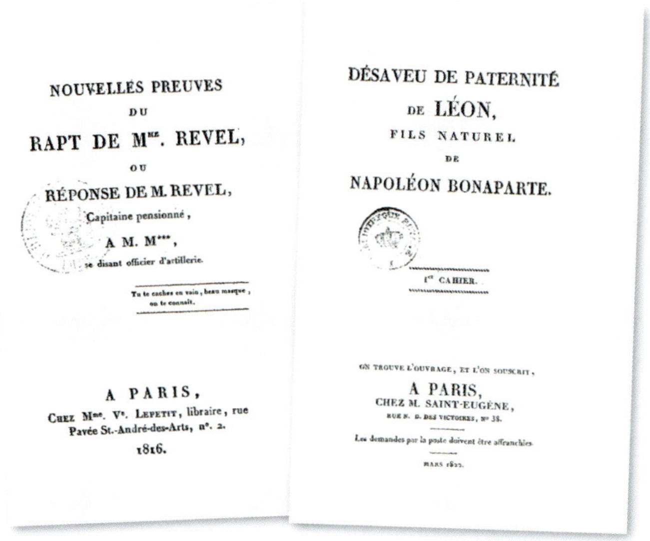
NOUVELLES PREUVES
DU
RAPT DE Mme. REVEL,
OU
RÉPONSE DE M. REVEL,
Capitaine pensionné,
A M. M***,
se disant officier d'artillerie.

Tu te caches en vain, beau masque, on te connaît.

A PARIS,
Chez Mme. Ve. Lepetit, libraire, rue Pavée St.-André-des-Arts, n°. 2.
1816.

DÉSAVEU DE PATERNITÉ
DE LÉON,
FILS NATUREL
DE
NAPOLÉON BONAPARTE.

1er CAHIER.

On trouve l'ouvrage, et l'on souscrit,
A PARIS,
CHEZ M. SAINT-EUGÈNE,
rue N. D. des Victoires, n° 38.
Les demandes par la poste doivent être affranchies.
Mars 1822.

Weitere Prozessschriften Revels gegen Eleonore (1816), die er nun als Madame Revel bezeichnet, sowie gegen Leon (1822).

pikanterweise auch sein ehemaliger Schwiegervater sowie andere Mitglieder der Familie Denuelle angehörten, und machte Ansprüche auf die Vormundschaft geltend.

Wie im Prozess gegen Eleonore bewies Revel auch hier einen langen Atem und erreichte schließlich, dass ihm Leons Vormund Mauvières entnervt eine Pension von 1.200 Francs zubilligte, die aus dem Vermögen seines Mündels bezahlt wurde. Nach dem Wechsel der Vormundschaft wandte sich Revel mit neuerlichen Forderungen an den Nachfolger Méneval und klagte 1822 vor dem Gericht des Departements Seine. Auch diesen Prozess flankierte er mit einer eigenen Veröffentlichung unter dem Titel *Désaveu de paternité de Léon, fils naturel de Napoléon Bonaparte* (*Verweigerung der Vaterschaft für Leon, natürlicher Sohn Napoleon Bonapartes*), in der er die rechtliche Vaterschaft Napoleons anfocht und damit für sich die Vormundschaft reklamierte. Trotz der Zurückweisung der Klage durch das Gericht kostete auch dieser Streit Geld und Energie. Der Konflikt fand erst ein Ende, als sich Leon selbst im Rahmen seiner vorzeitigen Volljährigkeitsanerkennung bereit erklärte, eine zusätzliche Pension in Höhe von 2.400 Francs an den Ex-Capitaine und Ex-Ehemann seiner Mutter auszuzahlen. Nun endlich ließ Revel die Angelegenheit ruhen. Bis zu seinem Tod im Jahr 1835 erhielt er die vereinbarten Zahlungen und konnte sich somit als Sieger des Dauerstreits fühlen.

Demgegenüber gingen Leon, vor allem aber Eleonore beschädigt aus den jahrelangen gerichtlichen Auseinandersetzungen hervor. Es war nicht nur das aufgewandte Geld, das ärgerte: Schmerzhaft war vor allem, wie ihre mit Napoleon verbundene Geschichte in der Öffentlichkeit ausgebreitet und skandalisiert, Privates nach außen gekehrt und Neues hinzuerfunden wurde – und dies mit nachhaltigen Folgen. Die Jugendaffäre mit dem Kaiser entwickelte sich für Eleonore zum Stigma, zum dauerhaften Etikett, das sie nun auch im Nachbarland nicht mehr loswurde und das sie ihr Leben lang begleiten sollte. Auch ihr ohnehin nicht leichter Stand in der deutschen Adelsgesellschaft wurde dadurch weiter unterminiert – für die Luxburgs war die ganze Geschichte – und damit in gewisser Hinsicht auch Eleonore selbst – schlichtweg peinlich und ehrverletzend.[72] Leon hingegen machten die Auseinandersetzungen bereits als Kind zur öffentlichen Figur, seine Existenz als illegitimer Sohn Napoleons war nun offiziell, bekannt und bestätigt und sollte fortan sein Leben prägen. Seine spätere Ähnlichkeit mit dem Kaiser förderte diese Prominenz noch, ebenso wiederholte Berichte in den Zeitungen. Nicht zuletzt ging Leon bereits in jungen Jahren in die Geschichtsbücher ein, etwa in das weit verbreitete und auch auf Deutsch übersetzte Werk „*Amours et galanteries des rois de France jusqu'au règne Charles X*" („*Liebschaften und Galanterien der Könige von Frankreich*") aus dem Jahr 1830. Der Historienautor Edme-Théodore Bourg (1785–1852) berichtete darin ausführlich über Revels Auseinandersetzungen, den er persönlich gesprochen und der ihm seine Unterlagen zur Verfügung gestellt hatte.[73]

Einmal mehr wurden darin Eleonore wie auch Leon für alle sichtbar bloßgestellt.

7. ZWEI EHEMALIGE FREUNDINNEN IN MANNHEIM

Als Stephanie 1819 erneut nach Mannheim zog, wurde dies von der Bevölkerung sehr positiv aufgenommen. Zwar konnte der Empfang an Pracht und Feierfreudigkeit nicht mit der Zeremonie standhalten, die sie 1806 als Erbgroßherzogin erlebt hatte, doch war er nicht minder herzlich. Dennoch gestalteten sich die Umstände traurig. Im Jahr zuvor war nach langer Krankheit ihr Ehemann Großherzog Karl im Alter von gerade einmal 32 Jahren gestorben. Als nunmehrige Großherzoginwitwe war die Anwesenheit Stephanies in Karlsruhe nicht länger notwendig, so dass sie es vorzog, die Stadt zu verlassen. Mit knapp 30 Jahren drohte die Adoptivtochter Napoleons wie dieser selbst zuletzt, ein Stück lebender Geschichte zu werden. Letztlich war es die Verantwortung für ihre Kinder, die sie bewog, sich nicht in die Schweiz zurückzuziehen, wo ihre Verwandten wohnten, sondern in Baden zu bleiben, um ihren drei Töchtern *die* [ihnen] *gebührende Stellung zu behaupten.*[74]

Dabei erwiesen sich die Umstände in Mannheim nicht gerade als ideal. Das Schloss war in die Jahre gekommen und Teile lagen durch die Bombardierung 1795 in Ruinen. Die riesigen Räume machten es alles andere als wohnlich und wenig geeignet für eine kleine Hofhaltung: *Totenstille in den breiten Gängen, deren Steinplatten allein von den Tritten der Schildwachen vor dem Gemach der Prinzessinnen widerhallten. Das Schloß von Mannheim eröffnete mir die ganze Trostlosigkeit der Worte: öde und leer* – so rückblickend die damals 15-jährige Sophie von Graimberg.[75] Dennoch richtete sich Stephanie im westlichen Flügel des Mittelbaus ein, wo einige Räumlichkeiten im zeitgenössischen Empirestil modernisiert worden waren. Hier wohnte sie mit ihrem „Hofstaat" zusammen, der

Das Schloss vom Schlossgarten aus gesehen. Gemälde von P. Karg, 1819.

Der heute so genannte blaue Salon war das Speisezimmer der Großherzoginwitwe. Foto, 2022.

nebst Gesinde aus rund zwei Dutzend Personen bestand und dem unter anderem Oberhofmeisterin Agathe von Walsh, Oberhofmeister Louis Friedrich von Wöllwarth, zwei Hofdamen, zwei Vorleserinnen, eine Erzieherin, eine Pianistin und ein Hofkaplan angehörten. Diese doch recht bescheidene Basis genügte Stephanie, um hier ein kleines, aber durchaus reges höfisches Leben zu etablieren. Sie richtete viele kleinere gesellige, meist musikalische oder literarische Veranstaltungen aus, gab aber auch größere Empfänge und Bälle, zu der die badisch-pfälzischen Adelsfamilien ebenso kamen wie die Offiziere der Garnison, die höheren Beamten und auch Repräsentanten der Stadtgesellschaft.

Einen Einblick in diese vornehme Gesellschaft gibt die Einladungsliste für einen Ball, der am 18. Februar 1822 ausgerichtet wurde. Dieser fand im Rittersaal des Schlosses statt, wo insgesamt vier Tische aufgebaut wurden, an denen die Gäste gemäß einer vorgegebenen Sitzordnung Platz nehmen konnten.[76] Am Haupttisch saß – selbstverständlich – *Ihre königliche Hoheit*, d.h. die Großherzoginwitwe. Um sie herum gruppierten sich vor allem verschiedene Grafen und Gräfinnen aus der Umgebung, aber auch lokale Prominenz wie die Herren und Frauen von Dalberg, Stengel oder Hohenhorst. Tafel 1 war mit der Fürstin von Isenburg an der Spitze hauptsächlich mit jüngeren adligen Personen besetzt, während die zahlenmäßig umfangreichste Tafel 2 eher mit lokalen Funktionsträgern aus Verwaltung und Militär umgeben war. Und hier, mit der Sitzkarte Nummer 4, findet sich eine *Frau von Luxburg* – und damit niemand anderes als Eleonore.[77] Am gleichen Tisch hatte auch Karl August von Luxburg einen Platz.

Wir wissen nicht, wie der Abend verlaufen ist, über was geredet wurde und was es zu essen gab. Bemerkenswert ist jedoch in jedem Fall, dass die beiden ehemaligen Schulfreundinnen aus dem Institut Campan hier gemeinsam im Mannheimer Schloss dinierten, zwar nicht am gleichen Tisch – was der neue Adelsrang Eleonores im Verhältnis zur Großherzoginwitwe durchaus hergegeben hätte –, doch immerhin im gleichen Raum.

Eleonore selbst war schon einige Jahre zuvor in die Quadratestadt bzw. nach Seckenheim gezogen. Spätestens seit 1816 wohnte sie im dortigen Schlösschen und zeitweise auch in der Stadtwohnung der Luxburgs in O 3, 7.[78] Ein eigenes Haus erwarben sie 1819. Hierbei handelte es sich um einen in A 2, 6 gelegenen, zweistöckigen Barockbau mittlerer Größe aus dem

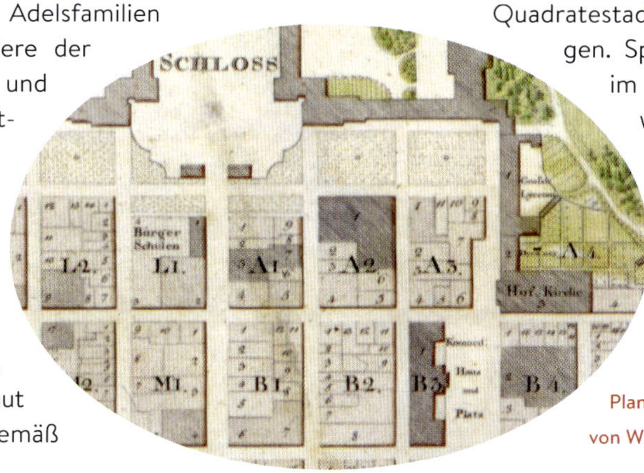

Plan der Stadt Mannheim (Ausschnitt) von Wilhelm von Traitteur 1813.

Freier Blick auf den Neckar und in die Natur von der Terrasse des Seckenheimer Schlosses. Radierung von Stefan von Stengel, um 1770.

18. Jahrhundert, nicht unbedingt repräsentativ, aber in bevorzugter Lage zum Schloss und wenige Meter hinter dem Palais Bretzenheim.[79]

Der Kauf dieses Hauses sollte sich als sehr vorteilhaft erweisen, lag es doch in unmittelbarer Nähe von B 3, dem Standort des Nationaltheaters. Im März 1821 wurde Karl August von Luxburg zu dessen Intendanten ernannt. Und sein Haus befand sich damit direkt an der neuen Arbeitsstätte des Grafen, kurze Wege waren garantiert. Zuvor hatte hier Franz Karl von Gemmingen gewohnt, nach dessen Tod seine Witwe Dorothea, die es schließlich an Luxburg verkaufte. Für diesen war es fortan nicht nur ein Nebenquartier, sondern eine vollwertige Bleibe, richtete er hier doch zusammen mit Eleonore einen kompletten Hausstand mit Gesinde ein. So beschäftigte das Ehepaar hier vier *Jungfern* als Hauspersonal, einen männlichen *Bediener*, einen Kutscher, einen Reitknecht und einen Jäger. Somit war dies ein durchaus standesgemäßer Haushalt, wie ihn auch andere Adlige in Mannheim führten. Die Gemmingen hatten ähnlich viel Personal gehabt.

Wann Karl August und Eleonore in ihrem Haus, wann in ihrem Schloss wohnten, bleibt offen, ebenso die personelle Ausstattung in Seckenheim. Vermutlich zogen sie zwischen beiden Orten hin und her. Mit einem Wohnsitz in der Stadt und einem auf dem Land setzten die Luxburgs eine

Jahrhunderte alte Tradition des Adels fort, nach der die Familien einerseits die Nähe zur Residenz suchten, gleichzeitig sich auch Rückzugsmöglichkeiten im Grünen schufen. Ähnlich hatten es die Kurfürsten selbst mit ihren Schlössern in Mannheim und Schwetzingen praktiziert. Und auch die Freiherren von Stengel, die Erbauer des Seckenheimer Landschlösschens, residierten zusätzlich in der Quadratestadt. Möglicherweise lag für die Luxburgs als neuadlige Familie das Geheimnis ihres elitären Selbstbilds gerade darin, die Tradition des erworbenen Standes aufzugreifen und – obwohl sie sich langsam überlebte – demonstrativ fortzusetzen. Dies galt entsprechend auch für Eleonore, die trotz ihres nobel klingenden Mädchennamens ja erst durch die Verehelichung mit Karl August in den Adelsstand aufgestiegen war.

Und so muss es für sie eine große innere Genugtuung gewesen sein, 1822 am Diner im Mannheimer Schloss teilnehmen zu dürfen. Denn eigentlich waren die Voraussetzungen dafür alles andere als günstig gewesen. Ihre Affäre mit Napoleon hatte zu einem Bruch mit den ehemaligen Freundinnen aus dem Institut Campan geführt, so auch mit Stephanie. Folgt man der Literatur, wurde sie zu einer *persona non grata*, die nach 1806 weder zu Napoleon vorgelassen noch zu anderen Mitgliedern der Familien Bonaparte und Beauharnais Zugang erhielt. Dies setzte sich durch die von Revel angezettelte Kampagne weiter fort. Daher war es keineswegs selbstverständlich, dass Eleonore von der Großherzoginwitwe ins Mannheimer Schloss eingeladen wurde. Dies war auch wohl weniger ihrer Person als vielmehr der neuen Position ihres Ehemannes als Intendant des Nationaltheaters geschuldet. Über ihr Verhältnis zur ehemaligen Freundin Stephanie fehlen direkte Belege. Der Mannheimer Stadthistoriker Friedrich Walter berichtete jedoch darüber: *Ablehnend verhielt sich die Großherzogin gegen Luxburgs dritte Gattin, Eleonore Denuelle de la Plaigne, vordem als Frau eines französischen Offiziers und Vorleserin Karoline Murats die Geliebte Napoleons.*[80] Auch wenn Walter hierbei ein Zählfehler unterlief – Luxburg war Eleonores dritter Gatte, nicht umgekehrt –, so dürfte seine Feststellung zutreffen.

Denn es spricht einiges dafür, dass Eleonore in Mannheim ein Außenseiterdasein gefristet hat. Zwar lernte sie mit der Zeit die deutsche Sprache, wie nicht zuletzt ihre Briefe zeigen. Sie hielt in Seckenheim Hof und war auch zeitweise in Mannheim präsent, dennoch scheint sie sehr häufig auswärts unterwegs gewesen zu sein. Ihr Hauptziel war dabei vor allem Paris, ihre Heimatstadt, die sie regelmäßig besuchte. Hier hielt sie sich über längere Zeiträume auf, suchte auch ein anspruchsvolles und teures Leben als Gräfin zu führen, was ihren in Mannheim weilenden Gatten immer wieder zur Verzweiflung brachte. Auch der Süden Frankreichs zog sie an, so soll sie sich eine ganze Weile auch in Nizza aufgehalten haben.

Diese Reiselust teilte sie im Übrigen auch mit der Großherzoginwitwe. Stephanie hatte als Mitglied der badischen Herrscherfamilie ganz andere finanzielle, aber auch gesellschaftliche Möglichkeiten. Neben Mannheim fungierte das Schloss in Baden-Baden als zweiter Witwensitz, weshalb sie sich immer wieder für längere Zeit in der Stadt an der Oos aufhielt. Im Vergleich zu Mannheim hatte sie dort eine kleinere Hofhaltung, das gesellschaftliche Leben war bescheidener, doch auch hier war sie eine gern besuchte Gastgeberin. Weitere Reisen führten sie in die Schweiz zu ihrer Verwandten Hortense, nach Nizza zur Erholung, vor allem aber nach Italien. Dort hielt sie sich 1832/33 nahezu ein Jahr lang auf, besuchte Florenz und Rom, wo sie auch die dort im Exil lebenden Mitglieder ihres Familienclans aufsuchte. Weitere Stationen waren Neapel mit Pompeji und Herculaneum, ehe sie über Mailand und Genua die Heimfahrt antrat. In einem eigenen Tagebuch sind die Stationen und ihre Eindrücke vermerkt.

Vergleichbare Dokumente von Eleonores Reisen und Auslandsaufenthalten liegen leider nicht vor. Ähnlich dürftig ist auch die Quellenlage für Eleonores Zeit in Mannheim und Seckenheim. Während es über Stephanies Leben und Wirken in der Quadratestadt zahlreiche Aussagen von

Zeitgenossinnen und -genossen gibt, so beschränken sie sich Eleonore betreffend auf wenige Versatzstücke. Am eindrücklichsten sind hierbei sicherlich die Erinnerungen von Karoline Bauer (1807–1877), einer der bekanntesten Schauspielerinnen der Biedermeierzeit. Sie war in Heidelberg geboren und hatte erfolgreiche Engagements unter anderem in Berlin, Wien, Leipzig, Dresden und Sankt Petersburg hinter sich. Mehrfach führten sie Gastspiele ans Mannheimer Nationaltheater, das damals von Karl August von Luxburg geleitet wurde – so auch 1835. In ihren Memoiren beschreibt sie rückblickend nicht nur die unverwechselbare Art des Intendanten, sondern auch dessen Frau: *Auch die „schöne Gräfin Luxburg“ thronte Abend für Abend im Theater in ihrer Loge, ihre klassische, mit den Jahren etwas antike, aber künstlich restaurirte Schönheit präsentierend – mit der alten Marmorruhe und dem alten eitlen Hochmuth in's Leere starrend, als bewege sie nur der eine Gedanke: „Seht, ich bin noch immer die schöne Frau, die einst einen Kaiser Napoleon bezauberte! Wer kann das von sich sagen?“*[81]

Spottlustige Zeitgenossin: Die Schauspielerin Karoline Bauer (1807–1877). Stahlstich von Franz Xaver Stöber, vermutlich 1830.

Es ist zugegeben ein sehr böses Bild, das hier von Eleonore gezeichnet wurde, in dem Karoline Bauer ihre Spottlust auslebte und dabei auch nicht frei davon war, falsche Gerüchte wiederzugeben. So soll Eleonore mit Napoleon geschlafen haben, um Revel vor einem Todesurteil zu retten; ebenso sei die Heirat mit von Luxburg ein Versehen gewesen, da sie gehofft habe, einen Grafen von Luxemburg zu ehelichen. Beides ist in das Reich der Legende zu verweisen. Dennoch dürfte die zitierte Aussage einige Wahrheiten enthalten, basiert sie doch auf dem direkten Eindruck Bauers. Demnach besuchte Eleonore regelmäßig Aufführungen im Nationaltheater, wo sie eine eigene Loge besaß. Auch war sie als Gattin des Intendanten stadtbekannt, ebenso ihre Vergangenheit mit Napoleon. Und jene ist es, zu der sie immer wieder in Beziehung gesetzt wird, hinter der sie als Individuum verschwindet. Dabei erscheint die von Bauer beschriebene Distanziertheit und vornehme Noblesse Eleonores, mit der sie anderen gegenübertrat und die sich als Hochmut interpretieren lässt, durchaus plausibel – ähnliche Einschätzungen gab es auch von angeheirateten Verwandten.

Man kann davon ausgehen, dass Eleonore weitaus weniger Wertschätzung seitens der Öffentlichkeit zuteilwurde, als dies bei Stephanie der Fall war. Hier spielte sicherlich die gesellschaftliche Stellung eine Rolle, aber auch eine gewisse charmante Umgänglichkeit, welche der Großherzoginwitwe zugeschrieben wurde. Sie war im Übrigen ebenfalls eine Liebhaberin des Theaters, so dass sich auch hier Stephanie und Eleonore öfters begegnet sein müssen, vermutlich mit dem zwanghaften Bemühen, den Blickkontakt von Loge zu Loge zu meiden. Und so entbehrt es nicht einer gewissen Ironie, aber auch Tragik, dass sich die (Lebens-)Wege der beiden ehemaligen Freundinnen so häufig kreuzten, ohne dass diese freilich noch einmal zusammenfinden sollten.

ÜBER DAS ALTER VON ELEONORE

Eleonore um 1830. Beschädigtes Gemälde eines Schülers von Jacques-Louis David. Dodds, S. 49.

Marlene Dietrich hat es getan. Karl Lagerfeld ebenso. Und auch Eleonore von Luxburg: Alle haben sich für jünger ausgegeben als sie eigentlich waren. Doch während die Dietrich und Lagerfeld die Presse und Öffentlichkeit über ihr wahres Alter täuschten, machte es die Französin offiziell gegenüber den Mannheimer Behörden. Diese notierten 1821 bei der Anmeldung der Luxburgs, sie sei *angeblich 27 Jahre alt.*[82] Tatsächlich war ihr Geburtsjahr 1787.

Es war die Zeit des beginnenden systematischen Einwohnermeldewesens. Seit 1807 führte die Mannheimer Ortspolizei hierzu sogenannte *Familienbögen*, eine Art Kartei im Folio-Format. Zu jeder Familie wurde eigens ein Formular angelegt, in welchem die Mitglieder, angefangen vom Ehemann über die Ehefrau sowie geordnet nach Alter die Kinder, festgehalten wurden. Erfasst wurden die Namen, bei Frauen auch die Geburtsnamen, der Geburtsort, das Alter, die Religion sowie die Wohnadresse. Zog die Familie um, so ergänzte man die neue Anschrift. Dies galt auch für die Informationen zum Wegzug oder zum Tod. Bei wohlhabenden Haushalten wurden in den Bögen das Hauspersonal aufgelistet. Zusätzlich gibt es in diesem Archivbestand weitere personenbezogene Dokumente wie etwa Anträge für Reisepässe, Personenbeschreibungen, Steckbriefe und Ähnliches.

In jener Zeit vor der Einführung von individuellen Personaldokumenten wie Personalausweisen oder Identitätskarten wurden Personen, die von auswärts kommend sich erstmals in Mannheim anmeldeten, nach Herkunft und Geburtsdatum gefragt und diese Angaben dann notiert. Und so findet sich auf zahlreichen Bögen die Angabe *angeblich* [...] *Jahre alt*, aus der die Unsicherheit wie auch möglicherweise ein gewisses Misstrauen der Behörde gegenüber den genannten Daten hervorgeht.

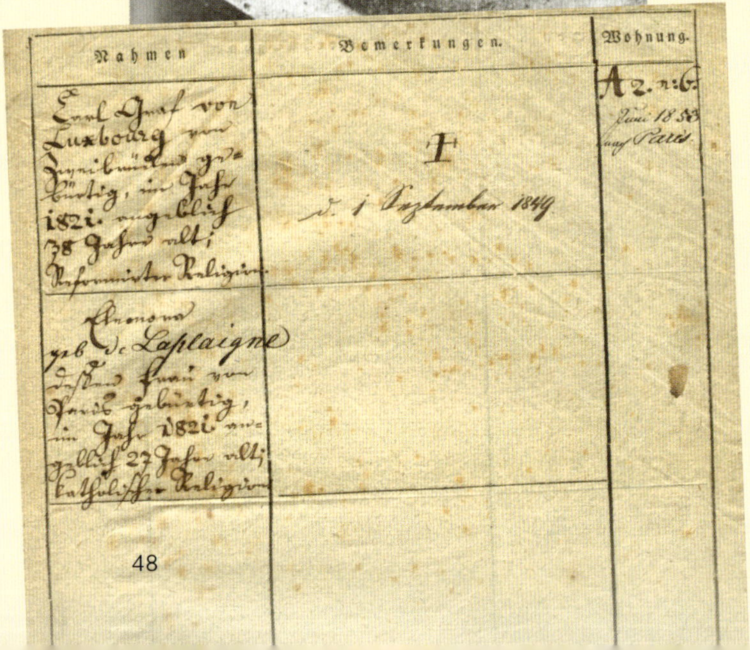

Nahmen	Bemerkungen	Wohnung
Carl Graf von Luxburg von Zweibrücken gebürtig, im Jahr 1821 angeblich 38 Jahre alt; reformierter Religion	† d. 1 Dezember 1849	A 2. n: 6 Juni 1853 nach Paris
Eleonore geb. de Laplaigne dessen Frau von Paris gebürtig, im Jahr 1821 angeblich 27 Jahre alt; katholischer Religion		

Familienbogen des Ehepaars Karl August und Eleonore von Luxburg.

Im Fall von Eleonore war dies jedenfalls angebracht. Denn während Karl August von Luxburg für sich korrekt 38 Jahre angab, nutzte die Gräfin die Möglichkeit für eine kostenlose Verjüngung, indem sie als ihr Alter 27 Jahre nannte. Würde man Eleonores Mannheimer Angabe weiterdenken, so hätte sie 1805 mit 11 Jahren geheiratet, wäre 1806 mit 12 Jahren die Mutter von Leon geworden, mit 18 zum zweiten Mal Witwe und mit 20 zum dritten Mal verheiratet gewesen.

Und obwohl Eleonore infolge der Druckschriften Revels und der damit verbundenen öffentlichen Berichterstattung auch in Mannheim eine gewisse Bekanntheit genoss und Misstrauen daher angebracht gewesen wäre, hielt der Beamte gewissenhaft ihre Angaben fest. Über die Motive der Französin kann an dieser Stelle nur spekuliert werden. War es Eitelkeit, sich als inzwischen 34-jährige für 27 auszugeben? Oder erhoffte sie sich von der falschen Angabe einen gewissen Schutz vor den Nachstellungen Revels, verbunden mit der Hoffnung, in der Öffentlichkeit nicht mehr als seine Ex-Gattin und als Napoleons Geliebte zu gelten? Dies erscheint freilich wenig plausibel, nahmen doch die Zeitungen in Frankreich und Deutschland darauf wenig Rücksicht, indem sie Eleonore zumeist mit vollem Namen und ihren Wohnort nannten.

Indes hatte die falsche Altersangabe noch manche Folgewirkungen. Als sich Eleonore 1853 nach Paris abmeldete und dabei einen Reisepass beantragte, gab sie konsequenterweise als Alter 58 Jahre an. Tatsächlich war sie bereits 65. Der Antrag ist umso bemerkenswerter, da sie darin eigenhändig und in französischer Sprache ihr Aussehen beschrieb, u.a. anderem ihre Gesichtsform als *rond*, ihre Haare, Augenbrauen und Augen als *noir*, ihren Mund als *petit* und ihr Kinn als *rond*. Der diensthabende Beamte übersetzte diese Angaben ins Deutsche und fügte zusätzlich, wenig galant, als Statur *untersetzt* hinzu.

Ganz konsequent war Eleonore bei ihren Falschangaben jedoch nicht. Als sie 1843 nach einem längeren Parisaufenthalt nach Mannheim zurückkehrte, wohnte sie einem anderen Familienbogen zufolge zunächst mit ihrer Mutter Franziska zusammen in deren Wohnung, ehe sie sich nach Seckenheim begab.[83] Nunmehr gab sie gegenüber den Behörden ihr Alter mit 58 Jahren an, womit sie sich um zwei Jahre älter machte. Ihr Umgang mit persönlichen Daten scheint daher eher locker gewesen zu sein. Und so verwundert es auch nicht, dass sie sich bei ihrer Eheschließung gegenüber dem Seckenheimer Bürgermeister als Witwe eines *französischen Generals* ausgab. Ein solcher war Augier freilich nie gewesen. Er hatte es lediglich zum *Capitaine* und zum Adjutanten eines Generals gebracht. Anscheinend wollte sich Eleonore gegenüber Luxburg und seinen ihr gegenüber sehr kritischen Verwandten etwas wichtiger machen.

Dass der Apfel oft nicht weit vom Stamm fällt, zeigt das Verhalten ihres Sohnes Leon. Selbst von Eitelkeit nicht frei, nutzte dieser, wie wir noch sehen werden, die polizeiliche Anmeldung in Mannheim zur Eigennobilitierung, indem er sich selbst zum Grafen machte. Zumindest gab er dabei sein Alter korrekt mit 16 ½ Jahren an.

Immerhin stimmt die letzte dokumentierte Angabe zu Eleonores Geburtsjahr: Der Eintrag vom 30. Januar 1868 im Sterberegister der Stadt Paris, in dem sie unter ihrem Mädchennamen Denuelle de la Plaigne geführt wird, nennt als Alter der Verstorbenen – wahrheitsgemäß – 81 Jahre.[84]

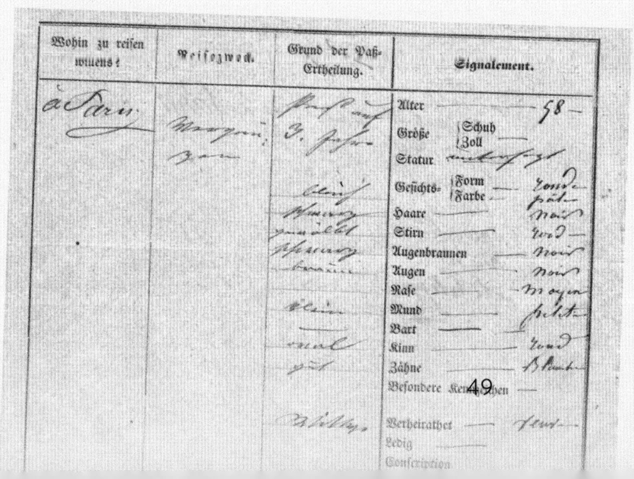
Wohin zu reisen willens? | Reisezweck | Grund der Paß-Ertheilung | Signalement
à Paris
Alter – 58 –
Größe Schuh / Zoll
Statur
Gesichts- Form / Farbe
Haare
Stirn
Augenbraunen
Augen
Nase
Mund
Bart
Kinn
Zähne
Besondere Kennzeichen
Verheirathet
Ledig
Conscription

8. EIN NEUANFANG FÜR MUTTER UND SOHN?

Am Abend des 11. Januar 1823, einem Samstag, besuchte Leon zusammen mit seinem Hauslehrer Vieillard das angesehene und durchaus exklusive „*Theater du Gymnase*“. Gegeben wurde ein Stück über Aladins Wunderlampe. Während einer kleinen Pause im Zwischenakt erhob sich Leon mit dem Ansinnen, sich zu erfrischen. Vieillard blieb derweil auf seinem Sitz. Doch anstatt wie angekündigt zur Toilette zu gehen, eilte Leon ohne Hut und Mantel schnurstracks nach draußen. Dort erwartete ihn ein Herr Miel mit einer Reisekutsche, die sofort losfuhr. Ziel war Straßburg, von dort aus ging es nach Mannheim. Eleonore hatte alles vorbereitet, so dass sie ihn wenige Tage später, wie eingangs beschrieben, in Seckenheim in die Arme schließen konnte.

Leon als 17jähriger. Ölgemälde in Privatbesitz, abgebildet bei Dodds, S. 80.

Im Vorfeld hatte es bereits Kontakt zwischen den beiden gegeben. 1821 hatte Eleonore erstmals nach 15 Jahren ihren Sohn in Paris bei Méneval wiedergetroffen, der ihn ihr – wie es Revel gehässig benannte – für einige Tage *ausgeliehen*, ansonsten aber auf seiner Vormundschaft bestanden habe.[85] Eleonore zeigte sich hiermit einverstanden, bat ihn jedoch, Leon als Lehrer den ihr bekannten Herrn de Mielle (vermutlich den oben genannten Herrn Miel) beizugeben: *Dieser allein könne Leons Herz formen, seine Seele erheben, seine Einsicht entwickeln und die Fähigkeit seines Geistes erweitern.*[86] Méneval folgte diesem Vorschlag jedoch nicht und hielt an dem ihm vertrauten Narcisse Vieillard fest. Eleonore blieb auch in der Folgezeit in losem Kontakt mit Leon, der, folgt man ihrer späteren Argumentation, zunehmend unzufrieden mit seinem Aufseher wurde.

Schließlich überredete die Mutter den Jungen zur Flucht vor Vormund und Hauslehrer. Das Motiv ist dabei nicht ganz eindeutig. Es dürften sicherlich mütterliche Gefühle und die Unzufriedenheit über dessen Erziehung eine Rolle gespielt haben, jedoch liegt die Literatur sicher nicht ganz falsch, auch finanzielle Interessen bei Eleonore zu vermuten. Hierauf deutet ein Brief ihres Mannes an den Schwager Berstett vom 7. Februar 1822 hin, wonach man die Nachricht erhalten habe, Leon verfüge nunmehr über 1,5 Millionen Francs und werde von einem Hofmeister aus Italien betreut.[87] Auch wenn Luxburg mit dem Betrag falsch lag, stand außer Frage, dass Leon reich war und dies mit seinem Lebenswandel offen zeigte – und das dürfte sich bis in die Quadratestadt herumgesprochen haben. Fakt war allerdings auch, dass Leon selbst nicht über das gesamte Geld verfügte, sondern unter der Kuratel Ménevals stand und nur eine monatliche, für einen Teenager jedoch durchaus üppige Zuwendung erhielt.

Der Baron war sehr überrascht über das zunächst spurlose Verschwinden Leons. Er schaltete die Polizei ein und bekam so dessen neuen Aufenthaltsort heraus. Schriftlich wandte er sich daraufhin an Luxburg mit dem Bewenden, er selbst sei als Vormund für den Jungen verantwortlich und mache sich Sorgen. Anstelle Karl Augusts schrieb Eleonore einen Antwortbrief. Darin erklärte sie, künftig für Leon sorgen zu wollen und forderte dafür 10.000 Francs jährlich als Aufwandsentschädigung – ein Ansinnen, auf das Méneval freilich nicht einging. Dennoch schien er nicht unglücklich darüber, sein schwer erziehbares Mündel losgeworden zu sein und legte keine weiteren rechtlichen Schritte ein.

Fortan lebte Leon in der Quadratestadt, allerdings nicht etwa bei seiner Mutter, sondern bald in einer eigenen Wohnung in C 3, 2. Hier meldete er sich im November 1823 als *Carl von Leon, privatisierender Graf von Paris gebürtig* an.[88] Dieser Eintrag ist insofern eine Besonderheit, als sich Leon vermutlich hier zum ersten Mal den Titel eines Grafen gab. Bis dahin trug er den Namen Macon, wie in der Literatur und auch von Zeitzeugen berichtet wird. In den offiziellen Dokumenten wie etwa der Vormundschaftserklärung von 1812, aber auch in Revels Schriften wird er hingegen ausschließlich als Leon, das heißt ohne Nachnamen bezeichnet. Dies war einerseits sehr ungewöhnlich, andererseits aufgrund der verschiedenen Heiraten seiner Mutter doch wieder nachvollziehbar. Seinen Geburtsnamen Denuelle de la Plaigne scheint er nicht geführt zu haben. Als nicht

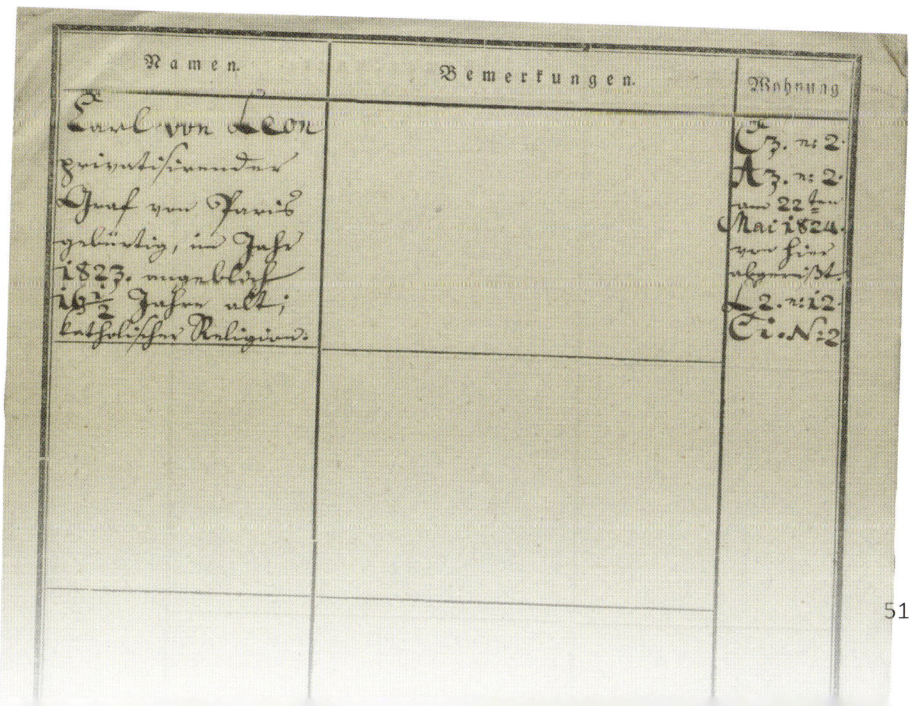

Der neue Graf „Carl von Leon“ auf dem Mannheimer Familienbogen.

volljähriges Mündel bestand für ihn bis dahin wohl nur selten die Notwendigkeit einer eigenen Unterschrift. Es deutet vieles darauf hin, dass Leon mit der Anmeldung in Mannheim die erste sich bietende offizielle Gelegenheit nutzte, um seinen bisherigen Vornamen zum Nachnamen zu machen, sich „Karl" zu nennen und sich das Adelsprädikat „Graf" zuzulegen, was von den badischen Behörden natürlich nicht hinterfragt werden konnte. Für den Adelstitel gab es keine rechtliche Grundlage, keine diesbezügliche Urkunde und keine Erhebung durch einen Monarchen, wie sie eigentlich notwendig gewesen wäre. Stattdessen folgte Leon gewissermaßen dem Vorbild seines leiblichen Vaters, der sich bekanntlich selbst zum Kaiser gekrönt hatte und nannte sich fortan offiziell Graf.

Diese Titelanmaßung spricht für das starke Selbstbewusstsein des jungen Mannes, ebenso die Tatsache, mit knapp 16 Jahren in einer fremden Stadt in einem fremden Land mit einer ihm fremden Sprache eine eigene Wohnung zu beziehen. Dabei wäre im Seckenheimer Schloss zweifelsohne Platz gewesen. Leon erhielt Unterricht durch nicht namentlich bekannte Lehrer des örtlichen Gymnasiums sowie einen ebenfalls unbekannten Gouverneur.[89] Im Sommer 1823 unternahm er eine mehrwöchige Tour den Rhein hinunter, die ihn unter anderem nach Mainz, Köln, Amsterdam und Rotterdam führen sollte.[90] Im Jahr darauf – und nach einem zwischenzeitlichen Umzug nach A 3, 2 – schrieb er sich zum Sommersemester für das Fach Philosophie an der Universität Heidelberg ein.[91] Abermals verwendete er hier den Grafentitel, dieses Mal in der französischen Form als *Comte de Léon*, nunmehr auch unter Angabe seines Vormunds Méneval.

Über die Studienzeit Leons in Heidelberg ist nicht viel bekannt. Er wohnte bei der Witwe Sartorius, Innenstadt Hausnummer 30. Hierbei handelt es sich vermutlich um das Palais Boisserée, benannt nach den Kunstsammlern Sulpiz und Melchior Boisserée.[92] Diese lebten von 1810 bis 1819

Eine gute Adresse für Leon: Das Palais Boisserée. Foto, 1929.

Leon als Graf und Student der Philosophie. Immatrikulationsbuch der Universität Heidelberg.

in dem Haus, das ein Treffpunkt der Romantiker und wo auch Goethe 1814/15 zu Gast war. Leon logierte somit in einer der besten Adressen mit Schlossblick und in direkter Nähe der Universität. Das Vorlesungsverzeichnis führt in jener Zeit *Philosophie und Logik*, *Metaphysik* sowie *Naturrecht und Staatswissenschaft* bei Hofrat Erhardt, *Theoretische Philosophie*, *Praktische Philosophie* sowie *Philosophie des Rechts* bei Dr. Schmitt und *Logik* bei Prof. Erb auf.[93] Welche dieser Veranstaltungen Leon tatsächlich besuchte, ist unbekannt. Er war einer der 642 im Sommer 1824 eingeschriebenen Studenten, von denen sich 53 dem Fach *Philologie und Philosophie* widmeten.[94]

Leon stand in Heidelberg in Kontakt zur dortigen Burschenschaft, war vermutlich auch Mitglied. Diese war nach dem Mord Karl Sands an August von Kotzebue und den darauffolgenden Karlsbader Beschlüssen von 1819 zeitweise verboten gewesen, lebte jedoch in den frühen 1820er Jahren wieder auf.[95] Bald gehörten ihr über 140 Studenten an. Zu Leons engerem Bekanntenkreis gehörte mit Wolfgang Menzel ein sehr prominenter Burschenschafter, der 1820 vor politischer Verfolgung in die Schweiz geflohen und nun nach Heidelberg zurückgekehrt war. Dieser berichtet in seinen Memoiren: *In der Stadt verkehrten wir viel mit dem jungen Grafen Leon, der hier studirte, einem natürlichen Sohn Napoleons, dem er auch auffallend ähnlich sah. Ich weiß nicht, was aus ihm geworden ist.*[96] Sprecher der Burschenschaft war 1824 im Übrigen Karl Mathy, ein Mitbruder war Gustav von Struve – beides prominente Köpfe der Revolution von 1848 und vermutlich Bekannte Leons.[97]

Auch von offizieller Seite wurde der Studienaufenthalt Leons aufmerksam registriert. So notierte Karl August Varnhagen von Ense, der preußische Botschafter in Karlsruhe, am 10. August 1825: *Napoleon's Sohn, Graf Leon, studirte bis jetzt in Heidelberg und war daselbst ein eifriges Mitglied der noch immer in Blüthe fortbestehenden Burschenschaft! Seine Mutter, jetzt an den Grafen Luxburg (Bruder der Frau von Berstett) verheirathet, lebt in Mannheim. Der junge Mann soll dem Vater sehr ähnlich sehen, auch ihm an Gemüthsart gleich. Ihm ist ein Vermögen von etwa 6000 Rthlr* [= Reichstaler] *Einkünften geblieben.*[98] Dieser Bericht ist in mehrfacher Hinsicht bemerkenswert. Aus ihm spricht nicht nur das Interesse an einer Kuriosität, sondern auch eine gewisse Furcht im Wissen um das napoleonische Potenzial, für politische Unruhe sorgen zu können – worauf nicht zuletzt die Erwähnung der Burschenschaft hindeutet. Und die Nennung des Adelsprädikats zeigt, dass Leons Selbsternennung zum Grafen auch von quasi offizieller Seite nicht hinterfragt wurde.

Dabei hielt sich der Napoleon-Sohn nach einem Jahr bereits für ausreichend ausgebildet und brach das Studium ohne Abschluss ab. Er strebte eine Karriere als Militär in Baden an. Doch dies war nicht so einfach. Seine Herkunft und natürlich auch sein Aussehen machten ihn für die Regierung zu einem problematischen Kandidaten. Entsprechend zögerlich reagierte sie auf das Gesuch Leons um einen Eintritt ins badische Militär. Dabei hatte insbesondere Eleonore erhebliche Anstrengungen unternommen und die Beziehungen zum Hof spielen lassen. Mehrfach schrieb sie an den Schwager Berstett und bat um dessen

Prominenter Fürsprecher Leons am badischen Hofe: Ministerpräsident Wilhelm Ludwig von Berstett (1769 – 1837), seit 1821 Ehrenbürger von Mannheim. Lithographie von Friedrich Lieder, 1830.

Fürsprache als badischer Ministerpräsident.[99] Immerhin erhielt Leon dadurch eine Audienz bei Großherzog Ludwig, der daraufhin weitere Informationen über den jungen Bewerber einholen ließ. Der angefragte Méneval erteilte Auskunft über die Vermögensverhältnisse Leons, enthielt sich jedoch einer weiteren Empfehlung. Letztlich war es der badischen Regierung dann doch zu heikel, den Jungen einzustellen. Zwar schob sie formale Gründe wie dessen französische Staatsbürgerschaft vor, doch befürchtete man sicherlich auch negative Schlagzeilen, vor allem aber Auswirkungen auf das Verhältnis zum mächtigen Nachbarland Frankreich.

Für Leon war dies eine schwere Enttäuschung. Große Hoffnungen hatte er in der Angelegenheit auf seine Mutter und Berstett, aber auch auf seinen Vormund gesetzt. Doch es scheint, dass Méneval einfach nur noch genervt war. Schriftlich las er seinem Mündel die Leviten und warf ihm schlechten Umgang, Unehrlichkeit und unkluges Verhalten vor; er selbst wolle nur noch seine formale Pflicht erfüllen.[100] Daher entsprach der Baron nur allzu gerne, dem Ansinnen Leons, ihn vorzeitig für volljährig zu erklären und ihn aus der Vormundschaft zu entlassen. Die Pariser Privatwohnung des Jungen hatte er schon ein Jahr zuvor räumen lassen und das Arbeitsverhältnis mit dem nicht weiter benötigten Hauslehrer Vieillard beendet. Und so versammelte sich am 2. Februar 1826 ein letztes Mal der Familienrat und entließ Leon gewissermaßen in die Freiheit. Méneval war sicherlich froh über diesen Schritt, gleichzeitig jedoch voller Sorge über den seiner Ansicht nach immer noch sehr unreifen Sohn Napoleons.

Die weitere Entwicklung Leons bestätigte diese Befürchtungen. Er entwickelte sich in den folgenden Jahren zu einem stadtbekannten Pariser Dandy, zu einem politischen Desperado, zu einem Kuriosum. Seine Skandale machten ihn national wie international bekannt und wurden in den Zeitungen, aber auch in der Literatur ausgebreitet. Weitgehend unbekannt ist bislang hingegen eine zweite Seite von Leons Werdegang. Denn wenn er auch fortan hauptsächlich in der französischen Hauptstadt weilte, so blieb er weiterhin eng mit der Rhein-Neckar-Region verbunden. Mehr noch, hier baute er sich eine zweite Existenz auf, hier hatte er weiterhin einen Wohnsitz, hier verbrachte er einen Teil seiner Zeit – und dies außerhalb des Scheinwerferlichts der Öffentlichkeit.

Es dürften vor allem die Luxburgs gewesen sein, die Leon dazu bewogen hatten, einen Teil seines ererbten Vermögens, über das er nun verfügen konnte, in badischen Grund und Boden zu investieren. Voraussetzung hierfür war eine staatliche Genehmigung, als Ausländer Güter im Land kaufen zu dürfen. Diese wurde ihm am 24. Juni 1828 vom Staatsministerium gewährt.[101] In der Folge entwickelte sich Leon zu einem der größeren Güterbesitzer in Neckarhausen, dem Ort, in dem Luxburgs Eltern zuletzt gelebt hatten. Bereits 1826 hatten hier Eleonore und Karl August in seinem

Schlösser in Neckarhausen, um 1961: Auf der linken Seite das Oberndorff'sche Schloss, ihm gegenüber, mit einer „Seufzerbrücke“ verbunden, das kurz nach der Aufnahme abgerissene „Leon'sche Schloss“ samt Hinterhof.

Namen die Hofreite Nr. 63 mit der Schild- und Feuergerechtigkeit des Gasthauses „Zum Karpfen" erworben. In den folgenden Jahren erweiterte der nunmehr volljährige Leon mit insgesamt zehn Käufen seinen Grundbesitz.[102] Dabei erwarb er unbebaute Grundstücke ebenso wie Wohnhäuser und landwirtschaftliche Gebäude. Dass dies nicht ausschließlich Geldanlagen waren, zeigt sich darin, dass Leon sich ein Wohnhaus in der damaligen, heute nicht mehr existenten Kirchstraße ausbauen ließ. Es wurde im Ort als „Leon'sches Schloss" bekannt und erst in den 1960er Jahren abgerissen. Leon wohnte offenbar zuweilen selbst dort, wie seine Beschwerde beim Bezirksamt aus dem Jahr 1829 über die Einrichtung der Schultoilette gegenüber seinem Fenster erkennen lässt: *So muß ich mit grosem Abscheu während der Schulzeit beständig 8 bis 10 Kinder mit entblößtem Hintern aus meinem Fenster sezen sehen, was doch gewiß für meinen Aufenthalt sowohl als für meine Gäste äußerst schimpflich ist.*[103] Überhaupt musste er so einige Scherereien mit der Gemeinde sowie mit Nachbarn über sich ergehen lassen. Gleichwohl weist das Zitat auf Wohnaufenthalte in Neckarhausen hin, während derer er auch auswärtige Gäste empfing.

Indes geht die Annahme von Meinrad Lurz zu weit, Leon habe ganze dreizehn Jahre in Neckarhausen gelebt. Denn der Graf hielt sich nach 1826 nicht nur in dem kleinen Ort am Neckar, sondern auch zeitweise in der neckarabwärts gelegenen Stadt Mannheim auf. So meldet das Mannheimer Adressbuch von 1829 ihn als Bewohner des Hauses in L 2, 12, eines 1771 erbauten, mehrgeschossigen Gebäudes in Schlossnähe. Nägel mit Köpfen machte Leon schließlich 1830, als er das Haus der verstorbenen Katharina von Ottweiler erwarb. Diese war ähnlich wie Eleonore eine Stadtberühmtheit gewesen: Die Kammerzofe und ehemalige Geliebte des Fürsten Ludwig von Nassau-Saarbrücken war mit diesem während der Französischen Revolution nach Mannheim gekommen und hatte seither für Furore gesorgt. Bekannt wurde sie vor allem für ihre häufige Präsenz im Nationaltheater, wo sie in ihrer Loge die Blicke auf sich zog, da sie nicht nur wertvollen Schmuck trug, sondern während der Vorstellung stets ein Kätzchen auf dem Schoß hatte. Das Haus der „Katzengräfin" in C 1, 2 war ehemals Stadtsitz einer Adelsfamilie gewesen, damit repräsentativ und durchaus prunkvoll, so dass Leon hier eine passende Gelegenheit erblickte und es für 19.390 Gulden erwarb. Er leistete die

Leons Mannheimer Stadthaus in C 1, 2. Foto, um 1908.

Hälfte als Anzahlung, während der übrige Teil per Kredit beim Bankhaus Hohenemser bestritten wurde.[104] Mit einem Schatzungskapitel (d.h. einer Grundsumme zur Bestimmung der Steuer) von 14.800 Gulden gehörte es zu den teuren Häusern in der Stadt und war deutlich wertvoller als etwa das Luxburg'sche Anwesen in A 2, 6 (Schatzungskapitel 8.500 Gulden).[105] Zunächst nutzte Leon dieses Haus für den Eigenbedarf – entsprechend wird er im Adressbuch 1834 als Einwohner Mannheims geführt –, ehe er es ab 1835 weitervermietete.[106]

Leon war somit ein Pendler zwischen den Welten. Er war in der Weltstadt Paris zu Hause, ebenso in der Landstadt Mannheim und im Dorf Neckarhausen. Vermutlich verbrachte er die meiste Zeit in Paris, zog sich jedoch immer wieder ins Badische zurück. Und anders als dort blieb er hier frei von öffentlichen Affären. Dennoch dürfte er auch am Neckar kein Unbekannter gewesen sein und kaum die Möglichkeit gehabt haben, anonym zu bleiben, so er denn dieses Interesse überhaupt hatte. Schließlich war er der Sohn der Geliebten Napoleons und damit eine Art Stiefsohn des Nationaltheaterintendanten und Seckenheimer Schlossbesitzers Luxburg. Jenseits seiner Aufenthalte in der Rhein-Neckar-Region reiste Leon fast jedes Jahr in diverse süddeutsche Städte.[107] Dokumentiert sind Aufenthalte in Baden-Baden, München und vor allem Karlsruhe, wo er regelmäßig im vornehmen Hotel „Zum Erbprinzen" abstieg. Was er dort machte, muss offenbleiben – möglicherweise hat er die Verwandtschaft Luxburgs besucht? In jedem Fall dürften das Treffen mit Ministerpräsident Berstett und die anschließende Audienz beim Großherzog der Anlass für den ersten Aufenthalt am 12. Mai 1825 in diesem Hotel gewesen sein, damals noch zusammen mit der Gräfin Luxburg, seiner Mutter.

Es waren dies die Jahre eines guten und innigen Verhältnisses zwischen den beiden. Während seines Studiums in Heidelberg war Leon sehr häufig in Seckenheim und auch spätere Reisen führten Mutter und Sohn nicht nur zusammen ins Badische, sondern auch nach Paris, wo sie eine Zeitlang zusammen in Luxus lebten. Von Theaterbesuchen und kostspieligen Diners ist die Rede. Und auch von teuren Geschenken, von Diamanten, die Leon seiner Mutter überreichte. Zu Hause in Mannheim blieb dabei zumeist Eleonores Ehemann, Karl August von Luxburg. Der musste arbeiten.

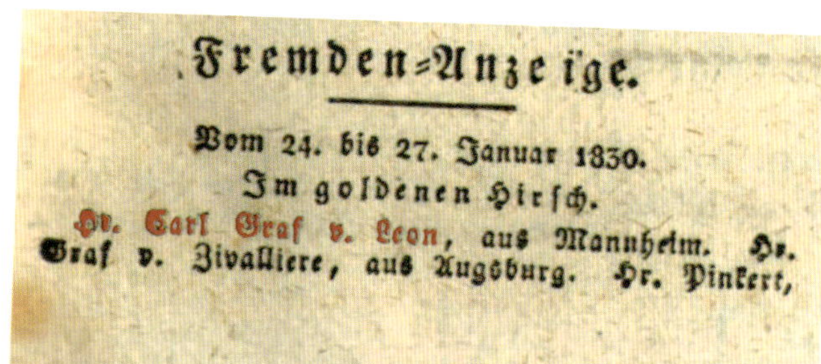

Fremden-Anzeige.

Vom 24. bis 27. Januar 1830.

Im goldenen Hirsch.

Hr. Carl Graf v. Leon, aus Mannheim. Hr. Graf v. Zivalliere, aus Augsburg. Hr. Pinkert,

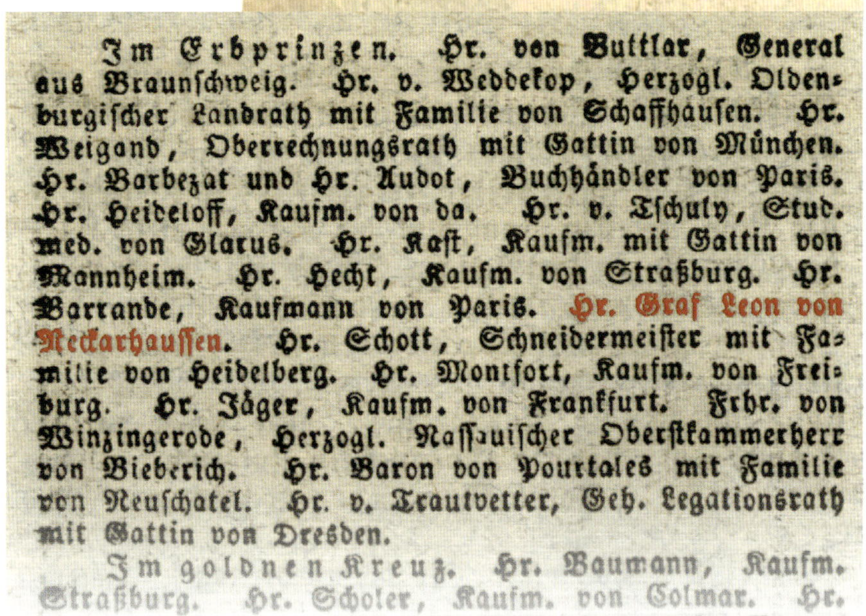

Im Erbprinzen. Hr. von Buttlar, General aus Braunschweig. Hr. v. Weddekop, Herzogl. Oldenburgischer Landrath mit Familie von Schaffhausen. Hr. Weigand, Oberrechnungsrath mit Gattin von München. Hr. Barbezat und Hr. Audot, Buchhändler von Paris. Hr. Heideloff, Kaufm. von da. Hr. v. Tschuly, Stud. med. von Glarus. Hr. Kast, Kaufm. mit Gattin von Mannheim. Hr. Hecht, Kaufm. von Straßburg. Hr. Barrande, Kaufmann von Paris. Hr. Graf Leon von Neckarhaussen. Hr. Schott, Schneidermeister mit Familie von Heidelberg. Hr. Montfort, Kaufm. von Freiburg. Hr. Jäger, Kaufm. von Frankfurt. Frhr. von Winzingerode, Herzogl. Nassauischer Oberstkammerherr von Bieberich. Hr. Baron von Pourtales mit Familie von Neuschatel. Hr. v. Trautvetter, Geh. Legationsrath mit Gattin von Dresden.

Im goldnen Kreuz. Hr. Baumann, Kaufm. Straßburg. Hr. Scholer, Kaufm. von Colmar. Hr.

Zeitungsmeldungen über Reisen Leons: Königlich-Bayerischer Polizeianzeiger von München vom 27. Januar 1830; Karlsruher Intelligenz- und Wochenblatt vom 30. April 1829.

9. DER THEATERINTENDANT

Die Stadt berlinerisch, gradstraßig, hübsch, öde, still, ausgestorben. Das Komödienhaus schön, großartig, mit vielen Sälen, Korridors, Restaurationen etc. Der Logensaal heiter, ziemlich hell, vornehm besetzt; die Schauspieler ziemlich, sogar oft gut, nur fehlt ihnen eine gewisse Eleganz der Körperhaltung. Diesen Eindruck bekam Rahel Varnhagen, die 1816 Mannheim besuchte.[108] Und sie hatte mit ihrer positiven Einschätzung natürlich recht. Das Nationaltheater war in Mannheim immer die wichtigste kulturelle Instanz, selbst in Krisenzeiten.

Und schwierig waren die Zeiten nach 1815, zumal die 1820er und 1830er Jahre, in der Tat. Der Stadthistoriker Friedrich Walter hat darauf bezugnehmend von *kargen Zeiten* gesprochen.[109] Dies galt auch für das *Großherzogliche Hof- und Nationaltheater*, dessen Finanzierung zwischen Stadt und Staat umstritten war und dessen Fortbestand daher immer wieder auf der Kippe stand.[110] Die badische Regierung zeigte zunehmend weniger Bereitschaft, das notorisch defizitäre Haus in größerem Umfang zu subventionieren; statt eines festen Zuschusses überließ sie der Stadt Anteile an Zoll- und Verbrauchssteuern. Doch selbst eine Abgabe auf das in Mannheim verzapfte Bier zu Gunsten des Theaters änderte wenig an der finanziellen Bredouille. Das Budget war kaum planbar, die Kommune musste immer wieder Geld zuschießen. Dennoch behielt sich der Staat das Recht vor, den Intendanten zu ernennen. Dieser wiederum sollte von zwei Hofkommissären sowie zwei städtischen Kommissaren kontrolliert werden, die vor allem auf die Einhaltung des Ausgabenlimits zu achten hatten.

Ein organisatorisches Kuddelmuddel und finanziell am Limit – die Intendanz des Nationaltheaters war sicherlich kein Traumjob, als ihn Karl August von Luxburg im Februar

Luxburgs Reich: Das Nationaltheater, um 1830. Nach einer Zeichnung von M. Pozzi.

1821 antrat. Bis dato waren es meist verdiente adlige Hofbeamte mit kulturellem Interesse gewesen, denen man diese Aufgabe übertragen hatte. Und auch der Graf war mit seinem nicht vollendeten Studium der Forstwissenschaft und seiner wenig erfolgreichen Karriere als Militär sicherlich keine fachliche Idealbesetzung. Dennoch sollte er den Posten mehr als 15 Jahre innehaben und damit eine Ära prägen, die allerdings inzwischen in Vergessenheit geraten ist.

Luxburg war der einzige Vorschlag der Theaterkommission, die 1821 einen Nachfolger für den krankheitsbedingt zurückgetretenen Intendanten Wilhelm von Ungern-Sternberg zu suchen hatte. Personal für die Stelle sei angesichts der Umstände nur schwer zu finden, mit Luxburg habe man jedoch einen geeigneten Kandidaten für den Posten: *Mit seiner feinen Muse und vieler Neigung würde der Graf von Luxburg im Stande seyn, sich diesem in vieles Detail zerfallenden Geschäfte fortgesetzt widmen zu können.* Auch habe man sich der *günstigen Gesinnungen Ihrer Königlichen Hoheit der verwittweten Frau Großherzogin in dieser Beziehung* versichert.[111] Dieses Schreiben stammte von niemand anderem als von Berstett, der damit seinen Schwager in Mannheim installierte. Luxburg selbst hatte zu diesem Zeitpunkt offensichtlich sein Pensionistendasein satt und verzichtete für den Job zunächst sogar auf ein eigenes Gehalt. Bemerkenswert ist in diesem Zusammenhang, dass auch Stephanie vorher angefragt worden war und diese sich für den Gatten ihrer Ex-Freundin ausgesprochen hatte.

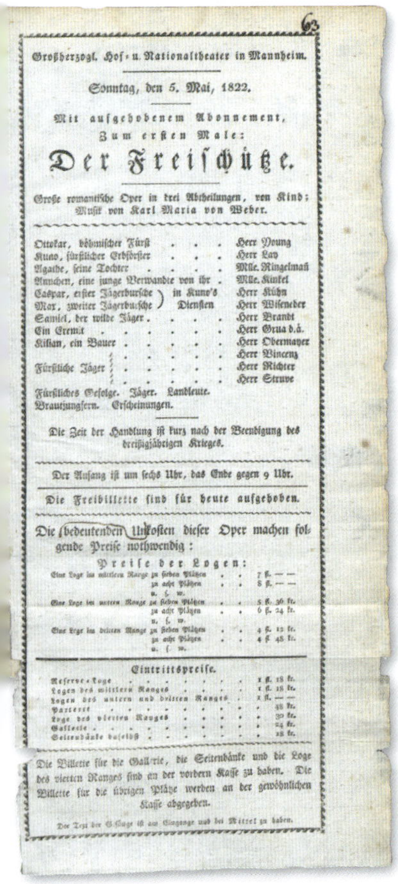

Großherzogl. Hof- u. Nationaltheater in Mannheim.

Sonntag, den 5. Mai, 1822.

Mit aufgehobenem Abonnement,
Zum ersten Male:

Der Freischütze.

Große romantische Oper in drei Abtheilungen, von Kind;
Musik von Karl Maria von Weber.

Ottokar, böhmischer Fürst	Herr Young
Kuno, fürstlicher Erbförster	Herr Lay
Agathe, seine Tochter	Mlle. Ringelmann
Annchen, eine junge Verwandte von ihr	Mlle. Kinkel
Caspar, erster Jägerbursche) in Kuno's	Herr Kühn
Max, zweiter Jägerbursche) Diensten	Herr Wiseneder
Samiel, der wilde Jäger	Herr Brandt
Ein Eremit	Herr Grua d.ä.
Kilian, ein Bauer	Herr Obermayer
Fürstliche Jäger	Herr Vincenz
	Herr Richter
	Herr Struve

Fürstliches Gefolge. Jäger. Landleute.
Brautjungfern. Erscheinungen.

Die Zeit der Handlung ist kurz nach der Beendigung des dreißigjährigen Krieges.

Der Anfang ist um sechs Uhr, das Ende gegen 9 Uhr.

Die Freibillette sind für heute aufgehoben.

Die bedeutenden Unkosten dieser Oper machen folgende Preise nothwendig:

Preise der Logen:

Eine Loge im mittlern Range	zu sieben Plätzen	7 fl. — —
	zu acht Plätzen	8 fl. — —
	u. s. w.	
Eine Loge im untern Range	zu sieben Plätzen	5 fl. 36 kr.
	zu acht Plätzen	6 fl. 24 kr.
	u. s. w.	
Eine Loge im dritten Range	zu sieben Plätzen	4 fl. 12 kr.
	zu acht Plätzen	4 fl. 48 kr.
	u. s. w.	

Eintrittspreise.

Reserve-Loge	1 fl. 18 kr.
Logen des mittlern Ranges	1 fl. 18 kr.
Logen des untern und dritten Ranges	1 fl. — —
Parterre	48 kr.
Loge des vierten Ranges	30 kr.
Gallerie	24 kr.
Seitenbänke daselbst	18 kr.

Die Billette für die Gallerie, die Seitenbänke und die Loge des vierten Ranges sind an der vordern Kasse zu haben. Die Billette für die übrigen Plätze werden an der gewöhnlichen Kasse abgegeben.

Der Text der Gesänge ist am Eingange und bei Mittel zu haben.

Theaterzettel für die erste Aufführung der Oper „Der Freischütz" vom 5.5.1822. Aufgrund der „bedeutenden Unkosten" muss das Publikum erhöhte Eintrittspreise zahlen.

Luxburg stürzte sich im Frühjahr 1821 mit Feuereifer auf die neue Aufgabe. Günstig war für ihn, dass bereits im Vorfeld eine Renovierung des großen Theatersaals beschlossen worden war, für dessen Finanzierung die bereits angesprochene Biersteuer herhalten sollte. Dies war immerhin ein vielversprechender Anfang, auch wenn in der Folge noch zahlreiche Kämpfe ums Geld stattfinden sollten. Und im Zentrum des Gefechts und nicht selten zwischen allen Stühlen saß dabei immer wieder der Intendant. Um hier überhaupt bestehen zu können, kam Luxburg sein teilweise cholerisches Temperament zugute. Schon bald hatte er das Image eines knorrigen Patriarchen, mit dem im Konfliktfall nicht gut Kirschen essen war, der in der Auseinandersetzung durchaus beleidigend sein und dabei über das Ziel hinausschießen konnte. Vermutlich waren es genau diese Eigenschaften und die damit verbundene innere Robustheit, die ein Intendant in Mannheim brauchte. Sein weitaus umgänglicherer, jedoch sensiblerer Vorgänger von Ungern-Sternberg hatte zwar einiges in die Wege geleitet, war jedoch rasch auf dem Posten erkrankt und hatte daher den Rücktritt eingereicht. Luxburg hingegen konnte das praktizieren, was ihm als Militär nur selten vergönnt gewesen war: Befehlen und kämpfen. Und so lenkte er nach Einschätzung des Stadthistorikers Friedrich Walter innerhalb der schwierigen Rahmenbedingungen *das Institut trotz vieler Mißgriffe wieder in bessere Bahnen.*[112]

Lob und Kritik gleichermaßen brachte ihm dabei ein, dass er vor allem auf die Oper setzte und bereit war, hierfür mehr Geld auszugeben als für das Schauspiel. Öffentlich wurde ihm vorgeworfen, damit den Ruin der Bühne zu verursachen, nur um sein *enfant cheri*, die Oper, zu beglücken.[113] Auch wenn derartige Wortmeldungen ihn sicherlich persönlich geärgert haben, so ging Luxburg seinen Weg weitgehend unbeirrt fort. Insbesondere 1822 zeigte er mit der Inszenierung des „*Freischütz*" von Carl Maria von Weber Mut, gehörte doch

Mannheim zu den ersten Städten in Deutschland, welche die 1821 in Berlin uraufgeführte und sehr aufwändige Oper ins Programm nahmen. Dies lag sicherlich an der Verbundenheit Webers mit der Quadratestadt, der hier zeitweise gelebt hatte. Es sprach aber auch für den Willen des Intendanten, innovative Wege zu gehen, indem er diese *erste „deutsche" Oper, in der sich deutsche Sprache, deutsches Sujet und eine „deutsche" Musik [...] zu einem Werk verbanden*, aufführte.[114] Indes blieb der *„Freischütz"* eher eine Ausnahme. Luxburg versuchte ansonsten keine großen Risiken einzugehen und spielte hauptsächlich Produktionen, die andernorts bereits Publikumserfolge gewesen waren – so etwa Rossinis *„Die Belagerung"* oder Beethovens *„Fidelio"*. Immerhin zeigte sich der Opernliebhaber auch offen für das Ballett, für das er 1828 eigens eine Tanzschule einrichten ließ.[115]

Dennoch war der finanzielle Spielraum gering, die Diskussionen ums Geld bestimmten die Programm- wie auch die Personalplanung. Denn immer wieder wurden erfolgreiche Sängerinnen und Sänger, aber auch Schauspielerinnen und Schauspieler abgeworben. Mannheim war für Viele ein gutes Sprungbrett, um an renommiertere Bühnen wie München, Hamburg oder Berlin zu gelangen. Dies zeigt etwa der Fall von Sophie Müller. Die junge Schauspielerin war ein aufsteigender Stern am Mannheimer Theaterhimmel und hatte nach einigen auswärtigen Gastspielen 1822 mit 19 Jahren gleich mehrere lukrative Angebote. Luxburg ging im Vertragspoker an eine Schmerzgrenze, konnte mit 1.500 Gulden aber gerade einmal ein Viertel dessen bieten, was Sophie Müller in Wien verdienen sollte – selbst die persönliche Fürsprache einer Gönnerin wie Großherzogin Stephanie beim Intendanten konnte den Weggang des Talents nicht verhindern.[116] Weitere schmerzhafte Verluste sollten in den nächsten Jahren folgen. Auch der direkte Zugang zum Großherzog änderte nichts an der Malaise. Dieser beschied Hilferufe abschlägig, aber durchaus fürsorglich-empathisch, indem er kundtat, er wisse, *daß die dermaligen Umstände Ihrem* [d.h. Luxburgs] *guten Willen bestimmte Gränzen setzen*.[117]

Drastischer noch war der Fall des Schauspielers Theodor Döring, der 1833 von Luxburg engagiert worden war. Rasch avancierte er zu

Bild eines früh verstorbenen Mannheimer Talents: Sophie Müller (1803 – 1830). Lithographie, 1830.

Theodor Döring (1803 – 1878), der unter Luxburg im Gefängnis landete. Theodor Fontane charakterisierte ihn folgendermaßen: „Ganz Schauspieler. Grenzenlos verwöhnt. Tyrann". Lithographie, um 1870.

einem der beliebtesten Darsteller in Mannheim, der freilich wegen seines enormen Selbstbewusstseins und seiner Geschäftstüchtigkeit – sprich seinen wiederholten Forderungen nach höherer Entlohnung – immer wieder mit Luxburg aneinandergeriet. Vermutlich war es auch diese Vorgeschichte, die dazu führte, dass der Konflikt um den Weggang Dörings 1835 schließlich eskalierte. Dieser hatte bereits dem Theater Hamburg zugesagt und wollte seinen Mannheimer Vertrag daher vorzeitig auflösen, was der Graf jedoch strikt ablehnte. Da sich Döring daraufhin weigerte, weiter auf der Bühne des Nationaltheaters aufzutreten, ließ ihn Luxburg kurzerhand wegen Vertragsbruchs ins Gefängnis werfen. Geld- und Arreststrafen waren in jener Zeit tatsächlich ein zulässiges Disziplinierungsmittel von Intendanten, eine Art Karzerstrafe für unwillige Schauspieler, das hier nun auch zur Anwendung kam.[118] Döring musste 14 Tage einsitzen, danach noch 1.000 Gulden Konventionalstrafe zahlen, ehe er nach Hamburg wechseln konnte. Dem aufsehenerregenden Vorfall setzte der Schriftsteller Karl Gutzkow ein literarisches Denkmal. Dieser teilte sich mit Döring die Zelle im Mannheimer Kaufhaus, wo er auf seinen Prozess wegen angeblicher Gotteslästerung wartete, und verarbeitete das zufällige Zusammentreffen in der Skizze „Zwei Gefangene". Luxburg wird darin als eitles, dialektsprechendes Unikum gezeichnet wie auch Mannheim verspottet, dessen Theater *weder Hof noch National* sei, wohingegen jeder einheimische *Schoppenstecher Abends im Wirtshaus ein geborener Kunstrichter ist.*[119]

Joseph Mühldorfer vor einer von ihm entworfenen Kulisse, um 1860.

Mochte dieses Bild auch überzeichnet sein, so war Luxburg in der Tat die Disziplin des Personals ein Herzensanliegen. Als Intendant traf er immer wieder auf für ihn nur schwer erträgliche Befindlich- und Eitelkeiten von Künstlerinnen und Künstlern, für die er als ehemaliger Militär nur wenig Verständnis zeigte. Im Gegenteil, Schauspieler und Schauspielerinnen, die sich weigerten, die ihnen zugeteilten Rollen zu sprechen, sahen sich nicht selten rigiden Disziplinarmaßnahmen ausgesetzt – Arreststrafen wie gegen Döring gab es in Luxburgs Amtszeit mehrfach.[120]

Doch trotz dieser eher unerfreulichen Begebenheiten gelang es ihm, mit wegweisenden Personalentscheidungen das Nationaltheater ab 1832 zu stabilisieren. Erwähnenswert ist hierbei die Anstellung von Joseph Mühldorfer als Leiter des Dekorations- und Maschinenwesens, der bis in die 1860er Jahre aufwändige, aber nicht zu kostspielige Bühnenbilder garantierte. Ebenfalls in die Annalen des Theaters eingegangen sind die Engagements der Gebrüder Lachner, die von 1834 bis 1836 (Franz) und mit Unterbrechungen von 1836 bis 1873 (Vinzenz) als Kapellmeister eine künstlerische Ära prägten. Diese Anstellungen waren ein finanzieller Kraftakt, aber umso notwendiger, als das künstlerische Niveau des Theaters seit Mitte der 1820er Jahre infolge des Sparkurses deutlich gesunken war. Die Gunst des Publikums ging zurück, was sich unmittelbar in der Theaterkasse bemerkbar machte. Luxburg kämpfte um die Anstellung vor allem des älteren Lachner und sah sich nach ersten Erfolgen sogleich wieder höheren Honorarforderungen und Abwerbeversuchen anderer Anstalten gegenüber. Auch wenn Franz alsbald nach München zurückging, wo er Hofkapellmeister, Generalmusikdirektor und schließlich auch Ehrenbürger werden sollte, so hatte Luxburg in seinem Fall einen guten Riecher bewiesen, was letztlich auch zur Anstellung des jüngeren und schließlich Mannheim treu verbundenen Vinzenz Lachner führte.

Der langjährige Kapellmeister Vinzenz Lachner, um 1870.

Und so überwiegen in der Literatur dann doch die positiven Bewertungen über die Zeit des Grafen als Intendant. Anton Pichler etwa resümierte: *Von Luxburg erwarb sich große Verdienste um das Theater, welches er in einen glänzenden Zustand erhoben. Er widmete sich seinem Dienste mit unermüdlicher Thätigkeit, und hatte einen richtigen Takt in der Behandlung der Sache, daß das Publikum zufriden gestellt und die Kasse gefüllt wurde.*[121] Auch jüngst hat ihn Michael Walter als *einen durchaus fähigen Intendanten* bezeichnet, *der in Personal- und Repertoireauswahl eine geschickte Hand hatte.*[122]

Dieses Urteil des Historikers kontrastiert allerdings mit der Erinnerung einiger Zeitgenossen Luxburgs. Als Person bot er, es wurde bereits angedeutet, so manche Reibungsfläche. Entsprechend bemerkte auch Pichler: *Leider besaß er die Schwäche, unumschränkt gebieten zu wollen, und selbst hinsichtlich der Opern die Anordnungen des Capellmeisters nicht zu achten, wodurch Mißhelligkeiten an der Tagesordnung waren.*[123] Während Karoline Bauer in ihren Memoiren Luxburg als alten, originellen, aber unfähigen Patriarchen, der von Kunst nicht viel verstand, charakterisierte[124], beschrieb Georg Hiltl ihn, basierend auf den Erinnerungen Dörings, als einen *der wunderlichsten Herren* [...], *welche jemals an der Spitze eines Kunstinstitutes standen. Er commandirte nicht selten seine Darsteller wie ein Detachement Infanterie zu den Leistungen auf der Bühne und nahm sogar körperliche Musterung vor. So hatte er unter Anderem die seltsame Angewohnheit, den Neuengagirten – Herren oder Damen –, wenn sie ihm die erste Aufwartung machten, zuzurufen „Zeigen Sie mal die Zähne". Wenn diese Ordre befolgt ward, so prüfte er die Gebisse seiner Darsteller mit Kennerblicken – Graf Luxburg war ein großer Pferdeliebhaber und als solcher hatte er natürlich die Beißwerkzeuge der edlen Thiere bei etwaigen Ankäufen sorgfältig zu mustern – und nicht selten entschieden wohlgeformte Zahnreihen einzig und allein über „Sein oder Nichtsein" eines Schauspielers auf der Mannheimer Bühne.*[125] Diese Geschichte ist wohl zu skurril und zu gut, um mehr als eine gern erzählte Anekdote Dörings zu sein, jedoch hat sie vermutlich durchaus einen wahren Kern. Belegt durch andere Quellen sind jedenfalls Luxburgs militärische Umgangsformen, die er auch gegenüber dem Bühnenpersonal an den Tag legte. Und natürlich war er als ehemaliger Rittmeister auch Pferdeliebhaber ...

Der autokratische, aufbrausende Führungsstil des Grafen sorgte immer wieder für Unmut bei den Mitgliedern der Theaterkommission, die ihn eigentlich zu beaufsichtigen hatten. Dieser Kontrolle suchte sich Luxburg zu entziehen, sei es durch direkte Briefe an den Großherzog, aber auch durch Halsstarrigkeit und cholerisches Auftreten vor Ort. In einer zunehmend eskalierenden Situation wandte sich die Kommission 1835 an den Hofgerichtspräsidenten Freiherr Joseph von Stengel mit der Bitte um eine Einschätzung. Stengel wohnte nicht nur in der Nachbarschaft Luxburgs, er kannte diesen auch privat und war ihm nach eigenen Angaben in Freundschaft verbunden.[126] Dennoch sah er in der Person des Grafen die *Hauptursache des Übels* für die schwierige Situation. Dieser könne zwar *in Gesellschaft unterhaltend und angenehm* sein und habe durch seine Tatkraft das Theater *in einen glänzenden Zustand erhoben* – auch *ohne eine ästhetische Bildung* zu haben. Dennoch herrsche in und um das Theater ein *wahrer Krieg*. Luxburg würde nicht nur häufig die Unwahrheit sagen, weshalb ihm nicht zu trauen sei, er sei zudem herrschsüchtig, nachtragend und kritikunfähig. Mit dem Personal springe er respektlos und unanständig um, während dieses wiederum Luxburg als künstlerischen Dilettanten betrachte und sich Eingriffe des Intendanten daher nicht bieten lassen wolle. Dies sei auch derzeit der Fall, weshalb der Weggang von Kapellmeister Lachner drohe. Schlimmer noch sei freilich, dass Luxburg vollkommen die Achtung und das Vertrauen der städtischen Gremien verloren habe und sich vor allem bei den Liberalen ein grundsätzlicher *Widerwille gegen alle Hoftheaterintendanz* aufgebaut habe. Daher müsse Luxburg in die Schranken gewiesen werden.

Somit verschärfte die Personalie Luxburg den schon länger schwelenden Streit zwischen Stadt und Staat um das Nationaltheater. Während immer mehr Vertreter der Stadt das Intendantenmodell grundsätzlich ablehnten, suchte die badische Regierung in Reaktion auf das Gutachten Stengels den Konflikt mit Hilfe einer neuen Instruktion über die Stellung des Intendanten zu lösen. Dies bedeutete im vorliegenden Falle eine disziplinarische Einhegung Luxburgs, der dadurch in seinen Kompetenzen beschnitten werden sollte. Wie nicht anders zu erwarten, lehnte der Graf die Neuregelung ab und drohte unmittelbar mit Rücktritt – ein Angebot, welches das Staatsministerium nur zu gerne annahm.[127]

Somit endete wenig ruhmvoll am 4. Februar 1836 eine fast 15-jährige Intendanz. In der Geschichte des Nationaltheaters können bislang nur zwei Intendanten eine längere Amtszeit aufweisen – Wolfgang Heribert von Dalberg (1779–1803) und Arnold Petersen (1975–1992). In seiner Zeit hatte Luxburg aufgrund seiner eruptiven Persönlichkeit die Kompromissfähigkeit beider Träger des Natio-

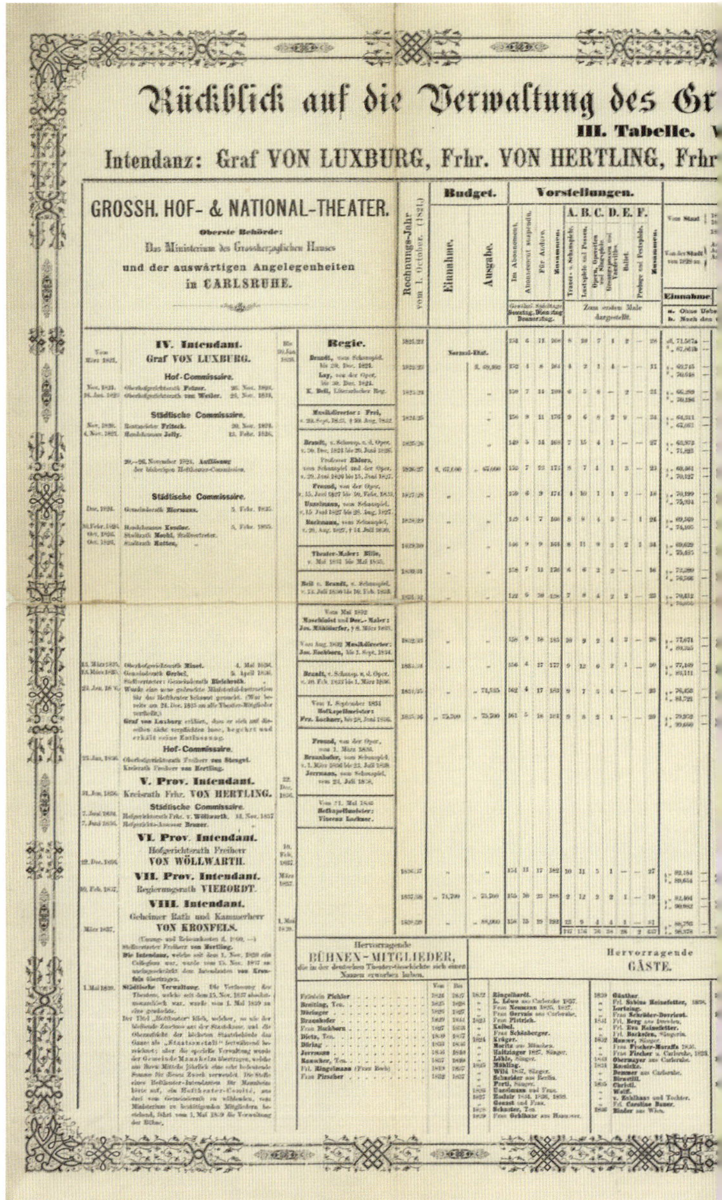
Rückblick auf die Verwaltung des Gr

III. Tabelle.

Intendanz: Graf VON LUXBURG, Frhr. VON HERTLING, Frhr

GROSSH. HOF- & NATIONAL-THEATER.

Oberste Behörde:

Das Ministerium des Grossherzoglichen Hauses und der auswärtigen Angelegenheiten in CARLSRUHE.

Budget. Vorstellungen.

IV. Intendant. Graf VON LUXBURG.

V. Prov. Intendant. Kreisrath Frhr. VON HERTLING.

VI. Prov. Intendant. Hofgerichtsrath Freiherr VON WÖLLWARTH.

VII. Prov. Intendant. Regierungsrath VIERORDT.

VIII. Intendant. Geheimer Rath und Kammerherr VON KRONFELS.

Hervorragende BÜHNEN-MITGLIEDER.

Hervorragende GÄSTE.

naltheaters aufs äußerste strapaziert und auch die Grenzen des bisherigen Modells aufgezeigt. Die gemeinsame Trägerschaft von Staat und Stadt endete denn auch kurz nach dem Rücktritt des Grafen, indem in einem Ministerialerlass 1839 das Theater in die alleinige Verantwortung der Stadt überging – die diese bis heute behalten hat. Wenn auch unfreiwillig, so war Luxburg damit auch einer der Väter des kommunalen Nationaltheaters in Mannheim.

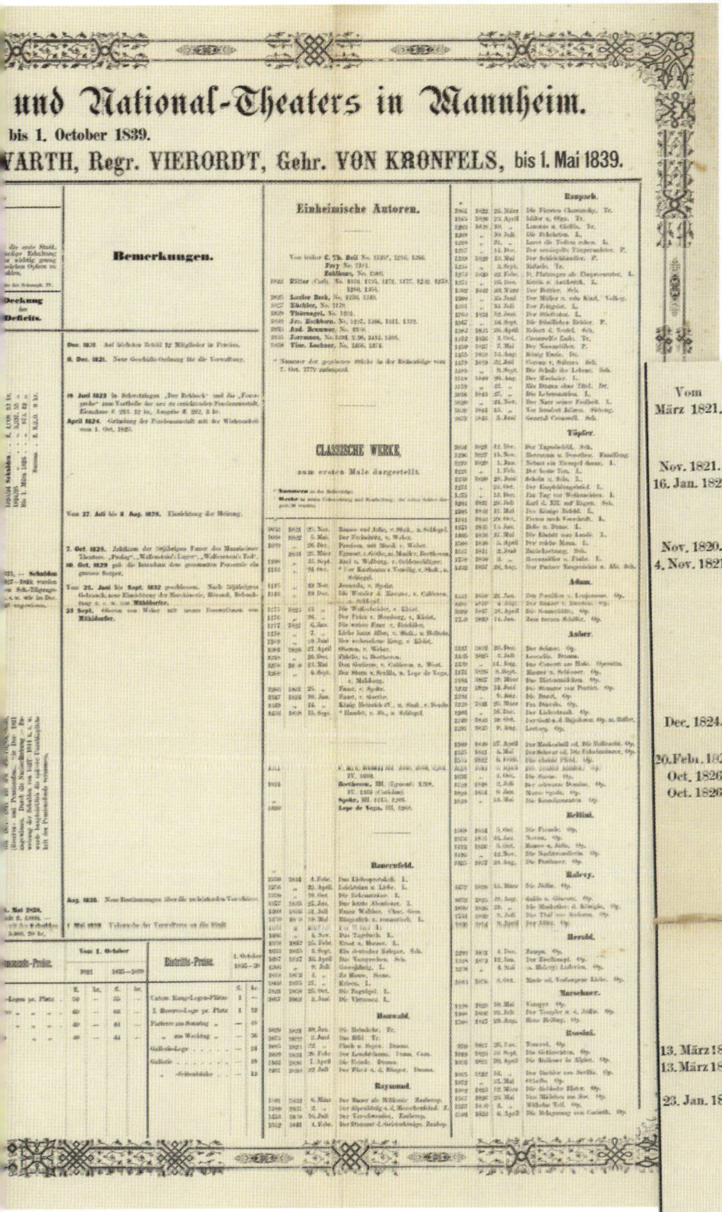
und National-Theaters in Mannheim.
bis 1. October 1839.
WARTH, Regr. VIERORDT, Gehr. VON KRONFELS, bis 1. Mai 1839.
Bemerkungen.
Einheimische Autoren.
Classische Werke

Bilanz einer Ära. Plakat des Nationaltheaters über die Spielzeiten von 1821 bis 1839 o. D.

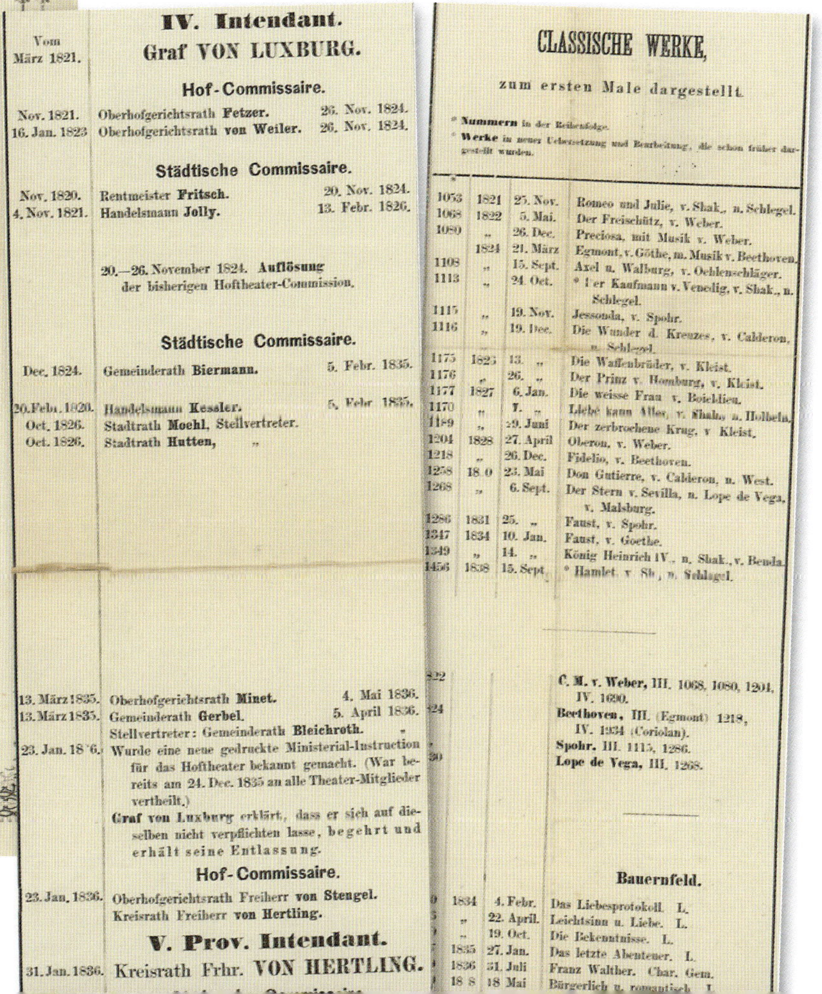
IV. Intendant.
Vom März 1821. Graf VON LUXBURG.
Hof-Commissaire.
Nov. 1821. Oberhofgerichtsrath Fetzer. 25. Nov. 1824.
16. Jan. 1823 Oberhofgerichtsrath von Weiler. 26. Nov. 1824.
Städtische Commissaire.
Nov. 1820. Rentmeister Fritsch. 20. Nov. 1824.
4. Nov. 1821. Handelsmann Jolly. 13. Febr. 1826.
20.—26. November 1824. Auflösung der bisherigen Hoftheater-Commission.
Städtische Commissaire.
Dec. 1824. Gemeinderath Biermann. 5. Febr. 1835.
20. Febr. 1820. Handelsmann Kessler. 5. Febr. 1835.
Oct. 1826. Stadtrath Moehl, Stellvertreter.
Oct. 1826. Stadtrath Hutten, „
13. März 1835. Oberhofgerichtsrath Minet. 4. Mai 1836.
13. März 1835. Gemeinderath Gerbel. 5. April 1836.
Stellvertreter: Gemeinderath Bleichroth.
23. Jan. 1836. Wurde eine neue gedruckte Ministerial-Instruction für das Hoftheater bekannt gemacht. (War bereits am 24. Dec. 1835 an alle Theater-Mitglieder vertheilt.)
Graf von Luxburg erklärt, dass er sich auf dieselben nicht verpflichten lasse, begehrt und erhält seine Entlassung.
Hof-Commissaire.
23. Jan. 1836. Oberhofgerichtsrath Freiherr von Stengel.
Kreisrath Freiherr von Hertling.
V. Prov. Intendant.
31. Jan. 1836. Kreisrath Frhr. VON HERTLING.

CLASSISCHE WERKE,
zum ersten Male dargestellt.
* Nummern in der Reihenfolge.
* Werke in neuer Uebersetzung und Bearbeitung, die schon früher dargestellt wurden.
1053 1821 25. Nov. Romeo und Julie, v. Shak., n. Schlegel.
1068 1822 5. Mai. Der Freischütz, v. Weber.
1080 „ 26. Dec. Preciosa, mit Musik v. Weber.
1824 21. März Egmont, v. Göthe, m. Musik v. Beethoven.
1108 „ 15. Sept. Axel u. Walburg, v. Oehlenschläger.
1113 „ 24. Oct. * Der Kaufmann v. Venedig, v. Shak., n. Schlegel.
1115 „ 19. Nov. Jessonda, v. Spohr.
1116 „ 19. Dec. Die Wunder d. Kreuzes, v. Calderon, n. Schlegel.
1175 1825 13. „ Die Waffenbrüder, v. Kleist.
1176 „ 26. „ Der Prinz v. Homburg, v. Kleist.
1177 1827 6. Jan. Die weisse Frau, v. Boieldieu.
1170 „ 7. „ Liebe kann Alles, v. Shaks. n. Holbein.
1189 „ 29. Juni Der zerbrochene Krug, v. Kleist.
1204 1828 27. April Oberon, v. Weber.
1218 „ 26. Dec. Fidelio, v. Beethoven.
1258 1830 23. Mai Don Gutierre, v. Calderon, n. West.
1268 „ 6. Sept. Der Stern v. Sevilla, n. Lope de Vega, v. Malsburg.
1286 1831 25. „ Faust, v. Spohr.
1347 1834 10. Jan. Faust, v. Goethe.
1349 „ 14. „ König Heinrich IV., n. Shak., v. Benda.
1456 1838 15. Sept. * Hamlet, v. Sh., n. Schlegel.
C. M. v. Weber, III. 1068, 1080, 1204, IV. 1690.
Beethoven, III. (Egmont) 1218, IV. 1934 (Coriolan).
Spohr, III. 1115, 1286.
Lope de Vega, III. 1268.
Bauernfeld.
1834 4. Febr. Das Liebesprotokoll. L.
„ 22. April. Leichtsinn u. Liebe. L.
„ 19. Oct. Die Bekenntnisse. L.
1835 27. Jan. Das letzte Abenteuer. L.
1836 31. Juli Franz Walther. Char. Gem.
1838 18 Mai Bürgerlich u. romantisch. L.

DIE VERWECHSELTEN LUXBURGS – EIN HARTNÄCKIGER FEHLER IN DER GESCHICHTSSCHREIBUNG

Heinrich von Luxburg. Gemälde von Paul Mathias Padua, um 1933.

Es handele sich um eine *Angelegenheit, die für das Ansehen der Familie Luxburg wie für das Ansehen des bayerischen Staates herabwürdigend* sei. Eine Richtigstellung sei daher unumgänglich, so Graf Heinrich von Luxburg (1874–1960) in einem Schreiben aus dem Jahr 1927 an den Historiker Joachim Kühn.[128] Und an anderer Stelle, nunmehr im nationalistischen Duktus des Jahres 1937: *Von deutschen Forschern sollte man verlangen dürfen, daß sie Angaben, vor allem in Angelegenheiten des eigenen Landes, nicht wahllos aus französischen Quellen übernehmen.*[129]

Was empörte Heinrich so sehr, dass er einer ganzen Zunft derart den Marsch blies? Dass er seine Familie so sehr in Misskredit sah? In Zeitungsartikeln als auch in seriöseren Büchern historischer Natur waren seine Vorfahren, die beiden Brüder Karl August und Friedrich Christian falsch dargestellt worden. Konkret vor Augen hatte er dabei das 1913 veröffentlichte Werk von Hector Fleischmann. Dieser hatte die Biographien der beiden Luxburgs konsequent miteinander verschmolzen. Karl August von Luxburg agierte demnach als Militär und Diplomat, als Theaterintendant in Mannheim wie auch als bayerischer Gesandter in diversen europäischen Städten. Dies war freilich nur schwer unter einen Hut zu bringen und so konstruierte Fleischmann einen Lebensweg, der Luxburg und mit ihm Eleonore unter anderem nach Paris, Kassel, Mannheim, Dresden, Berlin und Wien führte. Die beiden erschienen somit fast als internationale Jetsetter, während sie tatsächlich überwiegend in Mannheim und Paris lebten.

Und auch die Folgerungen, die Fleischmann aus seiner Fehleinschätzung zog, waren logischerweise fehlerhaft. So erscheint bei ihm mit Amelie eine Tochter Eleonores, die 1825 in Dresden geboren sei und später den Adligen Maximilian Ernst Krafft von Crailsheim geheiratet habe.[130] Tatsächlich handelte es sich dabei um das Kind von Anna Maria und Friedrich Christian von Luxburg, der von der Münchner Regierung zu jenem Zeitpunkt an den sächsischen Hof als Gesandter abgeordnet war. Und auch Zitate Fleischmanns, die über eine eindrucksvolle, musisch inspirierte Hofhaltung von Karl August und Eleonore in Paris berichteten, beziehen sich in Wahrheit auf seinen Bruder, der dort als bayerischer Diplomat weilte. Schließlich wird auch das Todesdatum Karl Augusts mit 1856 falsch benannt und daraus die Schlussfolgerung gezogen, Eleonore sei erst zu diesem Zeitpunkt nach Paris zurückgekehrt.

Friedrich Christian von Luxburg. Stich von Louis Zöllner, um 1820.

Für Heinrich von Luxburg waren diese Fehler nicht nur ärgerlich, er empfand sie auch als ehrabschneidend. Als Enkel von Friedrich Christian ertrug er nur schwer die Verwechslung jenes erfolgreichen bayerischen Diplomaten, den er als Inbegriff politischer Seriosität sah, mit dem doch eher windigen Karl August, der eine skandalumwitterte Frau geheiratet hatte. Erschwerend kam hinzu, dass Fleischmanns Buch in der Öffentlichkeit gerne zitiert und sogar ins Englische übersetzt wurde. Eine Klarstellung vom Autor konnte leider nicht mehr verlangt werden, da dieser bereits 1914 verstorben war. Luxburg wandte sich daher an Joachim Kühn, der Fleischmann zugearbeitet hatte. Dieser bedauerte die Fehler, beteuerte gleichwohl, mit der Verwechslung nichts zu tun gehabt zu haben. Kühn erklärte sich auch bereit, einen korrigierenden offenen Brief an den Herausgeber der „Revue des études napoléonnienes“ zu schreiben. Dieser wurde immerhin 1929 abgedruckt.[131] Der Graf stand zusätzlich in schriftlichem Austausch mit dem Mannheimer Stadtarchivar Friedrich Walter. Allerdings wies dieser den Vorschlag zurück, eine eigene Biographie über Leon zu schreiben, um den Fehler Fleischmanns aufzuzeigen. Stattdessen widmete sich Walter lieber einer Arbeit über Stephanie de Beauharnais, in welcher er immerhin die Luxburg-Verwechslung in einer Fußnote erwähnte.[132] Heinrich von Luxburg griff schließlich selbst zur Feder und verfasste 1937 einen kleinen, im Tonfall sehr vorwurfsvollen Artikel für die „Zeitschrift für bayerische Landesgeschichte“ mit dem Ziel, den Irrtum damit endgültig zu beseitigen.[133]

Diese Hoffnung erfüllte sich jedoch nicht. Der Fehler wurde und wird weiterhin konsequent übernommen. Valynseele und Dodds schreiben ihn in ihren Studien zu Leon ebenso fort wie Normington in ihrer Abhandlung über Napoleons Kinder, alle mit zusätzlichen falschen Folgerungen. Und selbst in der deutschen Literatur hat er nach wie vor Bestand.[134] Dies gilt auch für jüngere Arbeiten sowie für Genealogie-Portale im Internet. Im Übrigen war Fleischmann nicht der Urheber dieses Fehlers. Bereits im 19. Jahrhundert hatte sich die Verwechslung der beiden Brüder in Veröffentlichungen eingeschlichen.[135] Fleischmann war es jedoch, der die beiden Biographien in der Folge weitgehend konsequent zu einer einzigen verschmolz und popularisierte. Die Lebenswege von Eleonore und Karl August erschienen dadurch noch bunter. Dabei dürften sie an sich schon aufregend genug gewesen sein.

10. SKANDALE UM LEON

Sein ganzes Leben war eine Kette von Affären.[136] Auf diesen wenig schmeichelhaften Punkt brachte der deutsch-schwedische Schriftsteller Gerhard Simson (1902–1991) den Werdegang Leons. Und in der Tat gelang es diesem binnen weniger Jahre, zu einer bekannten, schillernden Figur zu werden, über die europaweit berichtet wurde. Bald war er *der Beobachtete von allen Beobachtern*, wie es einmal treffend die „Allgemeine Zeitung" ausdrückte.[137] Doch während er in seinen frühen Jahren ohne sein Zutun, nämlich aufgrund der Attacken Revels, in den öffentlichen Fokus geraten war, so wurde er nun aktiv Handelnder und selbst Triebfeder für die Berichterstattung.

Nach der gescheiterten Bewerbung für den badischen Militärdienst und seiner Volljährigkeitserklärung verlegte Leon 1826 seinen Hauptwohnsitz wieder zurück nach Paris, wo er sich in zentraler Lage, der Rue de la Paix, eine Wohnung mietete. Von hier aus stürzte er sich mit voller Leidenschaft in das Großstadtleben. Er profitierte dabei von seiner kaiserlichen Herkunft, die ihm ins Gesicht geschrieben war und ihn stadtbekannt machte. Selbst sah er sich deswegen durchaus zu Höherem berufen, er kokettierte mit seiner Abstammung, ohne jedoch zunächst direkt politisch aktiv zu werden. Stattdessen nutzte er sein Aussehen und die ihm entgegengebrachte Neugierde, um das Leben eines umworbenen Dandys zu führen, der sich gerne als Kuriosum von einer Party zur nächsten einladen ließ. Leon genoss dieses Leben in vollen Zügen, er war rastlos und sehr auf den Augenblick konzentriert. Seine Ansprüche waren luxuriös, er

Es könnte Leon sein: „Der Spieler". Ausschnitt aus einem Gemälde von Gisbert Flüggen, um 1850. Foto von Heide Niemann.

nahm wenig Rücksicht auf vorhandene Ressourcen und gab das ererbte Geld mit vollen Händen aus – oder, wie es Max Billard ausdrückte: Leon konnte gar nicht genug Fenster finden, um sein Geld hinauszuwerfen.[138] Dabei scheute er auch das Risiko nicht – weder finanziell noch persönlich.

So war Leon auch gern gesehener Gast an Kartentischen in Spielhöllen und zweifelhaften Hinterzimmern. Hier trieben sich auch andere Abenteurer herum, die den Nervenkitzel ebenso suchten wie Opfer zum Ausnehmen. Und so erscheint es fast schon unausweichlich, dass der Graf 1832 auf einen Spieler wie Charles Hesse traf. Dieser war ein preußischstämmiger Militär und in England unter der Obhut des dorthin ausgewanderten Markgrafen Alexander von Brandenburg-Ansbach-Bayreuth aufgewachsen, weshalb Gerüchte kursierten, der Junge sei dessen illegitimer Sohn. Ähnlich wie Leon sorgte auch Hesse für Aufregung im Herrscherhaus, in diesem Fall im englischen. Prinzessin Charlotte von Wales, die Tochter des Thronfolgers und späteren Königs Georg IV., hatte eine Liebesaffäre mit ihm. Nachdem die Romanze entdeckt worden war, entfernte man den jungen Leutnant sofort aus der Hauptstadt und schickte ihn ins Feld, während seine Geliebte standesgemäß mit dem Erbprinzen der Niederlande verheiratet wurde. Hesse kämpfte in Spanien und später auch in der Schlacht von Waterloo als ein Adjutant Wellingtons, wo er verwundet und hinterher als Kriegsheld ausgezeichnet wurde. Nach Kriegsende und der Quittierung des Militärdienstes folgten wilde Jahre in Italien und schließlich auch in Frankreich.[139] Als Spielernatur bekannt und berüchtigt, fand er sich schließlich an einem Abend im Februar 1832 in Paris niemand anderem als Leon am Kartentisch gegenüber. Es wurde ein langes und hitziges Spiel, bei dem der junge Graf den Kürzeren zog und 16.000 Francs verlor. Das war ein Vermögen und entsprach fast dem Wert seines Mannheimer Stadthauses. Doch trotz der an den Tag gelegten Großspurigkeit hatte Leon Schwierigkeiten, die Summe sofort zu bezahlen. Es folgten böse und beleidigende Worte, so dass der Streit schnell grundsätzlich wurde. Bald war es eine Frage der Ehre, die nur in einem Duell auf Leben und Tod beantwortet werden konnte – zumindest darüber waren sich die beiden Hitzköpfe rasch einig. Mit dieser Form der Konfliktbewältigung lagen die beiden vollkommen im Trend der Zeit, in der zahlreiche Männer zur Verteidigung der Ehre testosterongesteuert diesem Ritual folgten.

Das Treffen fand am 23. Februar im Wald von Vincennes statt, einem beliebten Ort für derartige Himmelfahrtszeremonien. Anwesend waren neben den Sekundanten noch einige Zuschauer, darunter beispielsweise mit Gaspard Gourgaud (1783 – 1853) ein bekannter General, der zeitweise freiwillig mit Napoleon das Exil auf St. Helena geteilt hatte, danach als Verfasser von Memoiren zur Repopularisierung des Korsen beitrug und nun mit Leon freundschaftlich verbunden war. Warum er und auch die anderen verdienten Militärs vor Ort den jungen Grafen nicht vom Duell abgehalten

Pistolenduell um der Ehre Willen. Zeichnung von Eugène Lami, um 1828.

haben, bleibt rätselhaft. Der gerade einmal 25-jährige Kaisersohn ohne jede militärische Vergangenheit stand einem kriegserfahrenen Haudegen gegenüber, womit der Sieger von vornherein festzustehen schien – eigentlich ein Selbstmordkommando. Doch es kam anders. Leon traf Hesse mit seinem ersten Pistolenschuss direkt in die Hüfte, die Verletzung erwies sich als tödlich. Der junge Graf ging damit als Sieger vom Feld.

Indes waren Duelle in weiten Kreisen des Bürgertums wie des Militärs zwar sozial geduldet, nicht jedoch seitens des Staates, dessen Anspruch auf das Gewaltmonopol dadurch in Frage gestellt wurde. Entsprechend musste sich Leon einem Gerichtsverfahren stellen, zumal ihn die Ehefrau des Verstorbenen des Mordes anklagte. Der Graf war zwar bereits zuvor in Paris eine schillernde Größe gewesen, doch nun wurde er über die Stadt-, aber auch über die Landesgrenzen hinweg bekannt. Sowohl die großen französischen Zeitungen als auch die ausländische Presse berichteten über den jungen Draufgänger und sein Duell ebenso wie über den anschließenden Prozess. Hier kamen gleich mehrere illustre Aspekte zusammen: Leon als Sohn und Ebenbild Napoleons, sein Opfer mit Hesse ein zwielichtiger Militär aus dem Land des ehemaligen Kriegsgegners und schließlich als Staffage prominente Militärs mit Gourgaud an der Spitze, die als Zeugen befragt wurden.

Auch in Deutschland wurde über das Duell berichtet, so bereits am 29. Februar in der Karlsruher Zeitung. Ausführlich widmete sich etwa das in Stuttgart erscheinende Blatt „Das Ausland“ dem Vorfall.[140] Dabei bezeichnete man Leon wie selbstverständlich als *natürlichen Sohn Napoleons*, betonte seine Ähnlichkeit mit dem Korsen und beschrieb die Details des Duells. Der Artikel dürfte auf einer französischen Vorlage basieren, die bis heute die Hauptquelle für den Verlauf der Auseinandersetzung ist. Ob die von Hesse ausgesprochene Beleidigung dabei tatsächlich wie kolportiert dem Kaiser Napoleon und nicht viel eher dessen zahlungsunwilligem Sohn gegolten hatte, erscheint zweifelhaft, kann aber letztlich nicht mehr geklärt werden. In jedem Fall machten Leon und Gourgaud das Duell im Nachhinein zu einer Angelegenheit um die Ehre des verblichenen Kaisers – ein Narrativ, welches die Zeitungen nur allzu gern übernahmen. Leon jedenfalls flogen dadurch in Frankreich die Sympathien zu und er konnte sich ein wenig als Rächer seines Vaters fühlen, der in jenen Jahren, es wurde bereits erwähnt, zur großen, fast schon heiligen nationalen Identifikationsfigur emporstieg. Wiederholt fand dabei in der Berichterstattung Leons angeblich enge Verbindung zu den Bonapartes im Exil Erwähnung – so soll der junge Graf einen Talisman getragen haben, den ihm Hortense im Jahr zuvor geschenkt hatte.[141] Auch die Geschworenen schlossen sich dieser dezidiert nationalen Sichtweise auf das Duell an, bei dem es ursprünglich nur um Spielschulden gegangen war. 1833 wurde Leon freigesprochen.

Vermutlich war es dieser öffentliche Rückenwind, der Leon dazu motivierte, es noch einmal mit dem Militärdienst zu versuchen. Sein Ziel war die Nationalgarde in Saint-Denis, wohin er 1834 eigens umzog. In der Stadt nördlich von Paris befand sich eine Legion dieser Bürgermiliz, die unter dem seit 1830 regierenden „Bürgerkönig“ Louis-Philipp wieder neu ins Leben gerufen worden war. Leon, der nun offen als *fils naturel de l'Empereur Napoléon* (leiblicher Sohn des Kaisers Napoleon) auftrat, erhielt als frisch ernannter Major sogleich den Befehl über ein Bataillon.

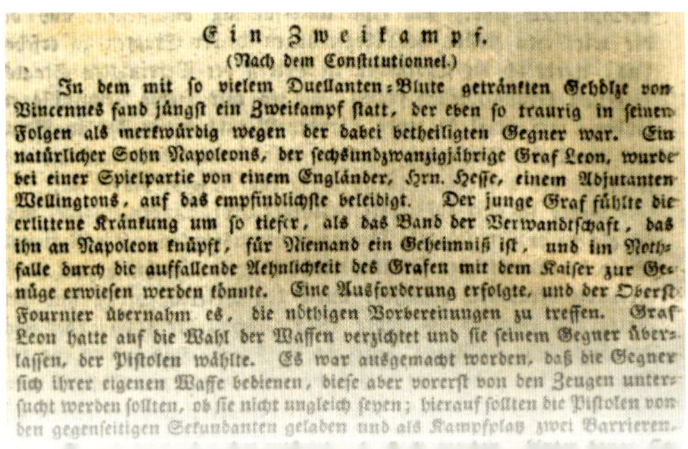

Ein Zweikampf.

(Nach dem Constitutionnel.)

In dem mit so vielem Duellanten-Blute getränkten Gehölze von Vincennes fand jüngst ein Zweikampf statt, der eben so traurig in seinen Folgen als merkwürdig wegen der dabei betheiligten Gegner war. Ein natürlicher Sohn Napoleons, der sechsundzwanzigjährige Graf Leon, wurde bei einer Spielpartie von einem Engländer, Hrn. Hesse, einem Adjutanten Wellingtons, auf das empfindlichste beleidigt. Der junge Graf fühlte die erlittene Kränkung um so tiefer, als das Band der Verwandtschaft, das ihn an Napoleon knüpft, für Niemand ein Geheimniß ist, und im Nothfalle durch die auffallende Aehnlichkeit des Grafen mit dem Kaiser zur Genüge erwiesen werden könnte. Eine Ausforderung erfolgte, und der Oberst Fournier übernahm es, die nöthigen Vorbereitungen zu treffen. Graf Leon hatte auf die Wahl der Waffen verzichtet und sie seinem Gegner überlassen, der Pistolen wählte. Es war ausgemacht worden, daß die Gegner sich ihrer eigenen Waffe bedienen, diese aber vorerst von den Zeugen untersucht werden sollten, ob sie nicht ungleich seyen; hierauf sollten die Pistolen von den gegenseitigen Sekundanten geladen und als Kampfplatz zwei Barrieren-

Schlagzeile in der Zeitung „Das Ausland“ vom 8.3.1832.

Doch trotz seines für einen Anfänger bemerkenswerten Rangs war er Teil einer militärischen Hierarchie. Und damit sollte er sich äußerst schwertun. Fast schon zwangsläufig geriet Leon mit selbstherrlichem Auftreten, aber auch mit eigenmächtigem Handeln in Konflikt mit seinem Vorgesetzten. Zur Eskalation kam es, als er in einem Kompetenzgerangel zwischen seinem Chef bei der Nationalgarde und dem Bürgermeister von Saint-Denis eine eigenständige Rolle zu spielen versuchte und Befehle schlichtweg ignorierte – mit der Folge einer zeitweiligen Suspendierung. Gerade einmal zehn Wochen waren da seit seiner Vereidigung vergangen und schon hatte er es geschafft, sich mit allen möglichen Instanzen anzulegen. Gleichwohl erfreute sich Leon bei den Gardisten seines Bataillons großer Popularität, da die meisten in ihm einen politischen Hoffnungsträger sahen. Die Unzufriedenheit über seine Suspendierung führte schließlich zu einem Eklat: Bei einer Heerschau am 28. Juli 1834 mit vermutlich mehr als 50.000 Mann, die auf den Champs-Élysées in Anwesenheit des Königs Louis-Philippe und der wichtigsten Generäle stattfand, weigerte sich sein Bataillon mitzumarschieren, scherte aus den Reihen aus und rief lautstark *Ohne Commandanten keine Soldaten! Es lebe Graf Leon!*[142] Und auch in Saint-Denis selbst gab es öffentliche Vivatrufe auf den Sohn des Kaisers.

Und Leon? Ausgerechnet zu diesem Zeitpunkt, als er in aller Munde war, befand er sich nicht mehr in Frankreich. Statt vor Ort einen günstigen Zeitpunkt für seine politischen Ambitionen zu nutzen, hatte er sich nach London aufgemacht, um dort den Grafen von Survilliers aufzusuchen. Diesen Namen hatte Napoleons älterer Bruder Joseph angenommen, der nach einer längeren Zeit in Amerika wieder nach Europa zurückgekehrt war und nun in der englischen Hauptstadt wohnte. Über ihn suchte Leon den Anschluss an den Familienclan Bonaparte-Beauharnais, von dem er sich politische Unterstützung erhoffte. Allerdings stieß dieses Unterfangen auf wenig Gegenliebe, wie noch zu zeigen sein wird. Fern von Paris und Saint-Denis, wo es öffentliche Sympathiebekundungen für ihn gab, versäumte er möglicherweise den entscheidenden Augenblick, in dem er zu einem ernstzunehmenden Führer und zum Sprachrohr der Bonapartisten in Frankreich hätte aufsteigen können. Das Momentum verstrich und als er nach seiner Rückkehr den Dienst wiederaufnahm, hatte sich die aufgeregte Stimmung bei der Nationalgarde in Saint-Denis weitgehend beruhigt. Aufs Neue legte sich Leon mit seinen Vorgesetzten an, kritisierte öffentlich seine Suspendierung als *illégale et injuste* (illegal und ungerecht) und wies seine Untergebenen an, das in der Zwischenzeit erlassene Reglement nicht anzuerkennen.[143] Dadurch trieb er den Konflikt auf die Spitze mit der logischen Folge seiner dauerhaften Suspendierung am 28. Oktober, vollzogen durch eine Ordonanz des Königs. Dieses Mal gab es nur eine kurzzeitige und öffentlich kaum relevante Solidarisierung des Bataillons mit seinem Major, die alsbald versandete.

Leon in der Uniform der Nationalgarde, um 1834. Bild bei Dodds, S. 128.

Leons Militärkarriere endete somit nach wenigen Wochen und alles andere als ruhmreich. Kein Vergleich mit den Feldzügen seines Vaters! Er hatte mit seinem Eintritt in die Nationalgarde gehofft, öffentliche Anerkennung als

Napoleons Sohn zu finden und als solcher eine wichtige politische Rolle zu spielen. Seine prominente Herkunft und sein Aussehen waren es letztlich auch, die eine eigentlich banale Disziplinarangelegenheit zu einem Politikum machten, das als solches von der Presse erkannt und über das dann auch berichtet wurde. Und so fand sich die *Subordinationssache* [...] *des natürlichen Sohnes von Napoleon*, der nebenbei Haus- und Grundbesitzer in Mannheim und Neckarhausen war, einmal mehr auch in der deutschen Presse wieder, ohne dass freilich diese Verbindung gezogen wurde.[144]

Rückblickend gesehen war dieser Konflikt der politische Höhepunkt in Leons Leben. Vermutlich wurde er zu keinem Zeitpunkt so ernst genommen wie damals. Ein scharfsinniger Beobachter wie Heinrich Heine, der seit der Julirevolution in Paris lebte, sah die Stabilität der Monarchie zwar durchaus gegeben, stellte 1832 aber fest, es gebe hier zahlreiche Menschen mit der Meinung, *dass der Sohn des Mannes nur zu erscheinen brauche, um der jetzigen Regierung ein Ende zu machen. Man weiß, dass der Name Napoleon das Volk hinreißt und die Armee entwaffnet.*[145] Auch wenn dieses Zitat auf Napoleon-François, den vormaligen König von Rom, gemünzt war, so hätte es zu einem gewissen Teil auch auf die Situation Leons im Sommer 1834 zutreffen können. Doch sein Wegbleiben im entscheidenden Moment und damit verbunden sein Scheitern beendeten eine mögliche politische Karriere, ehe sie überhaupt begonnen hatte, drängte ihn wieder in die Ecke, machte ihn endgültig zum gesellschaftlichen Kuriosum, das er zeitlebens bleiben sollte.

Es folgte in den Jahren nach 1834 ein langsamer, unaufhaltsamer Abstieg. Eine neuerliche Wahl zum Leutnant der Nationalgarde in Saint-Denis im Jahr 1836 war nur eine kurze Episode. Doch unverändert blieb Leon ein Lieblingsobjekt der Gazetten. Beispielsweise sollte er Gerüchten zufolge 1834 die Tochter eines Bruders Napoleons heiraten. 1835 wurde mehrfach berichtet, er sei in die Dienste der Königin von Spanien getreten, um als Obrist in den sogenannten Carlistenkriegen zu kämpfen. Beides entbehrt freilich jeglicher Grundlage. Von einigen Abstechern nach Deutschland abgesehen, führte Leon weiterhin das Leben eines Großstadtdandys. Zum Verhängnis wurden ihm seine Verschwendungssucht, seine finanzielle wie zwischenmenschliche Naivität und nicht zuletzt die Hybris seiner Selbsteinschätzung, dass ihm als Ebenbild und Sohn Napoleons wenig passieren könne.

Somit dürfte er sich selbst am meisten gewundert haben, als er 1837 erstmals in Clichy, dem Pariser Schuldnergefängnis, einsitzen musste. Gläubiger konnten in jener Zeit mittels eines speziellen Gerichtsbefehls ihre zahlungsunwilligen oder auch -unfähigen Schuldner einweisen lassen, um so deren Motivation zu steigern, zurückzuzahlen. Diese Haft kostete den Geldgeber 45 Francs im Monat, die er logischerweise wieder dem Häftling aufzuerlegen suchte. Letztlich war die Einweisung nach Clichy ein staatlich sanktioniertes Druckmittel im Kreditgeschäft, eine Art Inkassounternehmen, vor allem aber eine Wette darauf, dass jemand dem Schuldner helfen oder dieser unversehens zu Geld kommen würde. Und so wurden hier eben nicht mittellose Hungerleider aus der städtischen Unterschicht inhaftiert, sondern vielmehr verschuldete Personen aus besseren Kreisen, hinter denen man finanziell potente Retter vermutete und erhoffte. Nicht zuletzt aufgrund seiner Herkunft gehörte Leon zu diesem Personenkreis. Der Sohn Bonapartes im Gefängnis – hier würde sich doch sicherlich jemand finden, der ihn auslöste.

Aus der ersten Inhaftierung 1837 wurde Leon nach wenigen Monaten

Verhaftung eines Schuldners. Aus: Alhoy / Lurine, S. 257.

Schuldnergefängnis Clichy. Zeichnung von Léon Leymonnerye, 1863.

freigelassen, da sich die Forderungen gegen ihn als nicht rechtmäßig herausgestellt hatten. Doch konnte er sich nur für kurze Zeit über die erlangte Freiheit freuen. Zum Verhängnis wurde ihm die Anzeige seines ehemaligen Freundes und Geldgebers Louis Delpech, dem er 40.000 Francs schuldete. Weitere Gläubiger schlossen sich diesem an und so verbrachte Leon ab 1838 mehr als ein Jahr in Clichy. Seine Hilferufe etwa an seinen ehemaligen Vormund Méneval stießen auf taube Ohren. Dabei waren die Haftbedingungen vergleichsweise gemäßigt und nicht mit solchen von Strafverbrechern zu vergleichen. Sie waren gewissermaßen Privatgefangene. Als solche hatten die Insassen nicht nur mehr Platz und besseres Essen, sondern zeitweise auch Freigang, was nicht selten zur Flucht genutzt wurde – freilich mit der Konsequenz des Stadtverbots. Von dieser Möglichkeit machte Leon keinen Gebrauch. Er verharrte in Clichy und erfuhr hier eine Art Damaskus-Erlebnis, durch das er zum Anhänger eines christlichen, katholisch-orientierten Mystizismus wurde. Er fand in den Lehren und bald auch der persönlichen Bekanntschaft von François-Guillaume Coëssin (1780 – 1843) einen neuen inneren Halt, der sein Leben fortan prägen sollte. Leon wäre nicht er selbst, wenn diese Bekehrung nicht sofort nach außen getragen und er sich wortreich als nunmehr geläuterter Mensch präsentiert hätte. Aller Wahrscheinlichkeit nach ins Reich der Legende zu verweisen ist die später von ihm selbst verbreitete Geschichte, er hätte in jener Zeit aus französischen Bischofskreisen das Angebot gehabt, in den Priesterstand einzutreten und auf diese Weise freizukommen.[146]

Entlassung eines Schuldners aus dem Gefängnis. Druck von Victor Adam, um 1840

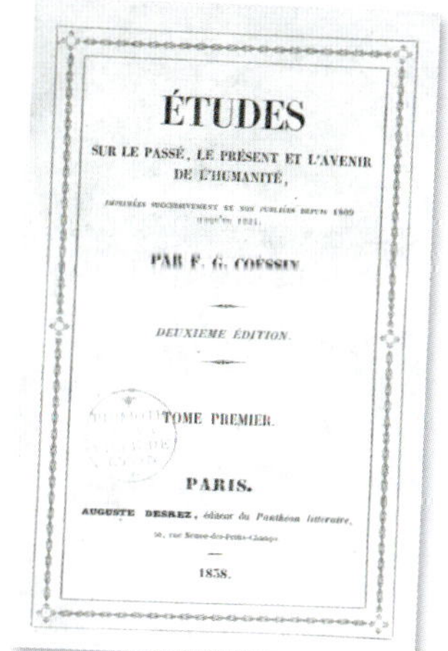

ÉTUDES

SUR LE PASSÉ, LE PRÉSENT ET L'AVENIR DE L'HUMANITÉ,

PAR F. G. COESSIN

DEUXIEME ÉDITION.

TOME PREMIER.

PARIS.

AUGUSTE DESREZ, éditeur du Panthéon littéraire,

1838.

In seinem Hauptwerk beschäftigt sich Coëssin in neun Büchern mit dem früheren, aktuellen und künftigen Zustand der Menschheit, analysiert die gesellschaftlichen Auswirkungen der Industrialisierung und fordert eine radikal-katholische Reform des Christentums.

Es musste daher wie eine göttliche Fügung auf ihn wirken, dass er im Oktober 1839 aus Clichy entlassen wurde, ohne Zahlungen geleistet zu haben. Doch es war weniger ein himmlisches Zeichen, das die Gläubiger milde gestimmt hatte, als vielmehr ein Artikel im „Quotidienne" vom 31. Juli, in welchem über den Tod von Joseph Fesch (1763 – 1839) berichtet wurde. Dieser war ein Onkel Napoleons gewesen und hatte es dank dessen Protektion zum Kardinal und als solcher zu großem Reichtum gebracht. Laut der Zeitung hatte er sein Vermögen Joseph Bonaparte vermacht mit der Maßgabe, alle Familienmitglieder zu bedenken. Und nun bestand die Möglichkeit, dass zu diesem Kreis auch Leon gehören könnte. Der Kardinal hatte den unehelichen Sohn Napoleons in der Tat gekannt und mehrfach in brieflichem Austausch mit diesem gestanden – ein mögliches Hoffnungszeichen für die Geldgeber, das im Übrigen auch Leon selbst äußerst ernst nahm.

Dabei war seine Situation nach der Freilassung äußerst prekär, er lebte gewissermaßen von der Hand in den Mund. Seine Güter in Deutschland waren in der Zwischenzeit verloren. Der Literatur zufolge hatte er diese Delpech überschrieben – ein Punkt, der so vermutlich nicht zutrifft.[147] In Mannheim jedenfalls hatte 1837 ein Gläubiger namens Steinmetz gegen Leon geklagt und erreicht, dass 1839 das schmucke Haus in C 1, 2 zwangsversteigert wurde. Als neue Eigentümerin fungierte die Ressource-Gesellschaft, in der sich unter der Führung des Bankiers Hohenemser jüdische Honoratioren zusammengefunden hatten. Der ehemalige Stadtsitz Leons wurde ihr neues Vereinsheim.[148] Ähnliches vollzog sich in Neckarhausen. Auch hier lagen die Immobilien des Grafen schon länger unter Sequester. Das Haupthaus erwarb der adlige Nachbar Graf Alfred von Oberndorff, der es zu einem Erweiterungsbau seines eigenen Anwesens machte. Auch die Äcker und sonstigen Hofgebäude wechselten im Zwangsverfahren den Eigentümer. Dies geschah freilich alles ohne das Zutun Leons, der zu dieser Zeit in Clichy saß und vermutlich nur im Nachhinein Nachricht erhielt, dass sein materielles Standbein in Deutschland der Vergangenheit angehörte. Immerhin blieb sein ehemaliges Neckarhäuser Anwesen noch lange Zeit unter dem Namen „Leon'sches Schloss" ortsbekannt, ehe es in den 1960er Jahren abgerissen wurde.[149]

Ende 1839 befand sich Leon an einem Tiefpunkt, finanziell am Ende, gesellschaftlich am Rand, aber immerhin in Freiheit. Doch er wäre nicht er selbst, wenn er nicht auch in dieser Situation einen Hoffnungsanker entdeckt hätte, der ihn wieder nach oben ziehen könnte. Und dieser waren die Bonapartes in London.

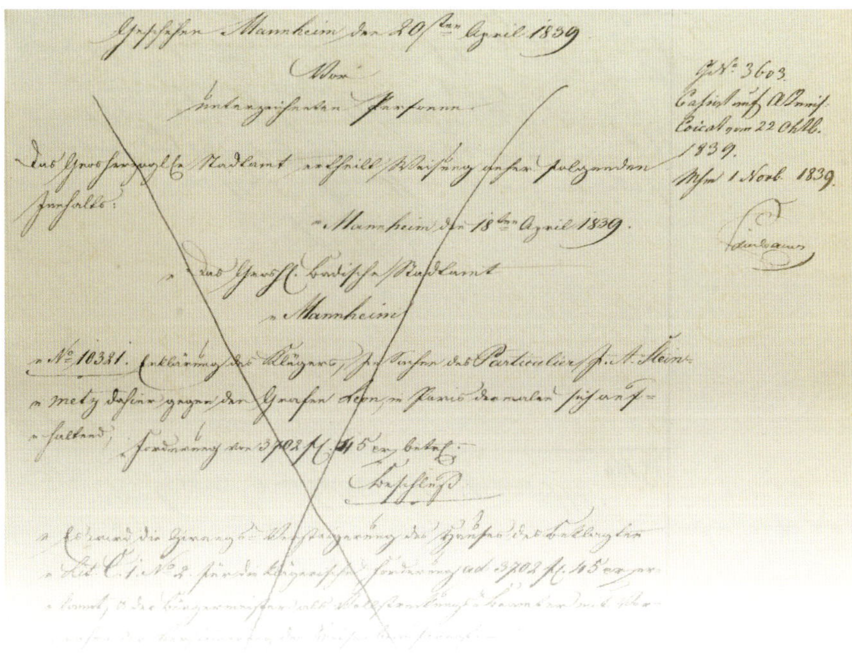

Beantragung der Zwangsversteigerung des Hauses in C 1,2. Beschluss vom 20.4.1839. Mit dem Durchstreichen des Eintrags wurde die Durchführung der Vollstreckung markiert.

11. LEON UND DIE BONAPARTES

Madame! Ich bitte Eure kaiserliche Hoheit, den Träger dieses Briefes freundlich willkommen zu heißen. Es ist der junge Leon, an dem der Kaiser Interesse als Vater gezeigt hat.[150] Mit diesen Worten leitete Méneval 1826 einen Brief ein, der Leon bei seiner Großmutter Letizia, der Mutter Napoleons, einführen sollte. Der Junge habe inzwischen in Heidelberg fertig studiert und sei nun vorzeitig für mündig erklärt worden. Seine eigene Verantwortung als Vormund ende damit, so der Baron weiter, und es entspräche sicherlich dem Willen des Kaisers, wenn er jetzt Leon *der Obhut Ihrer Hoheit und seiner kaiserlichen Familie empfehle.*

Letizia Bonaparte. Mutter Napoleons und Großmutter Leons. Gemälde von Robert Lefèvre, 1813.

Méneval war zu diesem Zeitpunkt mit seiner Geduld für Leon am Ende. Dieser ging bekanntlich längst eigene Wege, war nach Deutschland geflohen und hatte seine Vollmündigkeit erwirkt. Gewissermaßen als letzten Akt seiner Vormundschaft versuchte nun der Baron, sein ehemaliges Mündel bei den Bonapartes unterzubringen. Für diese war Leon ja kein Unbekannter, da er bis 1815 des Öfteren Napoleon besucht und dort zumindest auch Teile seiner Verwandtschaft kennengelernt hatte.

Nach der Abdankung des Kaisers dürfte der Kontakt allerdings schwieriger geworden sein. Die Erfahrung mit der Rückkehr Napoleons aus dem Exil in Elba hatte die Alliierten, vor allem aber die neue französische Regierung im Umgang mit den Bonapartes vorsichtig gemacht. Am 14. Januar 1816 dekretierte sie, dass sämtliche Familienmitglieder des Clans Frankreich innerhalb eines Monats zu verlassen hätten. Dies betraf nicht nur die Mutter und die Geschwister des Kaisers, sondern auch deren Ehepartner und Kinder sowie Onkel, Tanten, Nichten und Neffen. Zwar hatten bereits 1815 die meisten von ihnen Frankreich den Rücken gekehrt, zumeist in der Hoffnung auf eine baldige Rückkehr. Nun jedoch war das Exil offiziell und dauerhaft. Das Dekret wurde unter anderem im „Le Moniteur Universel" veröffentlicht – ironischerweise findet sich in der gleichen Ausgabe ein Bericht über Revels Klage gegen Eleonore und Napoleon, den *ravisseur*.

Es war kein leichtes Unterfangen für die gefallenen Königinnen und Könige, eine neue Heimstatt zu finden. Großbritannien weigerte sich lange, Napoleoniden aufzunehmen, während Frankreich seinerseits eine Ansiedlung etwa in der Schweiz mit diplomatischem Druck zeitweise zu unterbinden suchte. In der Konsequenz lebte der Clan weit verstreut, teils in Österreich, in den Vereinigten Staaten oder in kleineren Ländern des Deutschen Bunds. Die meisten zog es jedoch nach Italien. Hier wohnte auch Letizia, die ehemalige *Madame Mère de l'Empereur* (Madame Mutter des Kaisers). Ihr Palazzo in Rom wurde nach 1821 – die Reisebeschränkungen für die Bonapartes hatten sich nach dem Tod Napoleons etwas gelockert – zu einer Art informellem Mittelpunkt der Familie. Und so war es nur folgerichtig, dass Méneval sein ehemaliges Mündel dorthin schickte.

Zwar dauerte der Aufenthalt Leons 1826 bei seiner Großmutter wohl nicht allzu lange, doch sollte er in den folgenden Jahren immer wieder in die Stadt am Tiber reisen. Hier traf er auch andere Mitglieder des Clans, darunter vermutlich seinen zwei Jahre jüngeren Cousin Louis-Napoleon, den er bereits von dem Zusammentreffen in Malmaison 1815 her kannte. Damals waren beide noch Kinder gewesen, nunmehr begegneten sich junge Erwachsene, beides Heißsporne, auf ihre jeweilige Art politisch interessiert. Letzteres schlug sich allerdings in ganz unterschiedlicher Weise nieder. Während Leon als lebendes Ebenbild des Kaisers durch Paris wandelte und sich eher unbedarft von bonapartistischen Gönnern herumreichen ließ, sollte sich sein Cousin als Revolutionär betätigen. Zusammen mit seinem älteren Bruder Napoleon-Louis versuchte er sich 1831 der Aufstandsbewegung in Italien gegen die österreichische und päpstliche Vorherrschaft anzuschließen. Freilich musste er erkennen, dass ihm sein Name das Misstrauen der Insurgenten bescherte, die zusätzliche diplomatische Verwicklungen befürchteten. Dennoch blieb er zunächst im Umfeld der Aufständischen, deren Kampf jedoch bald verloren war.

Louis-Napoleon. Holzstich nach einer Zeichnung von Alfred d'Orsay, 1839.

Bevor Louis-Napoleon nun in die Hände der Gegner fallen konnte, wurde seine Mutter aktiv, die mit ihm aus Italien nach England floh. Sein älterer Bruder indes war zu diesem Zeitpunkt bereits ein Opfer der in der Lombardei grassierenden Masern geworden. Hortense und Louis-Napoleon blieben den Sommer 1831 über in London und warteten ab, bis sich die politische Lage beruhigte.

Ebenfalls in der englischen Hauptstadt hielt sich derweilen Leon auf. Dieser hatte aufgrund der neuen Verhältnisse in Frankreich nach der Julirevolution 1830 politische Morgenluft gewittert. Die Regierung unter König Louis-Philippe brach mit einigen der restaurativen Regelungen des Vorgängerregimes, stützte sich vor allem auf das Großbürgertum und ließ die Rückkehr zahlreicher Exilierter nach Frankreich zu – jedoch nicht die der Mitglieder der Familie Bonaparte. Ansonsten versuchte der sogenannte „Bürgerkönig" eine weitere innenpolitische Zuspitzung zu vermeiden, weshalb er auch die bonapartistischen Strömungen mit symbolischen Gesten umwarb. Dies suchte Leon zu nutzen. Als illegitimer und damit rechtlich nicht anerkannter Sohn des Kaisers durfte er, anders als die Bonapartes, in Frankreich wohnen. Sein Ziel war nun ein politisches Mandat der Familie. Doch der Schulterschluss mit seinem Cousin und dessen Mutter blieb in London aus, ein Treffen kam nicht zu Stande[151].

Das Vertrauen der Bonapartes in Leon dürfte denn auch nicht tief gewesen sein. Sie hatten ihn als großspurigen, nicht sehr weitblickenden jungen Mann kennen gelernt. Nun trat er öffentlich in Paris als *fils naturel de l'Empereur Napoleon* auf und machte mit Affären auf sich aufmerksam. Das Duell mit Hesse wurde auch von der Verwandtschaft aufmerksam registriert, vor allem aber der Anlass – der Hang zum Glücksspiel. Insbesondere Fesch, den er im Sommer 1832 in Rom aufsuchte, las ihm die Leviten. Der Kardinal nahm ihm dabei das Versprechen ab, nie mehr wie geschehen 45.000 Francs in einem Spiel zu verlieren.[152]

Tod von Leons Halbbruders, Napoleon Franz, Herzog von Reichstadt 1832. Illustration, 1859.

Das Motiv, die immer stärker um sich greifende napoleonische Nostalgie in Frankreich zu nutzen und als Repräsentant der Bonapartisten in Frankreich Politik zu machen, war maßgebend für Leons Eintritt in die Nationalgarde und auch für die zu seiner Suspendierung führenden Provokation. Wie berichtet, begab sich der junge Bataillonschef nach seiner ersten Außerdienstsetzung im Juli 1834 direkt nach London, wo er Joseph Bonaparte aufsuchte. Nach dem frühen Tod von Napoleon-François Bonaparte (Napoleon II.) im Jahr 1832, der nach der Abdankung seines Vaters 1815 nach Wien verbracht worden war, dort aufwuchs und zuletzt als Herzog von Reichstadt firmiert hatte, galt nun Joseph als präsumtiver Nachfolger und gleichzeitig als Familienoberhaupt der Bonapartes. Er selbst war erst kurz zuvor aus den Vereinigten Staaten von Amerika zurückgekehrt und lebte nun unter dem Namen eines Grafen von Survilliers zeitweise in London. Mit den älteren Verwandten des Bonaparte-Clans stimmte er darin überein, dass man politisch Zurückhaltung üben sollte, wollte man nicht das bisherige Luxusleben als Exkönige und -königinnen gefährden. Misstrauisch und ablehnend beobachteten sie daher die Entwicklung in Frankreich, aber auch das Verhalten der aufsässigen jüngeren Familienmitglieder.

Unter diesen Umständen war klar, dass Leon mit seiner neuerdings bonapartistischen Mission keine offenen Türen einrennen würde. Dennoch zeigte sich Joseph zunächst überrascht und auch offen für den Besuch, wie er Méneval mitteilte, mit dem er aus alter Verbundenheit regelmäßig korrespondierte. Leon sei zwei Tage bei ihm gewesen, hätte zuvor auch Lucien Bonaparte in London getroffen, den er bereits von Rom her kannte. Der Plan des Grafen sei es, gegen das Exildekret für die Bonapartes im französischen Parlament zu kämpfen. Damit scheint er Joseph zunächst einmal für sich eingenommen zu haben: Leon sei nicht nur dem Kaiser äußerlich ähnlich, er habe auch *eine reine Seele* und ein *gutes Benehmen*. Dennoch wolle er, Joseph, mehr Informationen über ihn.[153] Da Joseph die vergangenen 17 Jahre in Amerika verbracht hatte, war er Leon vermutlich seit 1815 nicht begegnet und konnte ihn daher nicht klar einschätzen. Doch dies sollte sich schon bald ändern.

Am 1. Dezember 1834 schrieb ihm der junge Graf einen ausführlichen Brief, in welchem er seine politischen Pläne umriss.[154] Demnach sei es seine Absicht bei der Nationalgarde gewesen, einen Gerichtsprozess gegen sich als *eine Person, die über eine Linie zur Familie Napoleons* gehöre, zu provozieren. Und weiter: *Das ist mein Debut in einer Karriere, die mir offensteht und die ich beschreiten werde. Dieser Anfang hat mich ermutigt, ich sehe nun, dass die Erinnerungen an die Familie meines Vaters lebendig sind.* Hier gelte es anzusetzen. Frankreich sei empört, dass die Familie immer noch im Exil sein müsse. *Als Einziger vom Blute des Kaisers in Frankreich habe ich nun das Glück, am Anfang einer legitimen Widerstandsbewegung zu stehen.* Er wolle daher künftig für die Brüder des Kaisers arbeiten, um einen politischen Wechsel herbeizuführen und eine Herrschaft zu installieren, die dem wahren Volkswillen entspräche. Dies sei er der Erinnerung an seinen Vater schuldig.

Nachdem er derart euphorisch eine politische Aufbruchsstimmung beschworen hatte, fragte Leon im gleichen Schreiben finanzielle Unterstützung an, da er sonst diesen *Krieg* nicht führen könne. Er benötige außerdem eine Ehefrau, um einen politischen Salon mit Journalisten und Patrioten zu führen und um in Frankreich die Brüder Napoleons zu vertreten, solange diese im Exil bleiben müssten. Mit diesem Schreiben entzauberte sich Leon selbst. Zu durchschaubar war seine Bitte nach Geld und vermutlich auch zu anmaßend sein Vorhaben, als Vertreter der Bonapartes aufzutreten. Joseph beantwortete das Schreiben nach aktuellem Forschungsstand mit keiner Zeile. Dies dürfte einerseits der windigen Persönlichkeit Leons geschuldet gewesen sein, aber auch dem formulierten Ziel, eine bonapartistische Widerstandsbewegung ins Leben zu rufen. Eine solche lag nicht im Interesse des vormaligen Königs von Spanien.

Ablehnung seitens der Verwandtschaft erfuhr indes auch Cousin Louis-Napoleon mit seinen politischen Ambitionen. Dieser hatte nach den Erfahrungen von 1831 ein politisches Programm mit einem neuen Verfassungsentwurf für Frankreich ausgearbeitet, der in diametralem Gegensatz zur „Julimonarchie" des amtierenden Königs Louis-Philippe stand. Demzufolge sei eine Verschmelzung der sich anscheinend widersprechenden Prinzipien von Erbkaisertum und Volkssouveränität die bevorzugte Staatsform, in welcher ein Herrscher sich mit Plebisziten legitimiere und seine Politik an den Leitlinien der Freiheit und des Fortschritts ausrichte.[155] Als Kandidat für den Kaiserthron käme dabei nur ein Bonaparte in Frage – zum Zeitpunkt des Entwurfs war dies Napoleon II. Sicherlich hatte Louis-Napoleon dessen schwere Erkrankung schon einkalkuliert und damit ebenso, dass die Erbfolge früher oder später auf ihn selbst zulaufen würde.

Landleben eines Exilierten Königs: Joseph Bonaparte. Holzstich nach einer Zeichnung von Paul Giradet.

Auf den Gedanken, eigenständig ein derart ausführliches politisches Programm mit theoretischer Fundierung zu verfassen, wäre Leon nie gekommen. Er lebte für den Augenblick, längerfristige Strategien waren ihm fremd, wie sein letztlich doch unbedarftes Verhalten bei der Nationalgarde und die Abreise nach London gezeigt hatten. Doch auch der junge Louis-Napoleon war kein Meister der Geduld. Ende Oktober 1836 startete er, von Baden kommend, wo er seine Tante Stephanie besucht hatte, einen Putschversuch in Straßburg. Mit Hilfe einiger bonapartistisch gesinnter Offiziere hoffte er die dortige Garnison zum Aufstand zu bewegen, um dann wie weiland Napoleon nach der Rückkehr von Elba ein rebellierendes Frankreich in einem Siegeszug übernehmen zu können. Das Unternehmen war jedoch nicht nur unrealistisch, sondern auch schlecht geplant und miserabel durchgeführt. Es gelang nicht einmal die Straßburger Garnison zu gewinnen, so dass der erfolglose Putschist alsbald das Weite suchen musste und nach Amerika floh.

Gleichwohl war der politische Elan Louis-Napoleons nicht erlahmt. Im Gegenteil, bereits 1837 kehrte er nach Europa zurück. In Frankreich hatten sich zwischenzeitlich die Fronten verschärft, da die Regierung in ihrem Umgang mit den Bonapartisten zwischen Umarmung und massiver Konfrontation mäanderte. Trotz des Misserfolgs hatte der Straßburger Putschversuch Louis-Napoleon nun auf die politische Bühne und in den öffentlichen Fokus gebracht. Im Londoner Exil aktualisierte er seine Ideen des Bonapartismus. Er verfasste ein weit verbreitetes, mit 229 Seiten sehr umfangreiches Manifest *Des Idées napoléoniennes* (Napoleonische Ideen), in welchem er sich ausführlich der Vision einer Demokratie mit einer Dynastie an der Spitze widmete, welche die Wahrung des Gemeininteresses zu überwachen hatte.

Während Louis-Napoleon so theoretisch und publizistisch weiter für den Bonapartismus warb, hatte sich sein Cousin im Pariser Schuldnergefängnis von der Politik ab- und der Religion zugewandt. Leon fand in den Ideen Coëssins nicht nur neuen inneren Halt, er sah in dessen Werk das eines Propheten, dessen Botschaft es zu verbreiten galt.[156] Bei den von diesem ins Leben gerufenen *Enfants de Dieu* (Kinder Gottes) handelte es sich um eine christliche Erweckungssekte, die den Katholizismus neu formen wollte. Fortan verschrieb sich Leon mit ganzem Herzen dieser Mission. Coëssin selbst war indes nicht nur religiöser Führer und Utopist mit apokalyptischem Einschlag, sondern auch Erfinder und als solcher technischen Neuerungen gegenüber sehr offen. Er hatte beispielsweise bereits 1809 ein Tauchboot entwickelt, das jedoch so fehlerhaft war, dass sich selbst Coëssin nicht auf eine Unterwasserfahrt einließ[157]; erfolgreicher war hingegen eine spezielle Lampe mit drehbarem Boden, die eine starke Rauchentwicklung verhindern sollte.

Nach Ende seines Gefängnisaufenthalts kam Leon, finanziell ausgebrannt, einige Wochen bei Coëssin unter, ehe er sich in dessen Auftrag nach London aufmachte: Einerseits, um dort dessen Lampen zu verkaufen, andererseits aber, um mit Joseph Bonaparte in Kontakt zu treten. Es ging um das Erbe von Kardinal Fesch, auf das Leon und wie beschrieben auch seine Gläubiger ihre Hoffnung setzten. Er kam am 13. Februar 1840 in der britischen Hauptstadt an, wo er im vornehmen Hotel Fenton abstieg – Gönner Coëssins finanzierten ihm den Aufenthalt. Während das Lampengeschäft nicht sehr erfolgreich anlief und ein anderes windiges Investitionsprojekt mit Feuerkugeln, die unter Wasser brennen sollten, scheiterte, schrieb Leon an den Onkel mit der Bitte, ihn zu empfangen. Doch trotz angeblicher Empfehlungsschreiben Ménevals sowie des Erzbischofs von Paris, eines Freundes des verstorbenen Fesch, weigerte sich Joseph, den illegitimen Sohn des Kaisers zu empfangen. Ähnlich erging es ihm bei dem ebenfalls in London wohnenden Jérôme, dem jüngsten Bruder Napoleons und ehemaligen König von Westphalen. Schließlich wandte sich der Graf an Louis-Napoleon. Auch dieser ließ ihn nicht vor und ihm stattdessen über einen Türhüter mitteilen, er würde ihn grundsätzlich nicht empfangen. Über Mittelsmänner erfuhr Leon, dass die Bonapartes ihn für einen Spion der französischen Regierung hielten – Botschaften aus Paris ließen dies vermuten ebenso der aufwendige Lebensstil, den der eigentlich klamme Leon in London nun zeigte.

Das war bitter. Die Abfuhr durch die beiden älteren Brüder Napoleons musste der Graf zähneknirschend hinnehmen, im Falle seines jüngeren Cousins sah er die Sache freilich anders. Empört verfasste er einen Brief mit der Anrede *Mon petit cousin* – an sich schon eine Unverschämtheit.

Er beschwerte sich darin über die Unhöflichkeit (*impolitesse*) und die despektierlichen Äußerungen (*malicieux, perfides et méchants*). Dies sei eine Verletzung seiner Ehre. Und weiter: *Ich versichere Ihnen bei der Asche des Kaisers Napoleon, meines Vaters, dass Ihr schlechtes Verhalten gegen mich eines Tages bestraft wird.*[158] Da auch auf dieses Schreiben keine persönliche Antwort erfolgte, kam für Leon als *conséquence naturelle* nur ein Duell in Frage.[159]

Und so schien sich die Geschichte von 1832 zu wiederholen – allerdings mit dem Unterschied, dass sich nun zwei Cousins gegenüberstanden, die sich mittlerweile doch sehr unterschieden: auf der einen Seite der tief gestürzte illegitime Sohn Napoleons, erst vor kurzem aus dem Schuldnergefängnis entlassen und inzwischen erleuchtetes Mitglied einer christlichen Sekte, auf der anderen Seite der putscherfahrene Neffe des Kaisers, Begründer eines neuen politischen Bonapartismus und Staatsfeind der aktuellen französischen Regierung. Beide trafen am 2. März 1840 bei Morgengrauen auf einem Feld bei Wimbledon aufeinander, bei ihnen ihre Sekundanten – im Falle Leons ein englischer Oberst sowie ein Vertrauter Coëssins, bei Louis-Philipp zwei adlige Freunde. Als Waffen hatte der Graf auf Pistolen bestanden, schließlich hatte er ja damit bereits gute Erfahrungen gemacht. Den vorhandenen Schilderungen zufolge hatten beide Duellanten bereits Aufstellung genommen und die Waffen in Anschlag gebracht, als auf einmal mehrere Polizisten auftauchten und die beiden Streithähne, ehe diese einen Schuss abfeuern konnten, kurzerhand verhafteten. Das Duell endete somit, bevor es begonnen hatte – und ohne Blutvergießen. In der Folge mussten beide eine Geldstrafe zahlen und gingen wieder ihrer Wege.

Angesichts der Prominenz der beiden verhinderten Duellanten wundert es nicht, dass über den Streit europaweit in den Zeitungen berichtet wurde. Dabei gelang es der Partei Louis-Napoleons, ihre Sicht der Dinge bekannt zu verbreiten. So schrieb etwa die englische Wochenzeitung „Argus“ am 8. März 1840: [Leon] *is a gambler, and a professional duellist, a man of reckless character, who killed our countryman, Charles Hesse.*[160] Im weiteren Verlauf des Artikels wurde der Vorwurf kolportiert, Leon sei ein französischer Spion und würde Louis-Napoleon nach dem Leben trachten, außerdem sei der Graf der Beleidiger gewesen. Diese Lesart wurde auch von anderen Presseorganen in England und Frankreich übernommen. Für Leon war dies ausgesprochen ärgerlich. Er beschwerte sich schriftlich bei den Verlagen und strengte nach seiner Rückkehr nach Paris gegen die bonapartistische Zeitung „Le Capitole“ einen Prozess wegen Verleumdung an – ein Verfahren, das er sogar gewann und für das er eine Geldentschädigung einstrich.[161]

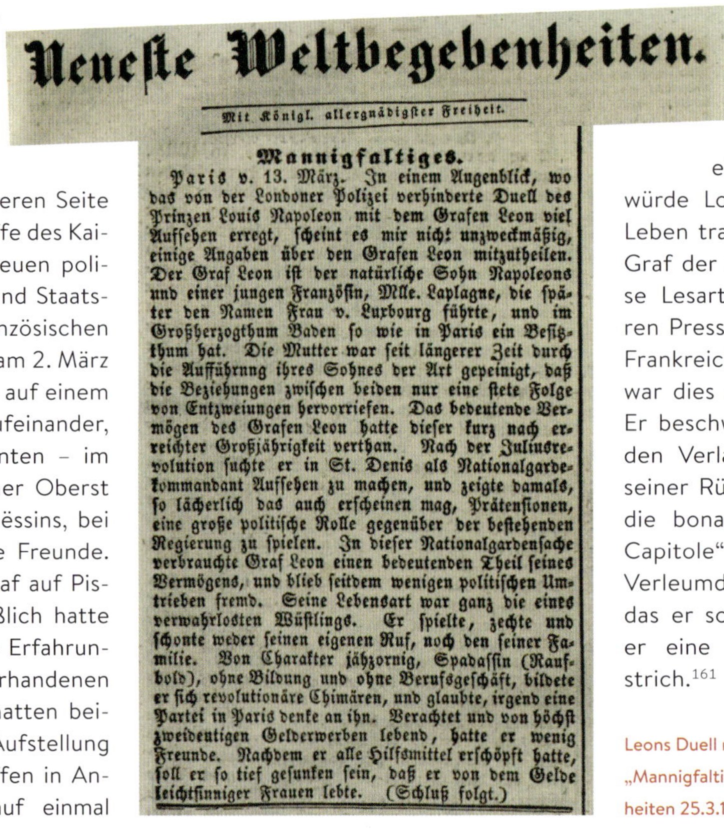

Neueste Weltbegebenheiten.

Mit Königl. allergnädigster Freiheit.

Mannigfaltiges.

Paris v. 13. März. In einem Augenblick, wo das von der Londoner Polizei verhinderte Duell des Prinzen Louis Napoleon mit dem Grafen Leon viel Aufsehen erregt, scheint es mir nicht unzweckmäßig, einige Angaben über den Grafen Leon mitzutheilen. Der Graf Leon ist der natürliche Sohn Napoleons und einer jungen Französin, Mlle. Laplagne, die später den Namen Frau v. Luxbourg führte, und im Großherzogthum Baden so wie in Paris ein Besitzthum hat. Die Mutter war seit längerer Zeit durch die Aufführung ihres Sohnes der Art gepeinigt, daß die Beziehungen zwischen beiden nur eine stete Folge von Entzweiungen hervorriefen. Das bedeutende Vermögen des Grafen Leon hatte dieser kurz nach erreichter Großjährigkeit verthan. Nach der Julíusrevolution suchte er in St. Denis als Nationalgardekommandant Aufsehen zu machen, und zeigte damals, so lächerlich das auch erscheinen mag, Prätensionen, eine große politische Rolle gegenüber der bestehenden Regierung zu spielen. In dieser Nationalgardensache verbrauchte Graf Leon einen bedeutenden Theil seines Vermögens, und blieb seitdem wenigen politischen Umtrieben fremd. Seine Lebensart war ganz die eines verwahrlosten Wüstlings. Er spielte, zechte und schonte weder seinen eigenen Ruf, noch den seiner Familie. Von Charakter jähzornig, Spadassin (Raufbold), ohne Bildung und ohne Berufsgeschäft, bildete er sich revolutionäre Chimären, und glaubte, irgend eine Partei in Paris denke an ihn. Verachtet und von höchst zweideutigen Gelderwerben lebend, hatte er wenig Freunde. Nachdem er alle Hilfsmittel erschöpft hatte, soll er so tief gesunken sein, daß er von dem Gelde leichtsinniger Frauen lebte. (Schluß folgt.)

Leons Duell mit seinem Cousin in der Rubrik „Mannigfaltigkeiten“. Neueste Weltbegebenheiten 25.3.1840.

Gleichwohl war sein Ruf nun endgültig ruiniert. Dies zeigte sich nicht zuletzt in der Berichterstattung in den deutschen Zeitungen. Auch hier wurde das Duell beschrieben und dabei zuweilen auf Leons Verbindungen nach Deutschland hingewiesen.[162] Mehrfach suchten die Autoren seinen Werdegang und Charakter zu deuten: *Er spielte, zechte und schonte weder seinen eigenen Ruf, noch den seiner Familie. Von Charakter jähzornig, Spadassin* [= Raufbold, H.S.], *ohne Bildung und ohne Berufsgeschäft* [...], *verachtet und von höchst zweideutigen Gelderwerben lebend.*[163] Spätestens seit der Haft in Clichy und dem Fast-Duell mit seinem Cousin galt er nicht mehr als harmloses Kuriosum, sondern als *verwahrloste*[r] Wüstling – freilich mit dem Gesicht einer großen französischen Vergangenheit: *Der Graf Leon ist hier als ein Matador unter den mauvais sujets bekannt, nichtsdestoweniger aber seine physische Ähnlichkeit mit seinem Vater groß, und wenn er, wie Napoleon zu thun pflegte, die Arme unterschlägt und vor sich hinsieht – Gebehrden, die er ihm nachäfft, so ist die Ähnlichkeit fast gespensterhaft.*[164] Dennoch mutmaßte zumindest der Autor dieses Artikels der „Allgemeinen Zeitung", dass es höchst unwahrscheinlich sei, dass sich die Pariser Regierung eines solchen Mannes als Spion bedient habe. Mit über 10.000 Exemplaren gehörte das in Augsburg bei Cotta erscheinende Blatt zu den auflagenstärksten in Deutschland, für das unter anderem auch Heinrich Heine aus Paris berichtete.

Auch wenn Leon durch das Duell endgültig jegliche politische Bedeutung einbüßte: Fast hätte er damit entscheidend den Lauf der Weltgeschichte beeinflusst. Ein siegreicher Pistolenschuss hätte ihm nicht nur persönliche Befriedigung für den Augenblick gebracht und seine angeblich verletzte Ehre wiederhergestellt – es hätte auch kein zweites französisches Kaiserreich mit Napoleon III. gegeben. Die Szene in Wimbledon war das letzte persönliche Aufeinandertreffen der beiden Cousins. Bei den Bonapartes galt Leon fortan als *persona non grata*, er war endgültig aus der Familie seines Vaters verstoßen.

Für seinen Cousin Louis-Napoleon brachte die Duellforderung einen Blick in den persönlichen Abgrund, den er Zeit seines Lebens Leon nicht vergab. Dennoch sollte ihn der Vorfall nicht von einem weiteren Putschversuch im Sommer 1840 abhalten. Vermutlich hatte er ihn bereits zur Zeit des Duells bereits geplant. Dieser startete von Boulogne-sur-Mer aus, nördlich von Calais. Der neuerliche Staatsstreich war zwar besser vorbereitet als jener von 1836 in Straßburg, er verlief jedoch nicht minder desaströs. Schlimmer noch, Louis-Napoleon wurde gefangen genommen und zu lebenslanger Haft verurteilt. Die folgenden sechs Jahre verbrachte er in der nordfranzösischen Festung Ham (Somme), wo er weiter an seinem politischen Programm arbeitete. 1846 gelang ihm in abenteuerlicher Weise als Handwerker verkleidet, die Flucht. Abermals zog er sich nach London zurück. Diese Nachricht wurde im Übrigen auch in Mannheim positiv aufgenommen, wo Tante Stephanie voller Freude die Feder ergriff und ihrem Neffen zur wiedergewonnenen Freiheit gratulierte.[165]

Putschversuch Louis-Napoleon 1836 in Straßburg. Druck von Eugène Leguay, um 1880.

12. STEPHANIE, DIE BÜRGERKÖNIGIN

Heute wird die Großherzogin-Witwe von Baden zu uns kommen, um mit unserer Kusine […] *zu singen. Paër wird am Flügel begleiten. Frau de Carman und die Herren de Tellier, de Rayneval und de Bourgeau übernehmen die Chöre.* Mit derartiger Vorfreude notierte der österreichische Diplomat Graf Rudolf Apponyi am 4. April 1829 den Besuch Stephanies in seiner Pariser Wohnung. Und am nächsten Tag: *Das gestrige Matinée war entzückend. Die Damen und Herren haben wie Engel gesungen; es war ein hoher Genuß.*[166]

Bemerkenswert an diesem Konzert war dabei nicht nur die musikalische Qualität, sondern vor allem die Tatsache, dass mit Stephanie erstmals eine echte Napoleonidin wieder nach Frankreich reisen durfte. Als Großherzoginwitwe von Baden war sie Vertreterin eines auswärtigen Staates, weshalb sie der Bannstrahl gegen die Bonaparte-Beauharnais nicht wie andere Familienmitglieder traf. Gleichwohl war ihre Reise nach Paris ein Politikum und hatte längere diplomatische Verhandlungen erfordert. Doch im Frühjahr 1829 konnte sie nun endlich ihre alte Heimat wiedersehen. Sie fand Aufnahme in den vornehmen Kreisen und erhielt sogar einen Empfang beim bourbonischen Königspaar. Gegenüber anderen Mitgliedern des Familienclans zeigte sich die französische Regierung derweilen weiterhin ablehnend.

Immerhin konnten diese in Mannheim zusammenkommen. Regelmäßig erhielt Stephanie hier Besuch von der andernorts verfemten Verwandtschaft. Und

Stephanie: Diese Lithographie ließ die Großherzoginwitwe während ihres Aufenthalts in Paris 1829 von Henri Grévendon fertigen.

so wurde die Quadratestadt zu einem beliebten Treffpunkt vor allem der Beauharnais. Adoptivbruder Eugène, der 1805/6 ebenfalls Teil der napoleonischen Heiratsprojekte gewesen war und nun als Herzog von Leuchtenberg in Bayern lebte, war gern gesehener Gesprächspartner wie auch dessen Schwester Hortense, die als Gräfin von St. Leu inzwischen in Arenenberg am Schweizer Ufer des Bodensees lebte. Anerkannte gekrönte Häupter blieben indes aus, auch die badische Verwandtschaft war nur selten in Mannheim anzutreffen. Stattdessen entwickelte sich Stephanies Hof zu einem Anziehungspunkt des lokalen Adels, der in und um Mannheim wohnte.

Der deutsch-baltische Schriftsteller Alexander von Ungern-Sternberg (1806 – 1868), ein entfernter Verwandter des Vorgängers von Luxburg als Theaterintendant, weilte im Winter 1829/30 in Mannheim und hielt darüber in seinen Memoiren fest: *Nebenbei nahm uns die Gesellschaft in Anspruch, denn die verwittwete Großherzogin von Baden, Stephanie,* [...] *hielt in Mannheim einen höchst anmuthigen kleinen Hof. Der pfälzische Adel, sonst nicht eben im Ruf der Gastlichkeit, unterstützte die liebenswürdige Fürstin so weit es in seinen Kräften stand.*[167] Stephanie habe es gut getroffen, in Mannheim einen Witwensitz bekommen zu haben. *Die junge Wittwe lebte den Studien, sie malte, sie las, sie componirte, sie sah die Gesellschaft um sich, die ihr genehm war, und mit der sie sympathisirte. Dies war in der That eine glückliche Existenz.*[168] Ausführlich beschrieb der Schriftsteller die abendlichen Privatgesellschaften, die von *einem unbeschreiblichen Zauber* [seien]. [...] *Die Fürstin saß mit ihren Töchtern und ihrem Hoffräulein* [...] *am runden Tische, und die hinzugezogenen Gäste saßen ohne Rangunterscheidung grade an dem Platz, den sie sich gewählt. Es wurde gelesen, gezeichnet, geplaudert.*[169] Stephanie gab sich dabei mit jedem ab und später am Abend wurde meist musiziert – ähnlich wie im Pariser Salon 1829.

Ex-Königin Hortense. Kohlezeichnung von Felix Cottreau, um 1832.

Kritischer Gast am Hofe Stephanies: Der Schriftsteller Alexander von Ungern-Sternberg. Zeichnung von Adolf von Menzel, o.J.

Ungern-Sternberg traf dabei auch Hortense, die – wie so häufig – zu Besuch in Mannheim weilte. Nicht mit dabei war dieses Mal Louis-Napoleon, der, wie berichtet, wenige Jahre zuvor beim Spaziergang mit seiner Mutter und Stephanie ins Wasser des Neckars gesprungen war. Der Sohn von Hortense war jedoch öfters zu Gast bei seiner Tante in Mannheim, die er sehr schätzte und mit der er auch schriftlichen Kontakt pflegte.

Und so besuchte er sie auch 1836 an ihrem zweiten Wohnsitz Baden-Baden, wo sie zumeist die Sommer verbrachte. Gewissermaßen unter der Obhut der Großherzoginwitwe, aber ohne deren Wissen, bereitete er hier seinen Putsch vor, der im Herbst 1836 so jämmerlich in Straßburg scheitern sollte. Der badischen Regierung war es mehr als peinlich, dass vom Großherzogtum aus ein Umsturz im Nachbarland geplant worden war, wodurch auch Stephanie ins Zwielicht geriet. Ihr war die Affäre sehr unangenehm, so dass sie in den folgenden Jahren Baden-Baden mied. Gleichwohl suchte sie den erfolglosen Putschisten zu trösten und forderte ihn zur Geduld auf. Einer Renaissance des Bonapartismus in Frankreich stand sie jedenfalls sehr positiv gegenüber: Louis Napoleon *brauche bei seinem Namen nicht den Ereignissen voranzueilen*, sie kämen auf ihn zu, und dann würde man ihn finden[170].

Diese Haltung hielt die Großherzoginwitwe gegenüber der Öffentlichkeit geheim. Stattdessen zeigte sie sich

Durchaus talentiert und ambitioniert: Stephanie als Künstlerin, hier eine Tuschezeichnung um 1830/1840.

bestrebt, die ihr zugedachte Rolle zu erfüllen und das badische Herrscherhaus in Mannheim zu repräsentieren. Das gelang ihr auf durchaus bemerkenswerte Weise. Trotz ihrer statusbedingten Distanz und auch ihres schlechten Deutschs wuchs sie in die Rolle einer geschätzten Landesmutter hinein. Sicherlich trug hierzu ihre tragische Biographie als junge Witwe in einem fremden Land bei, doch Mitleid allein hätte nicht ausgereicht, ihr dieses Ansehen zu verschaffen. Sie zeigte sich bei aller vornehmen Zurückhaltung freundlich gegenüber den Einheimischen, pflegte Kontakt mit den Stadtvorderen und auch mit Menschen aus dem „einfachen" Volk. Nicht umsonst beschrieben Historiker sie als heimliche Landesmutter oder gar wie zuletzt Lothar Gall als *eine Art Bürgermonarchin.*[171]

Entscheidend zu ihrer Popularität dürfte ihr reges Interesse am kulturellen Leben in der Stadt beigetragen haben. *Im Patronat, das sie über Theater und Musik ausübte, war sie eine würdige Nachfolgerin Karl Theodors. Sie vereinigte allmählich alle musikalischen Kräfte Mannheims zu einem Musikverein im Schlosse, dessen Leistungen von Zeit zu Zeit erlesenen Zuhörern zum Genusse dienten* – so die Erinnerung von Sophie von Graimberg, die ihre Jugendjahre an Stephanies Hof verbracht hatte.[172] Regelmäßig besuchte sie zudem im Nationaltheater die Vorstellungen, sprach und diskutierte rege mit Schauspielern und Sängerinnen, deren Karriere sie zuweilen förderte. Intensiven Kontakt pflegte sie etwa zur jungen Sophie Müller, von der sie begeistert war und die sie häufig zu sich ins Schloss kommen ließ. Detailliert besprach sie mit ihr das Rollenspiel wie auch die Stücke selbst und war ihr trotz des Alters- und Rangunterschieds fast eine Freundin. Das große literarische und musikalische Interesse Stephanies fiel auch Ungern-Sternberg auf, der vor allem von ihrem Wissen beeindruckt war. Und selbst die spottlustige Schauspielerin Karoline Bauer, die, wie geschildert, an Eleonore kein gutes Haar gelassen hatte, schrieb in ihren Erinnerungen: *Wie hold, edel und gut erschien neben der schönen Luxburg im Mannheimer Theater die echte Napoleonidin: die Großherzogin-Wittwe Stephanie von Baden, die Nichte der Kaiserin Josephine und die Adoptivtochter Napoleons. Sie war keine Schönheit, aber bezaubernd anmuthig und liebenswürdig. In huldvoller Güte empfing sie mich bei meinen beiden Mannheimer Gastspielen in ihrem Palais, das nicht nur der Geburtsaristokratie – das auch dem Adel des Geistes in Kunst und Wissenschaft offen stand.*[173] Mittelbar übte Stephanie damit beträchtlichen Einfluss auf das Mannheimer Kulturleben aus, wie nicht zuletzt die geschilderte Berufung Luxburgs zum Intendanten des Nationaltheaters gezeigt hat.

Ihre Anwesenheit bescherte Mannheim, das in den Jahrzehnten nach 1800 einen schmerzhaften, tiefgreifenden Strukturwandel voller Verlusterfahrungen durchmachte, ein wenig höfischen Glanz; gleichzeitig zeichnete sie sich durch die bereits erwähnte Bürgernähe aus. Die traditionelle Offenheit der Einheimischen gegenüber Frankreich und die Bewunderung des Nachbarlandes kamen ihr hierbei sicherlich entgegen. *Auf den ersten Blick sah man in ihr die Französin; sie zwang sich deutsch zu sprechen, sie sprach es jedoch mit einem ans Komische grenzenden fremden Accent, mit mehr Leichtigkeit und Richtigkeit schrieb sie die Sprache ihrer zweiten Heimath.*[174] Dieses Zitat von Ungern-Sternberg hätte im Übrigen auch auf Eleonore gemünzt sein können, die ebenfalls besser Deutsch schrieb als sprach.

Salon im Mannheimer Schloss. Aquarell, 1860. Ehemals Sammlung Praz, Rom.

Bleibende Verdienste hatte sich Stephanie bereits während ihres ersten Aufenthalts nach 1806 gesichert: Sie insistierte persönlich beim Großherzog darauf, dass die nach der Schleifung der Festungswälle brachliegende Fläche hinter dem Schloss in einen Garten umgewandelt wurde. Der daraus entstandene Park, der zu weiten Teilen öffentlich zugänglich war, entwickelte sich in den folgenden Jahren zu einem beliebten Ort der Erholung, des Promenierens und der Konversation für alle Mannheimerinnen und Mannheimer. Nicht zuletzt deswegen erfreute sich Stephanie großer Popularität. Nach ihrer Thronbesteigung galt sie den Stadtoberen gar als Hoffnungsträgerin, von deren Fürsprache in Karlsruhe sie sich *goldene Berge* versprachen.[175] Entsprechend schenkten sie der neuen Großherzogin 1811 ein Gartengelände samt Haus in den Schwetzinger Gärten (heute Schwetzingervorstadt), das etwas übertrieben den Namen „*Stephanienschlösschen*" erhielt. Inwieweit dieser nicht nur selbstlose Akt sich auszahlte, bleibt unklar; gleichwohl war auch nach 1819 das Verhältnis zwischen den Einheimischen und der Französin gut und ungetrübt, wovon nicht zuletzt die Stadt profitierte. So ging die in den 1830er Jahren umgesetzte Erweiterung des Grünzugs vom Schlossgarten hin zum Neckarauer Wald auf einen langgehegten Wunsch Stephanies zurück. Sie vertrat ihn nicht nur in Karlsruhe, sondern beförderte ihn dadurch, indem sie auf eigene Kosten die dazu benötigten Grundstücke erwarb und der Stadt schenkte. Diese bedankte sich ihrerseits mit einem Beschluss des Gemeinderats , die so gewonnene Anlage „*Stephanienpromenade*" zu nennen.[176]

Auch eine andere Maßnahme verdankte die Stadt Napoleons Adoptivtochter: die Verlegung eines vom Ehepaar von Graimberg geführten Mädchenpensionats von Karlsruhe nach Mannheim. Hierbei handelte es sich um eine Privatschule, an der auch die Töchter Stephanies unterrichtet wurden. Letztere hatte eigens das ehemalige Karmeliterkloster in L 3 als Domizil für das Institut gekauft, das sich in der Folge zu einer herausragenden pädagogischen Institution entwickeln sollte. Bald genoss es einen guten Ruf in ganz Deutschland wie auch in den Nachbarstaaten. Zeitweise wurden hier bis zu 100 Schülerinnen unterrichtet, darunter auch die Töchter vieler Mannheimer Familien, die so Zugang zu höherer Bildung erhielten. Das „*Großherzogliche Institut*", wie die Anstalt bald genannt wurde, war ein Lieblingskind Stephanies, die hier zeitweise persönlich als Lehrerin auftrat und Geschichte sowie französische Literatur unterrichtete.[177] Nicht zuletzt dadurch verstärkte sich die enge Beziehung der Großherzoginwitwe zur Mannheimer Bevölkerung. Das Institut bestand bis zum Beginn des 20. Jahrhunderts, ehe es durch die Errichtung höherer Mädchenschulen durch Staat und Kommune obsolet wurde.

Die prominente Schlossbewohnerin machte somit fast nur positiv von sich reden. Sie heischte nicht um Aufmerksamkeit, vielmehr war es gerade ihre freundliche und dezente Art, mit der sie die Herzen gewann. Das mit ihrer Person verbundene Aufregerthema um den Findling Kaspar Hauser bewegte natürlich auch in Mannheim die Gemüter. Indes wurde die heimliche Landesmutter in der Quadratestadt damit nicht weiter behelligt. Stephanie selbst zeigte durchaus Interesse am Schicksal des ihr zugeschriebenen Sohnes. Sie las viele der veröffentlichten Schriften und empfing 1832 Lord Philip

Das im Zweiten Weltkrieg zerstörte „Stephanienschlösschen" wurde ab 1914 als Volksküche genutzt. Foto, um 1914

Das Großherzogliche Institut im ehemaligen Karmeliterkloster in L 3. Im Vordergrund, auf der Straße, die Schülerinnen samt Lehrerin. Kolorierter Stich, um 1840.

Stanhope, der zeitweise der Vormund Hausers war, im Mannheimer Schloss. Öffentlich äußerte sie sich jedoch nicht zum Fall. Die Affäre entwickelte bald ein publizistisches Eigenleben und wurde zeitweise politisch instrumentalisiert, so dass sie bis heute eine gerne erzählte Verschwörungstheorie ist.

Doch abgesehen von dieser Affäre herrschte im und um das Schloss vornehme Ruhe. Das musste auf einen umtriebigen jungen Mann wie Ungern-Sternberg wie *Schleier unendlicher Resignation, stillen und tiefen Schmerzens* wirken.[178] Doch diese Einschätzung geht sicherlich fehl. Die späten 1820er und frühen 1830er Jahre waren für Stephanie eine Zeit des inneren Aufbruchs, in der sie, mit ihrer Rolle nunmehr vertraut, neue Interessen entwickelte und voller Wissbegier in die Welt blickte. *Der einzige metaphysische Kopf, den ich je unter Weibern kennen lernte, ist die Großherzogin Stephan von Baden. Unter allen Umständen zum Denken aufgelegt, und fähig. Unwillkürlich in jedem Gespräch darauf hinarbeitend. Und auch, wie die andern Hohen, nur störungsweise nicht immer in den höchsten, heitersten Geistesregionen; in jedem Augenblick aber dahin zu versetzen.* So das Urteil der klugen Rahel Varnhagen.[179] Diese Neugierde Stephanies kommt in ihrer langen Italienreise 1832/33 mit ausführlichen Besichtigungen der antiken Ruinen ebenso zum Ausdruck wie in ihrem intensiven Gedankenaustausch mit dem Heidelberger Geschichtsprofessor Friedrich Christoph Schlosser. Es waren die Jahre der *brillante*[n] *Geselligkeit* mit der Großherzogin *als Zentrum*, das sogar einen *kosmopolitischen Anstrich* hatte, wie 1834 Karl Anton von Hohenzollern-Sigmaringen zu berichten wusste.[180] Sophie von Graimberg erinnerte sich an die vielen adligen *Zugvögel* aus dem Baltikum, Polen, aber auch England, die den Winter in der Quadratestadt verbrachten.[181] Und selbst Ungern-Sternberg kam mit Blick auf die vielen Gäste Stephanies nicht umhin, festzustellen: *Alle umgingen sie das langweilige Karlsruhe und kamen nach Mannheim.*[182]

13. EINE FAMILIE STREITET

1840 lag Leon buchstäblich am Boden. Nach seiner Entlassung aus dem Gefängnis im Herbst 1839 wohnte er in verschiedenen Unterkünften, aus denen er wiederholt wegen Geldmangels verwiesen wurde, ehe er schließlich Obhut bei Coëssin fand. Aus dieser Zeit rührt ein Polizeibericht vom 22. Januar 1840 über ihn: *Der Graf Leon wohnt im Hotel de Bruxelles, Rue du Mail. Er hat als Mätresse eine Frau von schlechtem Ruf, die mit einem verheirateten Mann namens Lesieur zusammenwohnt,* [...] *der seine Ehefrau für diese Konkubine verlassen hat, die ihn nun auf diese unanständige Art behandelt.* Die Frau widme sich dem Magnetismus, sie besitze nicht mehr als 50 Francs. Alles habe sie verkauft, um Leon im Gefängnis zu unterstützen und dafür einen Kredit aufgenommen. Die Polizei wusste auch, dass Leon die Bonapartes in London aufzusuchen gedachte und die Frau mitzunehmen beabsichtigte – was er dann doch nicht tat. Und: *Alle Bewohner des Hauses sind peinlich berührt über das skandalöse Leben von Leon und der Frau.*[183]

Mit dem verhinderten Duell in London wurden auch die näheren Lebensumstände Leons Thema in den Zeitungen und selbst in Deutschland konnte man lesen, dass der Graf *so tief gesunken sey, daß er von dem Gelde leichtsinniger Frauen lebte.*[184] Auch nach Mannheim dürfte sich diese Kunde herumgesprochen haben, wo Leon sicherlich immer wieder Stadtgespräch war. Zwar hatte der Graf keine Liegenschaften und Häuser mehr, doch wohnten Mutter und Stiefvater ja immer noch in der Region. Deren Verhältnis zum skandalumrankten Sohn war mittlerweile mehr als gestört, was aufmerksame Leserinnen und Leser wiederum dem Blätterwald entnehmen konnten – wiederum unter Nennung des Echtnamens Eleonores: *Der Graf Leon ist der natürliche Sohn Napoleons und einer jungen Französin, Mlle. Laplagne, die später den Namen Frau von Luxbourg führte und im Großherzogtum Baden sowie in Paris ein Besitzthum hat. Die Mutter war seit längerer Zeit durch die Aufführung ihres Sohnes der Art gepeinigt, daß die Beziehungen zwischen beiden nur eine stete Folge von Entzweiungen hervorriefen.*[185]

Dabei hatten sich Eleonore und Leon lange Zeit sehr gut verstanden. Auch nach seinem Wegzug nach Paris 1826 bestand häufiger und enger Kontakt zwischen den beiden. Leon kam immer wieder nach Mannheim zurück und reiste dann mit seiner Mutter durch Deutschland. Diese wiederum hatte in ihrem Inneren nie aufgehört, eine echte Pariserin zu sein, so dass sie jährlich mehrere Monate in der französischen Hauptstadt verbrachte. Zeitungen wussten zu berichten, dass sie hier eine eigene Wohnung hatte. Und so nahm sie am gesellschaftlichen Leben der Stadt teil, besuchte Opern- und Theateraufführungen ebenso wie Soireen. Ihrer Erziehung im Institut Campan verdankte sie ein großes Netzwerk, das in die besten Kreise reichte und an das sie sicherlich anknüpfte.

Neue Verbindungen eröffnete auch die Versetzung ihres Schwagers Friedrich Christian von Luxburg nach Paris, der hier ab 1840 als bayerischer Gesandter fungierte und als solcher einen repräsentativen Haushalt führte, der wiederholt durch große Feste von sich reden machte.

Nähere Details über Eleonores Aufenthalte in Paris sind nicht bekannt. Fassbar sind lediglich die Klagen Luxburgs über den seiner Ansicht nach sehr teuren Lebenswandel seiner Frau, der sie jedoch anders als ihren Sohn nicht in die Schlagzeilen führte. Erstmals richtig zum Tragen kam die enge Verbundenheit zwischen Mutter und Sohn im Jahr 1828. Der bereits erwähnte Mittelsmann Napoleons, Jean-Claude Henry, war 1827 gestorben. Er hatte Eleonore 1808 im Auftrag des Kaisers eine jährliche Rente von 22.000 Francs als Schenkung vermacht, nun wollten seine Erben einen Teil dieses Geldes für sich. Die Sachlage war nicht unkompliziert, ein Prozess die Folge. Leon unterstützte dabei seine Mutter, indem er ihr 25.000 Francs zur Verfügung stellte, um den Erben Henrys ihre Ansprüche abzukaufen, so dass die Rente erhalten blieb.[186] Diese gut gemeinte Hilfeleistung sollte später Ausgangspunkt eines Streits werden und eine Ursache für das Zerwürfnis der beiden.

Doch einstweilen blieb das Verhältnis intakt, auch wenn davon auszugehen ist, dass Eleonore alles andere als angetan war von den Eskapaden ihres Filius. Ende der 1820er Jahre und in den frühen 1830er Jahren war Leon häufig in Mannheim und wohl auch in Neckarhausen, so dass Mutter und Sohn regelmäßig zusammentrafen. Und auch in Paris verbrachten sie gemeinsame Zeit. Nach seinem Ausscheiden aus dem Nationaltheater leistete ihnen zeitweise auch Luxburg Gesellschaft. Verbürgt ist etwa die Anfrage Leons 1836 bei der Pariser Regierung nach Tribünenkarten für die

Vogelschau von Paris, um 1851. Im Vordergrund die 1840 eingeweihte Julisäule auf dem Place de la Bastille. Lithografie von Karl Fichot.

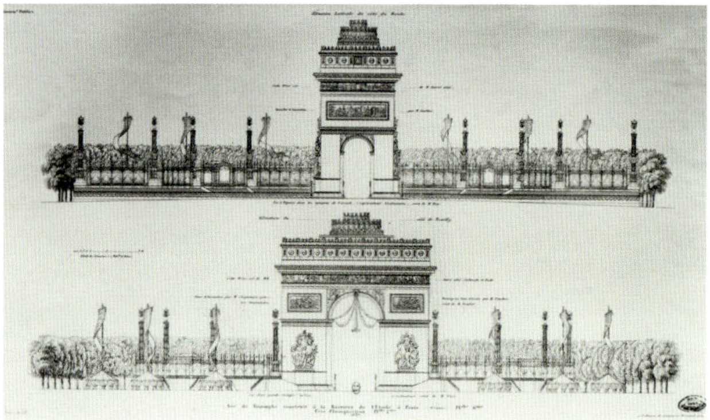

Feier zur Einweihung des Arc der Triomphe. Entwurf der Festdekoration. Kupferstich von Jean Joseph Olivier, 1837.

Feierlichkeiten zur Eröffnung des Arc de Triomphe für sich, seine Mutter und deren Freunde. Letztlich bleibt unklar, ob dieser Wunsch erfüllt wurde; indes weist er auf die familiäre Verbundenheit hin.

Gleichwohl spannte sich das Verhältnis zwischen den Luxburgs und Leon mit dessen sich verschlechternden finanziellen Lage mehr und mehr an. Sicherlich war es nur schwer erträglich für sie, zu sehen, wie das Erbe Napoleons verschleudert wurde und der Graf dann auch noch im Gefängnis in Clichy landete. Und schließlich reichte dessen Schuldenmisere bald auch bis nach Mannheim. 1837 fand hier das erste Pfändungsverfahren gegen Leon statt, das vorerst noch einmal ausgesetzt wurde.[187] Zwei Jahre später gab es keinen Ausweg mehr. Sowohl die Güter in der Quadratestadt als auch in Neckarhausen wurden öffentlich versteigert, was Eleonore und Karl August, die mehr als zehn Jahre zuvor deren Erwerb eingefädelt hatten, als persönliche Schmach und Ansehensverlust empfinden mussten. Dabei waren auch sie, folgt man der Literatur wie auch späteren Vorwürfen des Sohns, nicht ganz unschuldig an dieser Entwicklung. So hatte sich Eleonore in der Vergangenheit wiederholt über teure Geschenke ihres Sohnes gefreut – von Schmuck ist in den Quellen mehrfach die Rede –, die mehr als 10.000 Francs kosteten. Und möglicherweise waren die angeblich nicht bezahlten Juwelen, um die es in einem Rechtsstreit zwischen Leon und dem Pariser Juwelier Fadé im Jahr 1837 ging, ursprünglich für Eleonore bestimmt gewesen.[188]

Insbesondere Karl August von Luxburg misstraute dem Geschäftsgebaren des Sohns seiner Ehefrau. Über Jahre hinweg verweigerte er die Zustimmung zu einer finanziellen Entschädigung, die Leon für seine Hilfe im Prozess gegen Henry bekommen sollte. Der ehemalige Nationaltheaterintendant war zunehmend schlechter auf den Jungen zu sprechen, der in seinen Augen nicht mehr als ein Nichtsnutz bzw., wie er es 1848 formulierte, *ein Lumb* war, der ihn und seine Familie ins Unglück stürze.[189] In jenen Jahren scheint es nicht zuletzt deswegen zu einer zunehmenden Entfremdung zwischen Karl August und Eleonore gekommen zu sein. Dies geht aus einer Fassung seines Testaments von 1845 hervor, in der er beklagt, dass Eleonore in den Jahren 1831 bis 1845 *für Prozesskosten, für Betrügereien von Notar und für die Reißen* zusätzlich über 30.000 Gulden ausgegeben habe, die eigentlich für den gemeinsamen Haushalt bestimmt gewesen seien. Er habe darüber Bücher beim Bankier Hohenemser hinterlegt – nicht gerade ein Ausdruck ehelichen Vertrauens.[190]

Doch nicht nur Eleonore kam Luxburg teuer zu stehen, auch für deren Mutter Françoise bzw. Franziska de la Plaigne sah er sich genötigt, Geld auszugeben. Diese wohnte seit 1843 zusammen mit der Tochter Zulma in Mannheim. Es bleibt letztlich unklar, was genau die alte Dame dazu bewogen hatte, mit 75 Jahren ihre Heimat zu verlassen und in die Quadratestadt überzusiedeln. Deutsch dürfte sie jedenfalls kaum gesprochen haben. Ihr Zuzug ging vermutlich auf eine Initiative Eleonores zurück. Zusammen mit Schwester und Mutter meldete sie sich, offensichtlich nach einem längeren Parisaufenthalt, am 1. Oktober 1843 in Mannheim an mit der Angabe, dass der Aufenthalt dauerhaft sein solle. Bereits im Vorfeld war mit der vormaligen Wohnung des

Ort der Registrierung: Im Mannheimer Kaufhaus war unter anderem das Stadtamt mit der Polizeidirektion untergebracht. Stich von Tombleson, 1832.

Hofschauspielers Johann Heinrich Bundschuh eine Bleibe in A 3, 5 und damit in unmittelbarer Nähe des Luxburgschen Stadthauses gefunden worden. Auch Leon spielte bei der Übersiedlung seiner Großmutter eine Rolle. So wurde vom Stadtamt vermerkt, dass *Frau von Laplaigne* keinen eigenen Pass besitze, sie aber in dem ihres Enkels eingetragen sei. Dieser sei zwar wieder nach Paris zurückgereist, würde aber in ein paar Wochen wiederkommen, um den Nachweis zu führen – bis dahin übernehme der Theaterrestaurator Ludwig Rembler die Garantie für die Unterkunft der La Plaignes. Vermutlich waren es Luxburgs immer noch gute Beziehungen zum Umfeld und Personal des Theaters, die hier zum Tragen kamen. Man kann davon ausgehen, dass er selbst von dieser neuen Situation wenig begeistert war. Hierauf deutet ein späterer Brief an seinen Bruder hin. Darin beklagte er sich, dass er nun noch zusätzlich Geld für die Schwiegermutter ausgeben müsse.

Auch wenn die Familie nun wieder in Mannheim vereint schien, war dies doch nur von kurzer Dauer. Die Harmonie, so es sie denn tatsächlich gegeben hatte, verflüchtigte sich rasch. Folgt man einem Brief Franziskas von 1845, so war ihr und Zulmas Verhältnis zu Eleonore zeitweise sehr getrübt.[191] Doch es sollte noch schlimmer kommen.

In den Jahren 1845 und 1846 standen sich Leon und Eleonore in einem aufsehenerregenden Gerichtsprozess gegenüber.[192] Europaweit berichteten die Zeitungen über das Geschehen aus den Pariser Gerichtshöfen, man könnte fast sagen, es war ein Medienereignis. Es ging – natürlich! – ums Geld, aber auch wie weiland 1816 um *Sex and Crime*, um große Gefühle, prominente Namen und nicht zuletzt um das angebliche Vermächtnis des Kaisers Napoleon. Fast schon philosophisch konstatierten die „Blätter für Unterhaltung und zeitgemäße Mittheilungen“: *Furchtbar und unversöhnlich scheint das Schicksal, welches den Cäsar des neunzehnten Jahrhunderts noch in allen seinen Nachkommen verfolgt, nachdem es ihn selbst in seinen letzten Jahren so schwer heimgesucht hat.*[193]

Was war geschehen? Leon, wieder einmal klamm, hatte im Oktober 1845 auf der Suche nach einer neuen Geldquelle Klage beim Tribunal Civil de la Seine gegen seine Mutter eingereicht und forderte von ihr Unterhaltszahlungen in Höhe von 6.000 Francs jährlich. Sein Anwalt argumentierte zum einen mit der Vaterschaft Napoleons und dessen

Das Tribunal Civil de la Seine befand sich im großen Komplex Palais de la Cité. Gemälde von Fédor Hoffbauer, um 1840.

Fürsorgewillen für seinen unehelichen Sohn. Leon, der anders als seine Mutter persönlich im Gerichtssaal anwesend war, ließ dazu eigens Briefe von Parteigängern des Kaisers vorlesen, um zu belegen, dass dieser am Wohlergehen seines illegitimen Sohnes großes Interesse gezeigt hatte. Und so kamen, wenn auch nur schriftlich, General Henri-Gatien Bertrand (1773–1844) und der Schriftsteller Graf Emmanuel de Las Cases (1746–1842), beide mittlerweile verstorben, sowie der ehemalige Kammerdiener Louis Joseph Marchand (1791–1876) zu Wort. Allesamt waren sie zeitweise Mitexilanten des Korsen auf St. Helena gewesen. Als prominente Zeitzeugen und vor allem Memoirenschreiber waren sie große Berühmtheiten geworden und wurden in bonapartistischen Kreisen als nationale Idole verehrt. Dadurch erhielt der eigentlich banale Prozess ums Geld eine Aura mit großem historischem Flair.

Diese zweifellos geschickte patriotische Aufladung des Rechtsstreits ließ Leon mit sehr persönlichen und emotional ansprechenden Schilderungen untermauern. Detail- und bildreich beschrieb er, dass er in die jetzige prekäre Lage unter anderem aufgrund der hohen Ausgaben gekommen sei, die er in der Vergangenheit für die Mutter, die Großmutter sowie die Tante gemacht hätte. Um alle habe er Sorge getragen. Dass seine Misere tatsächlich im Wesentlichen auf sein eigenes verschwenderisches und leichtsinniges Handeln zurückzuführen war, stand freilich auf einem anderen Blatt.

Eleonore hatte das Verfahren zunächst wohl nicht allzu ernst genommen und ließ zu, dass ein unerfahrener Rechtsberater ihres Anwalts vor Gericht auftrat. Dieser forderte zunächst eine Verschiebung des Verfahrens einschließlich eines Zahlungsaufschubes. Da dies nicht gewährt wurde, verfiel er auf eine ganz spezielle Taktik, die dem Verfahren eine völlig neue Wendung gab: Bevor man überhaupt über Ansprüche Leons an die Gräfin Luxburg verhandeln könne, müsse dieser beweisen, dass er tatsächlich deren Sohn sei. Der Advokat berief sich dabei auf Ungenauigkeiten in der Geburtsurkunde Leons wie die fehlerhafte Schreibweise des Namens der Mutter („*Denuel*" statt „*Denuelle*") sowie deren falsch wiedergegebenes Alter (zwanzig, nicht neunzehn Jahre).

Und so entwickelte sich der Streit ums Geld zusätzlich zu einem Mutterschaftsprozess, der allein schon wegen seiner Ungewöhnlichkeit, um nicht zu sagen Absurdität für Aufsehen sorgte. Auf Eleonore, die das Ganze nur aus der Ferne mitbekam, musste es wie ein Déjà-vu wirken. Ähnlich wie seinerzeit im Rechtsstreit gegen Revel wurden nun ihre drei Ehen und die Beziehung zu Napoleon vor Gericht ausgebreitet sowie zusätzlich die Zeit nach 1821. Abermals ging es um ihre erste Heirat, die Scheidung, es wurden die Tage zwischen deren Einreichung und der Geburt des Sohnes nachgezählt, die Schenkung Henrys aus dem Jahr 1808 thematisiert und ebenso die verschiedenen Vormundschaftsregelungen für Leon. Die Strategie, die Mutterschaft in Frage zu stellen, war mehr als unklug. Es war ein Leichtes für Leon, mit eindeutigen Dokumenten aufzuwarten. Hierzu gehörte etwa der Briefwechsel Eleonores mit Méneval aus dem Jahr 1823, als der Junge nach Mannheim geflohen war; der Baron hatte diese Korrespondenz seinem ehemaligen Mündel eigens zur Verfügung gestellt.[194] Noch eindrücklicher für das Tribunal dürften Briefe von Eleonores Mutter Françoise Denuelle de la Plaigne gewesen sein, in denen diese sich besorgt um ihren *petit-fils* (Enkel) zeigte. All diese privaten Dokumente wurden nicht nur vor Gericht verlesen, sondern auch von den berichtenden Zeitungen abgedruckt –

Verbreitetes Motiv: Napoleon diktiert Las Cases seine Memoiren. Holzstich, 1844.

sicherlich zur Befriedigung der Sensationsgier der Zeitgenossen, wohl aber auch zur Freude späterer Historikerinnen und Historiker über die so überlieferten Quellenzeugnisse. Dem Gericht fiel es angesichts dieser Beweislage nicht schwer, die Mutterschaft als gegeben anzuerkennen und der Klage auf 6.000 Francs jährlichen Unterhalt stattzugeben.

Auf Beobachter musste das Verfahren geradezu grotesk wirken. Jahrelang waren Leon und Eleonore gemeinsam in Paris unterwegs gewesen und zusammen gesehen worden, dank der Skandale des Jungen, aber auch der Beziehung der Mutter zu Napoleon kam ihnen dabei eine gewisse Prominenz zu. Die seltsame Strategie der Mutterschaftsverleugnung erwies sich als ein Bumerang, so dass sich die Stimmung gegen Eleonore richtete. Dies war umso mehr der Fall, als Leon mit Hilfe von Quittungen etwa für Schmuckkäufe seine frühere Großzügigkeit gegenüber der Familie beweisen konnte. *Allgemeiner Unwille sprach sich gegen die hartherzige Mutter aus, welche ihren Sohn nunmehr darben läßt, während sie selbst im Ueberflusse im Ausland lebt.*[195]

Doch noch gab die Gräfin Luxburg nicht klein bei. Sie ging in Revision. Die Verhandlungen fanden im Sommer 1846 vor einer anderen Kammer des Zivilgerichts statt. Zwar wurde nunmehr nicht länger die Mutterschaft bestritten, jedoch die Frage aufgeworfen, ob ein noch vor der Scheidung gezeugtes Kind überhaupt Ansprüche an die Mutter stellen konnte. Angesichts dieser juristischen Spitzfindigkeiten der mütterlichen Seite zogen nun Leon und dessen Anwalt härtere Saiten auf. Wie schon 1816 ließen sie die Frage erörtern, ob Augier überhaupt tot und Eleonores Ehe mit Luxburg rechtens sei. Im Hinblick darauf machten sie einen Anteil an der von Napoleon initiierten Rente von 22.000 Francs für sich geltend. Bei der Gräfin Luxburg muss diese Argumentation alte Wunden wieder aufgerissen haben.

Zum Abschluss kamen die Gerichtsstreitigkeiten erst in einem letzten Verfahren, das vor dem Cour Royal de Paris ausgetragen wurde. Dieser entschied am 22. Dezember 1846, dass Eleonore fortan 4.000 Francs jährlich an Leon zu zahlen hatte. Maßgeblich waren dabei weniger die Abstammung Leons als vielmehr seine Zahlungen etwa an die Erben Henrys im Rechtsstreit von 1827/28, die er im guten Vertrauen in seine Mutter geleistet hatte. Somit ging Leon als Sieger aus dem Prozess hervor, der freilich vor allem Verlierer kannte. Das Verhältnis zwischen Mutter und Sohn schien irreparabel zerstört, auch beim Rest der Familie Luxburg-de la Plaigne dürfte Leon fortan nur noch auf Ablehnung gestoßen sein. Weitere Zuwendungen von dieser Seite oder ein offenes Elternhaus waren damit für Leon passé.

Am größten dürfte der Frust freilich in Mannheim bzw. Seckenheim gewesen sein. Im Verfahren wurde Eleonore wie schon 1816, 1819 und 1822 öffentlich bloßgestellt. Ihr kurzes Verhältnis zu Napoleon holte sie auch als 59-jährige Frau wieder einmal ein. Aber auch die Hartherzigkeit, mit der sie von den Medien gezeichnet wurde, dürfte fortan ihr Bild in Paris, aber auch

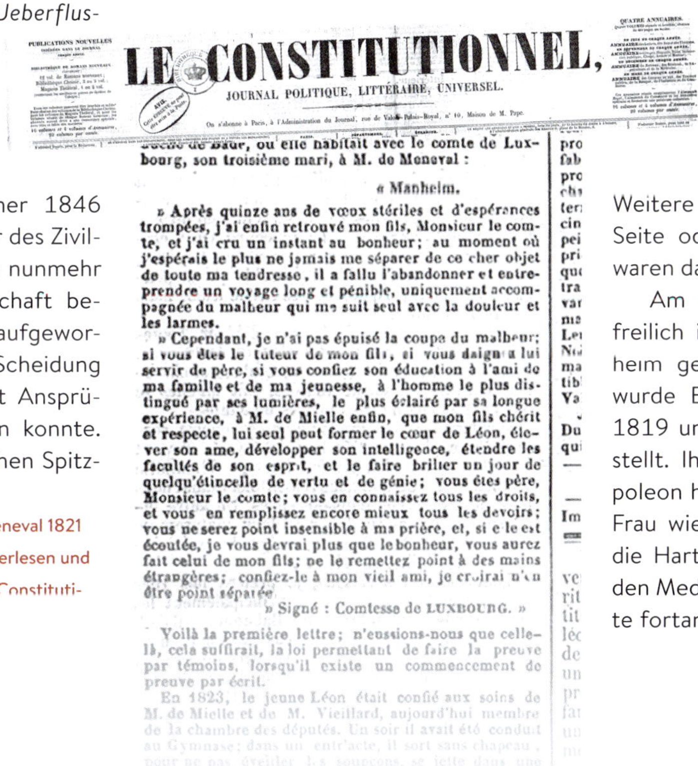

LE CONSTITUTIONNEL,

JOURNAL POLITIQUE, LITTÉRAIRE, UNIVERSEL.

On s'abonne à Paris, à l'Administration du Journal, rue de Valois-Palais-Royal, n° 10, Maison de M. Pape.

[...] où elle habitait avec le comte de Luxbourg, son troisième mari, à M. de Meneval :

« Manheim.

» Après quinze ans de vœux stériles et d'espérances trompées, j'ai enfin retrouvé mon fils, Monsieur le comte, et j'ai cru un instant au bonheur; au moment où j'espérais le plus ne jamais me séparer de ce cher objet de toute ma tendresse, il a fallu l'abandonner et entreprendre un voyage long et pénible, uniquement accompagnée du malheur qui me suit seul avec la douleur et les larmes.

» Cependant, je n'ai pas épuisé la coupe du malheur; si vous êtes le tuteur de mon fils, si vous daignez lui servir de père, si vous confiez son éducation à l'ami de ma famille et de ma jeunesse, à l'homme le plus distingué par ses lumières, le plus éclairé par sa longue expérience, à M. de Mielle enfin, que mon fils chérit et respecte, lui seul peut former le cœur de Léon, élever son ame, développer son intelligence, étendre les facultés de son esprit, et le faire briller un jour de quelqu'étincelle de vertu et de génie; vous êtes père, Monsieur le comte; vous en connaissez tous les droits, et vous en remplissez encore mieux tous les devoirs; vous ne serez point insensible à ma prière, et, si elle est écoutée, je vous devrai plus que le bonheur, vous aurez fait celui de mon fils; ne le remettez point à des mains étrangères; confiez-le à mon vieil ami, je croirai n'en être point séparée.

» Signé : Comtesse de LUXBOURG. »

Voilà la première lettre; n'eussions-nous que celle-là, cela suffirait, la loi permettant de faire la preuve par témoins, lorsqu'il existe un commencement de preuve par écrit.

En 1823, le jeune Léon était confié aux soins de M. de Mielle et de M. Vieillard, aujourd'hui membre de la chambre des députés. Un soir il avait été conduit au Gymnase; dans un entr'acte, il sort sans chapeau, pour ne pas éveiller des soupçons, se jette dans une

Auch der Brief von Eleonore an Meneval 1821 wird als Beweismittel vor Gericht verlesen und und in der Zeitung abgedruckt. Le Constitutionnel vom 6. März 1846.

in Mannheim geprägt haben. Vermutlich hatte sie darunter sehr zu leiden – wer hätte das nicht?

Dass auch ihre Beziehung zu den Luxburgs unter dem Ärger mit Leon litt, ist nachvollziehbar. Wieder einmal wurde der Name in den Zeitungen breitgetreten, nur die wenigsten Blätter nahmen Anonymisierungen vor. Dies war für die gräfliche Aufsteigerfamilie nur schwer zu ertragen. Zu leiden hatte auch Friedrich Christian von Luxburg, der als bayerischer Botschafter in Paris das Geschehen direkt vor Ort mitbekam und sicherlich des Öfteren dem Bruder sein Leid klagte. Vorwürfe, dass dieser sich seinerzeit mit Eleonore, der ja bereits 1812 ein gewisser Ruf anhaftete, eingelassen hatte, sind indes nicht bekannt. Die in der Literatur zuweilen geäußerte Vermutung, seine Versetzung nach Wien 1846 sei einem Ansehensverlust infolge des Prozesses geschuldet, geht wohl zu weit. Luxburg hatte schon länger auf diese Abordnung hingearbeitet, so dass hier aller Wahrscheinlichkeit nach kein Zusammenhang besteht.

Eine Belastung war der Gerichtsstreit nicht zuletzt für Eleonore und Karl August persönlich. Die Gräfin hatte in der Vergangenheit immer wieder zwischen ihrem Gatten und dem Filius gestanden und dabei sicherlich oft auch das mütterliche Herz sprechen lassen. Nun sah sich Luxburg nicht nur öffentlich gedemütigt, seinen Namen einmal mehr in einer zweifelhaften, um nicht zu sagen unanständigen Geschichte gedruckt. Er hatte auch den finanziellen Schaden. Bereits seinem Testament von 1845 kann die schon früher eingetretene Entfremdung der beiden Ehepartner entnommen werden. Darin warf er ihr vor, nicht nur verschwenderisch, sondern auch *sehr undankbar* zu sein. Indes hielt Karl August fest: *Ich verzeihe ihr alles.*

Nicht nur wegen des Prozesses und seiner Folgen waren die Jahre nach 1846 schwer für die beiden. Eleonore litt zunehmend an Gicht, so dass sie 1847 kaum die Hand regen und für ein halbes Jahr ihr Zimmer fast nicht verlassen konnte. Noch schlechter war es jedoch um Karl Augusts Gesundheit bestellt. Ende 1847 erlitt er einen Schlaganfall, von dem er sich nur langsam erholte. Dies beschrieb er in einem Brief an seinen Bruder Anfang 1848. Darin ist zu lesen, dass ihm nicht nur die sich zunehmend angespannte politische Situation Sorgen bereitete, sondern er sich auch zunehmend Finanzproblemen gegenübersah. Groß war dabei immer noch der Ärger über Leon: Dieser hätte ihm nicht nur mehr als 10.000 Francs Unkosten bereitet, auch müsse er ihm nun die Pension zahlen. Und warum? *Weil der Lumb, der Sohn, nun die Ähnlichkeit hat, und nicht Hunger sterben könnte, was ist das für eine Justitz. Der Generaladvocat hat für uns gesprochen, aber die Herren haben wegen der Ähnlichkeit* [Leons zu Napoleon, H. S.] *uns verurtheilt, und das hinzugesetzt, es müßte gleich bezahlt werden. Das ist so gut wie bei dem Bankert verlohren.*[196]

Luxburg sollte den Ärger und den Schlaganfall nicht lange überleben. Er starb am 1. September 1849 in Mannheim. Seinem letzten Willen gemäß wurde er auf dem Seckenheimer Friedhof beigesetzt. Für seinen Grabstein hatte er sich die Inschrift gewünscht: *Hier ruhet Carl Graf von Luxbourg, Königl. Bairischer Oberstwachtmeister, Commandeur mehrerer Orden, geboren in Zweibrücken den 25ten Merz 1782, gestorben* [...]. Selbst hier hatte für ihn das Militärische Vorrang vor dem Theater, obwohl die Zeit als Intendant sicherlich die wirkmächtigste seines Lebens gewesen war. Graf Karl August von Luxburg blieb Offizier auch im Tod.

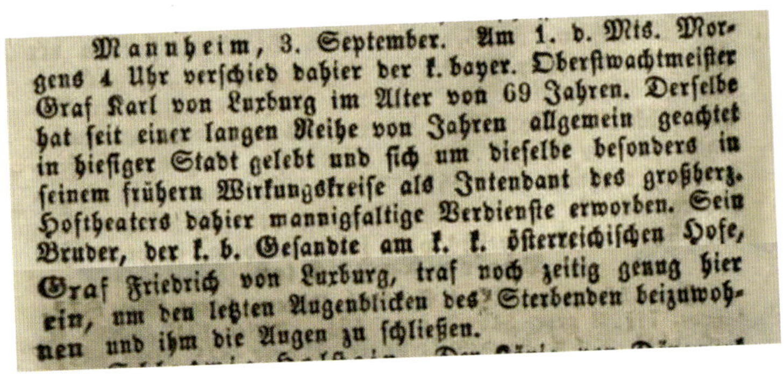

Mannheim, 3. September. Am 1. d. Mts. Morgens 4 Uhr verschied dahier der k. bayer. Oberstwachtmeister Graf Karl von Luxburg im Alter von 69 Jahren. Derselbe hat seit einer langen Reihe von Jahren allgemein geachtet in hiesiger Stadt gelebt und sich um dieselbe besonders in seinem frühern Wirkungskreise als Intendant des großherz. Hoftheaters dahier mannigfaltige Verdienste erworben. Sein Bruder, der k. b. Gesandte am k. k. österreichischen Hofe, Graf Friedrich von Luxburg, traf noch zeitig genug hier ein, um den letzten Augenblicken des Sterbenden beizuwohnen und ihm die Augen zu schließen.

Auch überregional wurde über den Tod von Karl August von Luxburg berichtet. Hier die Bayerische Landbötin vom 7. September 1849.

14. REVOLUTIONÄRE

Die Februarrevolution 1848 erschütterte ganz Frankreich. Innerhalb weniger Tage war das Regime von König Louis-Philippe zusammengebrochen, eine provisorische Regierung eingesetzt und die Republik ausgerufen. Von hier aus griff das revolutionäre Geschehen auf weite Teile Europas, insbesondere aber auf Deutschland über. Mannheim avancierte anfangs zu einem Zentrum des Geschehens. Bereits am 27. Februar versammelten sich in der Aula des Lyceums mehr als 2.500 Menschen, die sich für Versammlungs- und Pressefreiheit, Schwurgerichte sowie Volksbewaffnung stark machten. Diese bekannten „Mannheimer Forderungen" kursierten bald in ganz Deutschland. Insbesondere die Monarchen und der Adel sahen sich dadurch bedroht und es wundert wenig, dass Stephanie an Louis-Napoleon schrieb: *Deutschland ist in Flammen. Wie wird es weitergehen? Die Fürsten geben überall den Forderungen nach. Nirgends ist Stärke. Wie kann man aus Furcht bewilligen, was man aus Vernunft nicht zugestanden hat.*[197]

Aufmerksam verfolgte die Großherzoginwitwe das Geschehen in Baden und berichtete darüber an ihren Neffen, der nun neue Chancen für die Rückkehr nach Frankreich und für eine eigene Machtübernahme sah. Doch anders als in der Vergangenheit zügelte der ehemalige Putschist sein Temperament und wartete das Geschehen von London aus ab. Für ein planvolles Vorgehen war zu viel Dynamik im Spiel, hinzu kamen wechselnde Partei- und Machtverhältnisse, und noch galt de jure das Verbannungsedikt gegen die Bonapartes, auch wenn dieses nicht mehr konsequent verfolgt wurde. Louis-Napoleon genoss es sicherlich, dass die Rufe

Seit März 1848 gab es revolutionäre Unruhen in Mannheim. Ende April kam es zu Barrikadenkämpfen. Stich, 1848.

nach ihm lauter wurden, doch vorerst harrte er der Dinge, die kommen sollten.

Ungeduldiger war dagegen, wie könnte es anders sein, sein Cousin Leon. Kurz vor dem Ausbruch der Unruhen war er wegen ausbleibender Mietzahlungen aus seiner Wohnung geflogen und hatte seinen alten Gönner General Gourgaud um Unterstützung angebettelt, die ihm dieser in Höhe von mageren 40 Francs auch gewährte. Damit war die größte finanzielle Not erst einmal beseitigt. Und Leon wäre wohl kaum er selbst gewesen, wenn er angesichts des revolutionären Geschehens nicht sofort versucht hätte, hier mitzuspielen und daraus Profit zu schlagen. Am 20. März 1848 wandte er sich öffentlich an die Bürger von Saint-Denis, verdammte das alte Regime, begrüßte die Republik und bekundete, sich öffentlich nie mehr für die Herrschaft einer Dynastie auszusprechen. Diese Proklamation stand vermutlich im Zusammenhang mit einer geplanten Kandidatur für die Nationalversammlung, zu der es jedoch nicht kommen sollte.

Begleiter Napoleons und Gönner Leons: General Gaspard Gourgaud (1783–1852).

Seine Abkehr vom Bonapartismus hielt freilich nicht lange an. Wenige Wochen später schrieb er einen offenen Brief an seinen Cousin in London, der im Juni bei Nachwahlen für die Verfassungsgebende Versammlung kandidierte. Es sei ihm, Leon, ein Anliegen, dem Vetter seine eigenen Ideen und Überzeugungen darzulegen und auf dessen politischen Weg mitzugeben. Vorab bedauerte der Graf die Ereignisse von 1840. Zum Glück sei es der Plan der göttlichen Vorsehung gewesen, dass das Duell damals nicht durchgeführt worden sei. Davon habe ihn nicht zuletzt die Lehre von Coëssin überzeugt, die er nun auch Louis-Napoleon empfehle. Eine neue Politik müsse sich dem Wohlbefinden eines jeden Individuums verschreiben, der Gerechtigkeit, Solidarität und gut bezahlter Arbeit für alle. Der Cousin solle daher nicht zögern, in der neuen Republik Verantwortung zu übernehmen.[198]

Auf den Angesprochenen musste dieser Brief mit seinen ungefragten Ratschlägen befremdlich wirken, zumal es der erste Kontakt zwischen beiden seit dem Fast-Duell von 1840 war. Louis-Napoleon ignorierte daher das Schreiben und folgte seinem eigenen Plan. Obwohl gewählt, verzichtete er auf die Mandate (er hatte gleich mehrere errungen) und blieb klugerweise einstweilen in England. So musste er auch keine Verantwortung übernehmen für die blutige Niederschlagung der Arbeiterunruhen im Sommer 1848. Erst im Zuge einer weiteren Nachwahl im September ging er zurück nach Paris und nahm den nun errungene Sitz eines Hinterbänklers an: *Nie zuvor war es einem Fuchs gelungen, sich unauffälliger in den Hühnerstall zu schleichen* – so die Einschätzung eines modernen Historikers.[199]

Denn nachdem im Herbst 1848 die neue Verfassung ausgearbeitet war und die Wahl zum Staatspräsidenten

Endlich am Ziel: Wahl Louis-Napoleons (in der Mitte) zum Staatspräsidenten in der Nationalversammlung am 20.12.1848.

anstand, begab sich Louis-Napoleon aus der Deckung und erklärte seine Kandidatur. Triumphal besiegte er den bisherigen Ministerpräsidenten und Favoriten, General Louis-Eugène Cavaignac. Zur Wahl standen dabei auch weitere, letzten Endes absolut bedeutungslose Kandidaten, darunter – folgt man der Literatur – auch Leon.[200] Nähere Umstände sind nicht bekannt, auch fehlen Belege. Von seinem Selbst- und Sendungsbewusstsein her wäre dem Grafen ein solches Vorgehen durchaus zuzutrauen, es erscheint indes wenig wahrscheinlich.

Denn tatsächlich war Leon am politischen Aufstieg seines Cousins sehr gelegen. Wieder einmal befand er sich finanziell am Ende. Im Sommer war er abermals aus seiner Wohnung geflogen und musste sich wieder einmal auf Gourgaud stützen. Da erschien im Herbst eine weitere helfende Hand am Horizont. Er machte die Bekanntschaft von Jean Bernard, einem Geschäftsmann aus Lyon. Zeitweise trafen sie sich regelmäßig in diversen Cafés, in denen Leon dem neuen Freund gegenüber seine Zukunft in schönsten Farben malte. Er rühmte sich bester Beziehungen zu Louis-Napoleon und zeigte sich sicher, in der einen oder anderen

Bonapartistisches Propagandaplakat für den neuen Präsidenten Louis-Napoleon mit Armee und Siegesgöttin im Hintergrund, 1848/49.

Form von dessen Erfolg profitieren zu können. So habe er etwa gute Aussichten auf eine Pension sowie auf den Posten des französischen Botschafters in Russland. Im Vertrauen darauf borgte Bernard dem Grafen Geld und kaufte ihm außerdem ein eisernes Bett, angeblich in dessen Auftrag und in der Erwartung, die Kaufsumme erstattet zu bekommen. Wie bereits in früheren Fällen – erinnert sei etwa an Delpech – stand somit bald das Geld zwischen beiden, woraufhin die Freundschaft zerbrach und in einen Gerichtsprozess mündete. Dieser recht absurde Streit um die Bezahlung eines Bettes gelangte in die Schlagzeilen, die Gazetten berichteten ausführlich. Auch wenn er dieses Mal gewann und Bernard als Naivling auf den Kosten sitzen blieb, so wurde das in der Öffentlichkeit kursierende Bild von Leon als kuriosem, halbseidenen Zeitgenossen einmal mehr bestätigt.

Unterdessen machte Louis-Napoleon Nägel mit Köpfen. Als neuer und zunächst unterschätzter Staatspräsident organisierte er sich eine Hausmacht, schärfte sein eigenes Profil und suchte durch gezielte Reisen in die Provinz auch die Landbevölkerung für sich zu gewinnen. Außenpolitisch stürzte er sich bereits im ersten Regierungsjahr in ein Abenteuer. Im Italienkonflikt von 1849 kam er dem von Revolutionären bedrängten Papst militärisch zu Hilfe und trug dazu bei, die ausgerufene „Römische Republik" von 1849 niederzuschlagen. Schützenhilfe suchte ihm dabei Leon zu gewähren, der es sich nicht nehmen ließ, die Römer in einem offenen Brief zur Beendigung ihrer Revolte gegen das Kirchenoberhaupt aufzufordern.

Auch wenn dieses Schreiben vermutlich von kaum einem Römer wahrgenommen wurde und politisch bedeutungslos blieb, versuchte Leon 1849 noch einmal, die politische Arena zu betreten. Mit einem Plakat wandte er sich im Juli an das französische Volk und stellte langatmig die Ziele einer von ihm neu gegründeten *Société Pacifique* vor. Diese Gesellschaft war ein Zweig der *Enfants de Dieu* und sollte primär soziale Ziele verfolgen – zum Beispiel Arbeit und ein angenehmes Leben für alle – und dabei den christlichen Glauben sichern. Diesen Grundsätzen verpflichtet, müsse die Politik den Frieden im Land gewährleisten und die Armut bekämpfen. Persönlich habe er in den vergangenen fünfzehn Jahren den Mangel kennen gelernt und könne daher umso glaubwürdiger darüber reden. Selbst bezeichnete sich Leon im Aushang nunmehr als *Le Citoyen Léon, ex-Comte Leon, Fils de l'Empereur Napoléon* – d.h. als einfacher Bürger, der seinen Adelstitel abgelegt hat. Es entbehrt nicht einer gewissen Ironie, dass ausgerechnet Leon, der sich den Grafentitel ja selbst gegeben hatte, auf diesen nun großmütig, um nicht zu sagen großmäulig verzichtete, um

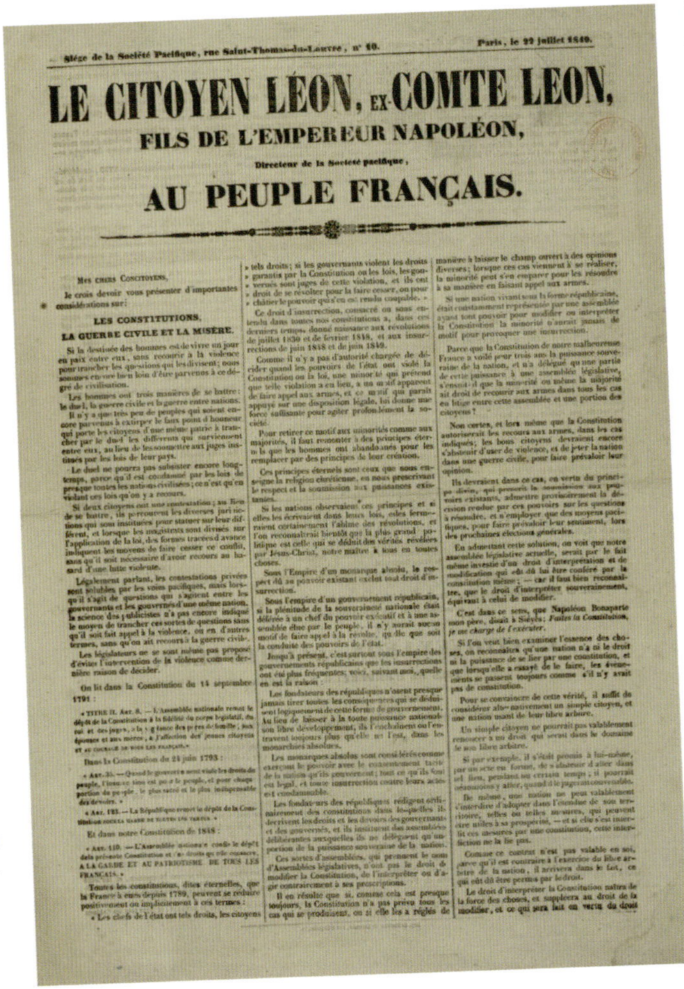
Siége de la Société Pacifique, rue Saint-Thomas-du-Louvre, nº 10. Paris, le 22 juillet 1849.

LE CITOYEN LÉON, EX-COMTE LEON, FILS DE L'EMPEREUR NAPOLÉON,

Directeur de la Société pacifique,

AU PEUPLE FRANÇAIS.

Mes chers Concitoyens,

Je crois devoir vous présenter d'importantes considérations sur:

LES CONSTITUTIONS, LA GUERRE CIVILE ET LA MISÈRE.

Flugblatt des (vorübergehenden) Ex-Grafen Leon, 1849.

sich mit den Armen zu solidarisieren. Doch das machte aus ihm keinen Gustav (von) Struve. Anders als beim badischen Revolutionär, der von beachtlicher Konsequenz war und für seine Überzeugung ins politische Exil ging, erlahmte der Eifer Leons rasch. Nachdem seine Wahl zum Abgeordneten von Saint-Denis einmal mehr gescheitert war, machte er noch einige Eingaben bei der Nationalversammlung, die jedoch ohne Wirkung blieben. Dabei bekundete er stets seine unbedingte Gefolgschaft zu Louis-Napoleon.

Dies geschah sicherlich nicht ohne Hintergedanken. Am 25. Oktober 1849 wandte er sich schriftlich an seinen Cousin, den *Prince-Président*, und bat diesen, sich um den Nachlass und das Testament Napoleons zu kümmern. Versteckt war dies nichts anderes als ein Bettelbrief an seinen ehemaligen Rivalen, auf den dieser freilich nicht einging. Über Dritte ließ er zwar übermitteln, dass er Leon durchaus gewogen wäre, jedoch aufgrund des Vorfalls von 1840 nicht bereit sei, ihn zu empfangen. Daran änderte sich auch nichts, nachdem Louis-Napoleon Ende 1851 einen Staatsstreich durchgeführt hatte, durch den er als Präsident diktatorische Vollmachten erhielt. Leon – sich nun wieder als Graf titulierend – veröffentlichte hierzu eine eigene Proklamation, in der er um Zustimmung für das zunehmend autoritäre Regime seines Cousins warb.

An ihr Ziel gelangten die beiden schließlich 1852/53. Nach einer erfolgreichen Volksabstimmung führte Louis-Napoleon zum 2. Dezember 1852 wieder das Kaisertum ein und nannte sich fortan Napoleon III. Damit begann die Ära des Zweiten Kaiserreichs. Und endlich profitierte nun auch Leon von den geänderten politischen Verhältnissen. Mit der Einrichtung einer neuen Zivilliste tilgte der neue Kaiser zum einen seine eigenen Schulden, die er als Politiker zuvor gemacht hatte. Als Vollender des Bonapartismus setzte er zudem die Bestimmungen aus dem Testament seines Onkels Napoleon von 1821 um, die von den Bourbonen außer Kraft gesetzt worden waren. Und dies bedeutete, dass nun endlich auch Leon bedacht wurde und einige Brosamen abbekam.

Festgesetzt wurde für ihn eine Summe von 300.000 Francs. Diese ging auf die ursprünglich von Napoleon angedachte, nicht kodifizierte Schenkung für Leon zurück. Gleichwohl zeigte dieser sich unzufrieden, hatte er doch unter anderem Zinseszinsen geltend machen wollen und 872.670 Francs vom Staat gefordert.[201] Doch das wurde als überzogen abgelehnt. Stattdessen zog man die von ihm noch zu zahlenden Schulden ab, so dass 255.319 Francs übrigblieben, die in eine jährliche Rente von 10.000 Francs umgewandelt wurden. Dies war zweifellos ein üppiger Geldregen, der nun auf den Grafen einprasselte. Auch wenn ihm Napoleon III. persönlich nicht verzeihen wollte, so zeigte er sich konsequent in der Umsetzung der Vorgaben Napoleons I. und schränkte diese nicht durch etwaige personelle Antipathien ein.

Leon wurden dadurch einstweilen seine finanziellen Sorgen abgenommen. Mehr noch, das Geld eröffnet ihm neue Möglichkeiten, sich wieder in waghalsige Projekte zu stürzen. Dennoch zeigte sich bald, dass er auch mit der ihm zugesprochenen Summe nicht zurechtkam. Geldsorgen ziehen sich durch sein Leben wie ein roter Faden, da seine Ansprüche durchweg immer die vorhandenen Mittel überstiegen.

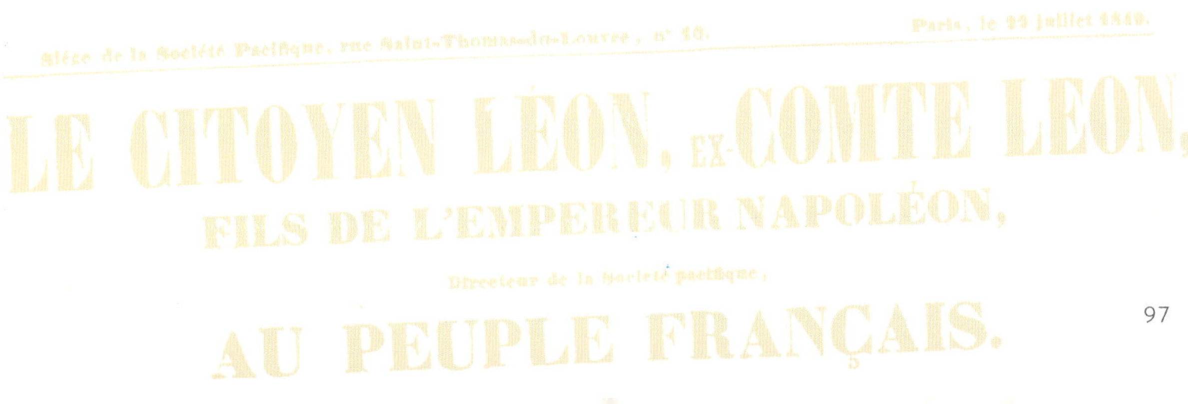
LE CITOYEN LÉON, EX-COMTE LEON,
FILS DE L'EMPEREUR NAPOLÉON,
AU PEUPLE FRANÇAIS.

15. DIE LETZTEN JAHRE

Auch wenn Karl August von Luxburg seiner Ehefrau Eleonore großmütig alles verziehen hatte, so sollte sie doch nur einen Teil seiner Hinterlassenschaft erben. Hauptsächlich bedacht wurden hingegen seine Neffen Max und Friedrich, die Söhne des Bruders Friedrich Christian von Luxburg. Das Ergebnis der Erbauseinandersetzung wich dabei etwas vom eigentlichen Testament ab und wurde in einem Vergleich beim Stadtamtsrevisorat Mannheim – eine Art Notariat – am 4. Oktober 1849 urkundlich geregelt.[202]

Das Seckenheimer Schlossgut einschließlich aller Liegenschaften, Immobilien und Vorräte fiel demzufolge gemeinschaftlich an die beiden jungen Grafen. Eleonore übernahm hiervon lediglich einen Teil des Inventars, unter anderem ihre Schlafzimmermöbel, die Bibliothek und Bilder sowie die Kutsche mit Pferden. Ihr Teil des Erbes bestand hingegen aus dem *ganzen übrigen Vermögen, sowohl Liegenschaften als Fahrnisse jeder Art, Forderungen und Ausstände, Staatspapiere, Actien, baares Geld, Juwelen, Pferde, Equipagen, Bilder, kurz alles ohne Ausnahme*. Hierzu gehörte auch das Haus in Mannheim. Ihre Zeit in Seckenheim war somit vorüber, trotz des verbrieften Rechts, *von Zeit zu Zeit einen Sommeraufenthalt auf dem Gute* […] *zu nehmen, solange die Grafen Max und Friedrich von Luxbourg das Gut nicht verkauft haben*. Doch bereits zwei Jahre später, am 7. Februar 1852, veräußerten die beiden Brüder das Anwesen für 20.000 Gulden an den Seckenheimer Bürger Jacob Bühler.[203]

Ebenfalls Vertragspartei beim Erbvergleich war Friederike Kaltenbach, die langjährige Haushälterin in

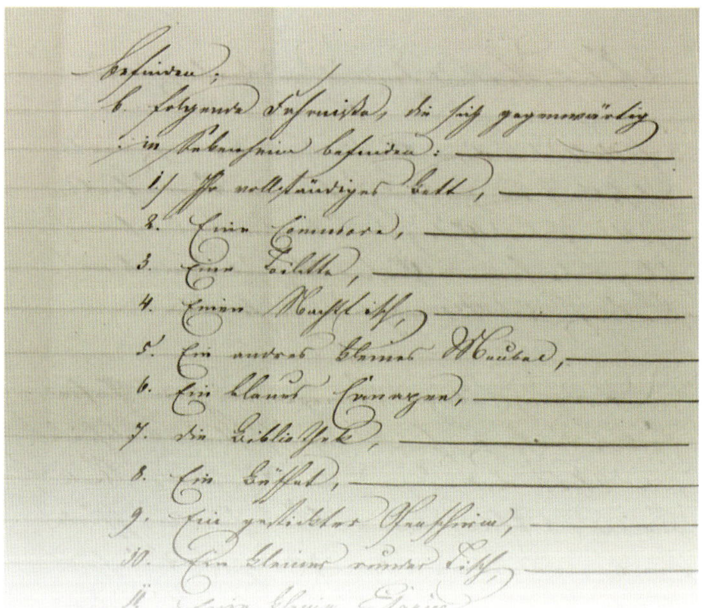
befinden;
6. folgende Fahrnisse, die sich gegenwärtig in Seckenheim befinden:
1/ Ihr vollständiges Bett,
2. Eine Commode,
3. Eine Toilette,
4. Einen Nachttisch,
5. Ein anderer kleiner [illegible],
6. Ein blauer Canapee,
7. die Bibliothek,
8. Ein Büffet,
9. [illegible]
10. [illegible]

Bett, Komode, Toilette... Aufzählung der Dinge, die Eleonore aus dem Seckenheimer Schloss laut Erbvergleich mitnehmen konnte.

Seckenheim. Ihr wurden jährlich 400 Gulden zugesprochen, zu zahlen von Eleonore. Eine Rente von 300 Gulden ging an *Adele Bauer, genannt Virginie*. Im Testament wird sie als *Mädchen, so meine Frau erzogen hat*, genannt. Sie stammte aus der Gegend von Straßburg und sollte auch künftig *anständig ohne Sorgen leben* [...] können. Wer sich hinter dieser Person verbirgt und welche Geschichte sich mit ihr verbindet, ist unklar. Sie soll *blind und leidend* gewesen sein.[204] Weitere Informationen liegen nicht vor, ihre Spur verliert sich im Dunkeln. Den Nachfahren Luxburgs hat sie ebenso Kopfzerbrechen bereitet wie späteren Historikern Anlass zu Verwechslungen gegeben. Folgt man den Worten Karl Augusts, so erscheint ausgeschlossen, dass es sich hierbei um ein gemeinsames Kind des Paars gehandelt hat. Gleichwohl wird eine im Jahr 1823 geborene *Virginie* in den einschlägigen Adelshandbüchern der Zeit als deren Tochter geführt. Es muss sich jedenfalls um eine sehr enge Beziehung zwischen Virginie/Adele und Eleonore gehandelt haben, zumal die beiden in den 1850er Jahren auch gemeinsam nach Paris reisten.[205]

Auch wenn die einschlägigen Quellen hierüber schweigen, so spricht doch einiges dafür, dass die junge Frau nach 1849 bei der Gräfin Luxburg wohnte – und zwar in Mannheim. Nach dem Erbvergleich mit der Aufgabe des Seckenheimer Schlosses wurde das Haus in der Quadratestadt Eleonores alleiniger Wohnsitz. Hier lebten auch immer noch Françoise de La Plaigne und Zulma in der Nähe, zuletzt in A 3, 9. Die Mutter starb am 8. Mai 1850 hochbetagt, im Alter von 82 Jahren. Die Tochter blieb noch einige Jahre in Mannheim wohnen, ehe sie 1856 nach Paris zurückkehrte.

Zu diesem Zeitpunkt hatte Eleonore bereits der Quadratestadt den Rücken gekehrt. Sie hatte sich 1853 in Mannheim abgemeldet und war – vermutlich zusammen mit Virginie – in die französische Metropole verzogen. Folgt man den Mannheimer Adressbüchern, behielt sie vorerst noch die hiesige Wohnstatt, der letzte sie betreffende Eintrag rührt aus dem Jahr 1857. Offensichtlich wollte sie den Umzug nach Paris mit der direkten Ausbezahlung ihrer von Napoleon bewilligten Rente von 22.000 Francs vorbereiten – ein Schritt, der, so ein Artikel in der Presse, wiederum Leon auf den Plan rief. Er sah darin eine Veräußerung seines mutmaßlichen Erbes, weshalb er die Transaktion gerichtlich verbieten lassen wollte.[206] Einmal mehr wurde dadurch das Verhältnis zwischen den beiden empfindlich belastet, zumal der Graf Eleonore in einer Denkschrift *auf das schmählichste beschimpft*[e].

Eleonore als ältere Frau. Porträt in Privatbesitz, bei Dodds, S. 80.

Angesichts dieser erneuten Eskalation schien das Tischtuch zwischen Mutter und Sohn endgültig zerschnitten. Dennoch sollte es zu einer Annäherung kommen: Am 15. Juli 1857 trafen die beiden in Paris aufeinander, sprachen sich aus und versöhnten sich – *nach 17 Jahren schmerzhaftestem Kampf*, wie Leon nicht müde wurde zu betonen.[207] Die näheren Umstände dieses Zusammenkommens sind nicht bekannt; jedoch hatte sich Eleonore bereits zuvor für ihren Sohn verwandt und erste Schritte zur

Aussöhnung unternommen. 1852 etwa war sie zusammen mit ihrer Schwester Zulma bei Jean-François Mocquard, dem persönlichen Sekretär von Louis-Napoleon erschienen, um Leon bei diesem zu rehabilitieren. Zwar erhielt auch sie eine Ablehnung mit Verweis auf das Duell von 1840. Dennoch versicherte man ihr, den übrigen Ansprüchen des Grafen gegenüber offen zu sein. Dies zeigt, dass die ehemalige Geliebte Napoleons trotz ihrer langen Jahre im Ausland Zugang zum inneren Zirkel um den *Prince Président* erhielt, freilich ohne dass die beiden persönlich zusammentrafen.

Ein weitaus engeres Verhältnis zu Louis-Napoleon bzw. Napoleon III.

Geschätzte Briefpartnerin Stephanies: Die französische Kaiserin und Ehefrau Napoleons III., Eugénie de Mojntijo. Nach einem Gemälde von Franz Xaver Winterhalter, um 1853.

genoss indes die Mannheimer Napoleonidin Stephanie. Die Großherzoginwitwe hatte bereits in den 1840er Jahren starkes Interesse an den Zeitläuften gezeigt. So zog es sie bei ihren Reisen nicht nur in die Kurorte Baden-Baden oder Nizza, sondern auch in politische Zentren wie Paris oder London, wo sie sich etwa mit der jungen Queen Victoria austauschte.[208] Das revolutionäre Geschehen beobachtete sie kritisch, es war für sie von ihrer adeligen Warte aus eine *ungeordnete Zeit*, die sie als ausgesprochen bedrohlich empfand.[209] Mit Blick auf Frankreich formulierte sie am 17. September 1848: *Hoffentlich kommt kein neuer Schock, der das neue Gebäude erschüttert, dem noch der Zement fehlt.*[210] Offensichtlich kannte sie zu diesem Zeitpunkt noch nicht die Pläne ihres Neffen, der kurz vor der Rückkehr nach Paris stand, um in den Wahlen wenige Monate später die Macht zu erringen.

Ungewollt geriet damit auch Stephanie zeitweise in den Mittelpunkt des Interesses. Offenbar hatte Louis-Napoleon als neuer französischer Staatspräsident den Wunsch geäußert, dass seine Tante fortan bei ihm in Paris repräsentative Aufgaben übernehmen solle. Dies sorgte jedoch in Karlsruhe für solche Irritationen, dass die Pläne rasch fallen gelassen wurden. Stattdessen wuchs die Großherzoginwitwe ab 1850/51 in eine politische Mittlerrolle, galt es doch Vorbehalte in den europäischen Hauptstädten gegenüber dem wieder bonapartistischen Frankreich abzubauen. Der neue Napoleon weckte alte Ängste wie auch Ressentiments und Stephanie tat ihr Möglichstes, Vertrauen zu schaffen. Reisen führten sie in europäische Hauptstädte und auch selbst wurde sie von politischen Entscheidungsträgern besucht. Sie war daher eine von allen Seiten gern eingeschaltete Vermittlerin, die ohne persönliche politische Ambitionen den gesellschaftlichen Rahmen für semidiplomatische Treffen bieten konnte – so etwa für Napoleon III. und den Kronprinzen Wilhelm von Preußen in Baden-Baden 1857. Brieflich stand sie in engem Austausch mit ihrem Neffen und vor allem dessen Ehefrau, Kaiserin Eugénie.

Einen Schicksalsschlag für die Großherzoginwitwe in jenen Jahren bedeutete der frühe Tod ihrer ältesten Tochter Louise im Jahr 1854. Diese war von 1832 bis 1844 mit dem exilierten schwedischen Kronprinzen Gustav von Wasa verheiratet gewesen und lebte zuletzt in Karlsruhe. Zu ihrem Andenken stiftete Stephanie 1855 in Mannheim ein Waisenhaus in D 7, das den Namen Louisenhaus trug – neben dem Großherzoglichen Institut ihr zweites soziales Projekt in Mannheim. In der Quadratestadt erfreute sie sich ungebrochen großer Beliebtheit, auch wenn der direkte Austausch mit den Einwohnern in jenen Jahren zurückging.

Dies war nicht nur Vorbehalten aufgrund der Revolution geschuldet, in deren Zuge Stephanie 1849 zeitweise die Stadt verlassen hatte und nach Mainz geflohen war, vermutlich spielte auch das zunehmende Alter der Großherzoginwitwe eine Rolle. Der kleine Hofstaat und die Dienerschaft waren mit ihr alt geworden und nur noch selten richtete sie große Festlichkeiten und Empfänge aus. 1858 verbrachte ihre jüngere Verwandte Stephanie de Tascher de la Pagerie (1814–1905) – nicht zu verwechseln mit deren gleichnamiger Tante Stephanie (1788–1832), der Schulfreundin aus dem Institut Campan – mehrere Wochen im Mannheimer Schloss. Dieses beschrieb sie in ihren Memoiren spöttisch als *Asyl verwitweter alter Prinzessinnen*, in dem es kaum Männer gäbe, weshalb man die Stadt doch besser *Weiberheim* nennen solle.[211] Sie wunderte sich über das aus der Zeit gefallene Hofleben mit seinen kuriosen Ritualen und Kleidermoden und deutete es als Relikt einer untergegangenen Epoche. Dennoch bleibt die Einschätzung Sophie von Graimbergs im Kern zutreffend: *In gesellschaftlicher Hinsicht war der Aufenthalt der Großherzogin für die Stadt von großem Wert.*[212]

Bis zuletzt versammelte die Großherzoginwitwe vor allem musisch und literarisch interessierte Personen um sich. Zeitzeuginnen berichten von eigenen Aufführungen des *Gesellschaftstheaters in den Gemächern Ihrer Kaiserlichen Hoheit, der Frau Großherzogin Stephanie von Baden, im Schloss*, die teilweise auch der Öffentlichkeit zugänglich gemacht wurden.[213] Selbst wirkte sie hier zwar nicht mehr mit, dennoch ließ es sich die Großherzoginwitwe nicht nehmen, zuweilen vor Publikum zu singen oder auch Klavier zu spielen.

Stephanie war zu diesem Zeitpunkt fast 70 Jahre alt, ihre Gesundheit zunehmend angeschlagen. So berichtete 1859 eine junge, namentlich nicht näher fassbare Adlige aus Mannheim reichlich ungnädig in einem Brief an ihre Schwester: *Des Abends etablirten wir uns sehr comfortable in der G*[roßherzogin] *ihr Privat-Zimmer, sie erzählte viel von Marie Louise und dem König von Rom. Sie ist, wenn man sie so täglich sieht, wirklich unendlich liebenswürdig, einfach und freundlich, doch ich könnte nie und nimmermehr Hofdame bei ihr sein. Alle Augenblicke muß man ihr helfen, in geschichtlicher Beziehung irgend einen Namen, eine Tat ins Gedächtnis zurück zu rufen und in literarischer Beziehung brrrrrrh!*[214] Möglicherweise deutete sich hier eine Form von Demenz bei Stephanie an. Es war ihr letzter Sommer, wenige Monate später, am 29. Januar 1860, verstarb sie in Nizza, wo sie zumeist die Winter verbrachte. Wie Briefe zeigen, hatte sie sich bis zuletzt für das politische Geschehen in Frankreich rund um ihren Neffen interessiert und auch immer wieder– das obige Zitat deutet es an – die Vergangenheit um ihren Adoptivvater Napoleon beschworen, der ihr Leben so entscheidend geprägt hatte.

Für Napoleon III. war der Tod seiner Tante sicherlich ein Verlust. Noch im Oktober 1859 hatten die beiden sich persönlich treffen wollen, was jedoch an einer Erkrankung Stephanies scheiterte. Bis zuletzt standen der Kaiser bzw. die Kaiserin in schriftlichem Austausch mit der Tante – das letzte überlieferte Schreiben datiert vom 12. Januar 1860, in dem sich Stephanie noch einmal Gedanken über die italienische Frage machte.[215]

Weniger willkommene Briefe erhielt der Kaiser indes von ganz anderer Seite. Leon wurde nicht müde, sich immer wieder an seinen Cousin zu wenden. Zumeist ging es, wie nicht anders zu erwarten, um finanzielle Forderungen. Und hier sah der Graf verschiedene Ansatzpunkte. Einerseits erschienen ihm die 300.000 Francs mit Abzügen als zu geringer Ersatz für die ihm von seinem Vater in Aussicht gestellten Einnahmen, die seinerzeit aus Wäldern an der Mosel hätten fließen sollen. Er selbst hatte, wie beschrieben, über 800.000 Francs gefordert, eine Summe, die er im Laufe der

Jahre auf 935.407 Francs 55 Centimes steigerte – freilich ohne Erfolg. Andererseits erinnerte er sich wieder an das Erbe von Kardinal Fesch sowie der Napoleon-Mutter Letizia, auf das er ebenfalls Teilansprüche erhob. Hier war von 500.000 Francs die Rede. Doch in beiden Fällen stand Leon auf verlorenem Posten. Der Kaiser gab sich nicht weiter mit der Sache ab und ließ ihn damit ins Leere laufen.

Konnte in den 1830er Jahren kritisiert werden, dass sich der Graf ohne schriftliches Konzept zum Vorkämpfer des Bonapartismus hatte aufschwingen wollen, so hatte sich diese Schreibfaulheit spätestens seit den 1840er Jahren gelegt. In den 1850er Jahren scheint er nur selten die Feder aus der Hand gelegt zu haben. Er machte zahlreiche Eingaben nicht nur bei seinem Cousin, sondern auch bei dessen gesamtem Umfeld. Diese ließ er entweder von professionellen Schreibern aufsetzen oder aber gleich drucken. Und so sind noch heute mehrere recht umfangreiche Schriften mit seinen Forderungen erhalten. Dabei wurde Leon nicht müde, auch immer wieder ausführlich die Vergangenheit zu beschwören zur Enervierung seiner Zeitgenossen.

Beispielsweise ließ er im Mai 1858 mit *M. le Comte Léon a son Éminence Monseigneuer le Cardinal Morlot, Archevêque de Paris* eine über 60-seitige Schrift drucken.[216] Darin breitete er für den Pariser Erzbischof Morlot noch einmal seinen Fall aus, ausgehend von seiner Bekanntschaft mit Coëssin, der ihn auf den rechten Weg gebracht habe. Er habe Gott neu erfahren und sich daher den *Enfants de Dieu* verschrieben und versuche seither die Gesellschaft zu verändern. So sei auch das Fast-Duell von 1840 nur ein Missverständnis gewesen, ihm wäre es darum gegangen, dem Cousin spirituell beizustehen, dabei aber auch das ihm zustehende Erbe zu bekommen. Ähnlich bedauernd äußerte sich Leon über den Streit mit seiner Mutter, der nun aber endlich beigelegt sei. Detailliert und mit vielen Briefabschriften versehen beschrieb er seine Versöhnungsversuche mit Louis-Napoleon, aber auch dessen abweisendes Verhalten, das unverändert anhalte. Bis dato müsse er auf das ihm zustehende Recht bzw. das Geld sowie auf eine angemessene Position im kaiserlichen Staatsapparat verzichten. Nun hoffe er auf die Fürsprache der Kirche, für die er sich ja ebenfalls aufopfere. Doch auch François-Nicolas Morlot ließ es bei Entschuldigungen und Ausflüchten bewenden und zeigte keine Bereitschaft, sich der politisch doch recht heiklen Sache des Grafen anzunehmen.

Ein anderer Adressat der Bemühungen Leons war sein Halbbruder Graf Alexander Walewski. Dieser hatte sich nicht mit Louis-Napoleon überworfen und profitierte daher direkt von dessen Aufstieg, indem er zunächst als Botschafter in Spanien bzw. Großbritannien fungierte und 1855 gar zum Außenminister ernannt wurde. Leon hatte bereits in früheren Jahren eher losen Kontakt zu Walewski gehabt, doch nun schrieb er auch ihn direkt an. Es ging um Geld, aber auch konkret um die Rente, die er aus der Zivilliste erhielt. Denn diese

Jünger, weniger dem Vater ähnlich, aber viel erfolgreicher als sein Halbbruder Leon: Alexander Walewski (1810 – 1868). Foto, um 1860.

sollte nach seinem Tod an den Halbbruder übergehen und nicht an etwaige Erben. Damit zeigte sich Leon nicht einverstanden. Denn mittlerweile hatte er selbst Familie. Seit 1853 war er mit der 25 Jahre jüngeren Françoise-Fanny Jonet, der Tochter des zeitweise bei ihm beschäftigten Gärtners, liiert. Zusammen hatten sie die Kinder Charles (geb. 1855) und Gaston (1857), später Fernand (1861), Charlotte (1867) und Fanny (1868). Da er sich außer Stande sah, eine Heirat finanziell zu stemmen, griff der Graf zum bewährten Mittel und schrieb fleißig Bettelbriefe, unter anderem an den Kaiser, an den Bankier James de Rothschild und auch an Walewksi. Letztlich zeigte Napoleon III. doch Familiensinn, indem er den Kindern 1.100 Francs jährlich zukommen ließ und auch immer wieder den nervenden Cousin mit Zuschüssen bedachte. Bis 1864 kamen auf diese Art und Weise über 67.000 Francs aus der Zivilliste für Leon zusammen.[217] Dies war für ihn eine hinreichende Grundlage, um dann doch 1862 zum Traualtar zu schreiten und die wilde Ehe in eine legalisierte Verbindung zu überführen.

Leons Ehefrau Fanny. Foto, um 1865 (?). Privataufnahme, abgebildet bei Dodds, S. 193.

Indes wäre es falsch, Leon in den 1850er und 1860er Jahren lediglich auf die Rolle eines Bittstellers und Bettelbriefschreibers zu reduzieren. Beseelt von der christlichen Erweckungslehre nach Coëssin und – zumindest zeitweise – mit finanziellem Rückenwind stürzte er sich von einem Projekt ins andere. Bereits mit seiner 1849 gegründeten *Société Pacifique* hatte er versucht, Anteilscheine zu verkaufen – als Gegenwert sollten die Teilhaber noch nicht näher bestimme Dienstleistungen oder Güter erhalten. Letztlich ging es wohl darum, günstige Arbeitskräfte zu vermitteln, die dann ihrerseits wiederum der Armut entrinnen sollten. Das Aktienmodell scheiterte jedoch ebenso wie seine Eingabe an die Nationalversammlung, die Gesellschaft mit 1 Million Francs zu unterstützen.

Konkreter wurde es 1853. Am 25. Mai gab Leon die Gründung einer Tintenfabrik in Saint-Denis bekannt. Trägerin war wiederum die *Société*, die sich einer *christlichen Organisation der Arbeit* verschrieben hatte.[218] Was sich hierunter verbarg, blieb indes unklar – auch verschwand das Unternehmen rasch wieder von der Bildfläche. Mit einem anderen Projekt wandte sich Leon 1855, nunmehr im Namen der *Société Commerciale des Enfants de Dieu*, an den Kaiser. Demnach produziere seine neue Gesellschaft Hängematten für Soldaten mit einer neuartigen Aufhängung – das Kriegsministerium hätte bereits Interesse gezeigt. Ebenso habe man Pläne für ein Unterseeboot im Portfolio, die man beim Marineministerium eingereicht habe. Vermutlich handelte es sich hierbei um die alten Arbeiten von Coëssin, der sich ja Anfang des Jahrhunderts als Erfinder in diesem Bereich betätigt hatte. Ob Leon hier selbst mit- oder weiterentwickelt hatte, ist nicht klar. Angesichts seiner bisher gezeigten Technikferne dürfte er jedoch keine bahnbrechenden Beiträge dazu geleistet haben.

Dennoch bat er Napoleon III. eindringlich, beide Angebote persönlich zu begutachten und dann wohlwollend zu prüfen, *ob nicht ihre Majestät der erste Aktieneigner der Société Commerciale des Enfants de Dieu* werden könne.[219] Zweifellos lag Leon mit seinem Unterseeboot auf der Höhe der Zeit – eine international heiß diskutierte technische Idee, die vor dem Durchbruch schien und zu der es zwischen den großen Ländern einen Wettlauf gab. Doch sowohl der Kaiser als auch seine Minister zogen es vor, ihm nicht zu antworten. Schließlich hatten sie Leon als windigen Querulanten, notorischen Pleitier und unseriösen Geschäftemacher zur Genüge kennengelernt.

Es sind Jahre voller Aktionismus, aber auch voller Misserfolge. Wie ein Irrlicht erschien Leon auf allen möglichen ökonomischen Feldern, ohne indes nachhaltigen Eindruck zu hinterlassen oder gar Erfolg zu haben. Einmal waren es Projekte in der Forstwirtschaft, dann wieder wollte er neue Gegenden durch Kanalbauten erschließen lassen oder eine überarbeitete Version der Coëssin'schen Lampe verkaufen. Und schließlich verklagte er den französischen Staat auf mehr als 1 Million Francs, da dieser seine angeblich in den 1830er Jahren gekaufte Eisenbahnkonzession missachtet habe. Auch dieser Prozess endete erfolglos, vermutlich war der Graf einer Fehlspekulation aufgesessen. Dies scheint ihn jedoch nicht davon abgehalten zu haben, kurz auch in Deutschland als Eisenbahnfinanzier aufzutreten. Vermutlich handelte es sich bei dem 1855 in diversen Zeitungen genannten Grafen Leon um ihn, der an der Spitze einer französischen Delegation nach Thüringen gereist war, um über die Finanzierung einer Teilstrecke der Werrabahn zu verhandeln. Dringende Geschäfte erzwangen jedoch eine vorzeitige Abreise, wodurch dieses Geschäft platzte.[220] Die Bahn wurde mit Hilfe anderer Mittelgeber dennoch gebaut. Ein eher sentimentales, gleichzeitig aber durch und durch bonapartistisches Projekt war schließlich der versuchte Kauf des ehemaligen Hôtel Bonaparte in der Rue de Victoire, das Haus, in dem Eleonore sich zeitweise mit Napoleon traf und in dem er, Leon, möglicherweise gezeugt worden war. Doch soweit sollte es nicht kommen. Stattdessen fiel der mittlerweile marode Bau wenige Jahre später der Stadterneuerung durch den Präfekten Georges-Eugène Haussmann (1809 – 1891) zum Opfer.[221]

Auch die Politik zog Leon weiter an. 1858 liebäugelte er wieder einmal mit einer Kandidatur für die Nationalversammlung und bot sich Napoleon III. als loyaler Gefolgsmann an – ein Angebot, das dieser jedoch über seinen Vertrauten Haussmann ausschlagen ließ. Immer wieder suchte sich der Graf bei dem Cousin anzubiedern; ungefragt schickte er diesem auch Denkschriften zu den aktuellen politischen Themen, so etwa 1859 wieder einmal zur italienischen Frage, in der er sich auf die Seite des Papstes schlug. Und zur gleichen Zeit erhielt der Kaiser Bettelbriefe, in denen Leon um finanzielle Unterstützung bat.

Einen neuerlichen Anlass hierzu bot der Tod Eleonores. Über die letzten Jahre der Gräfin ist nichts weiter bekannt, sie hatte sich mit ihrem Sohn bekanntlich ausgesöhnt. Sie starb am 30. Januar 1868 in ihrer Wohnung auf dem

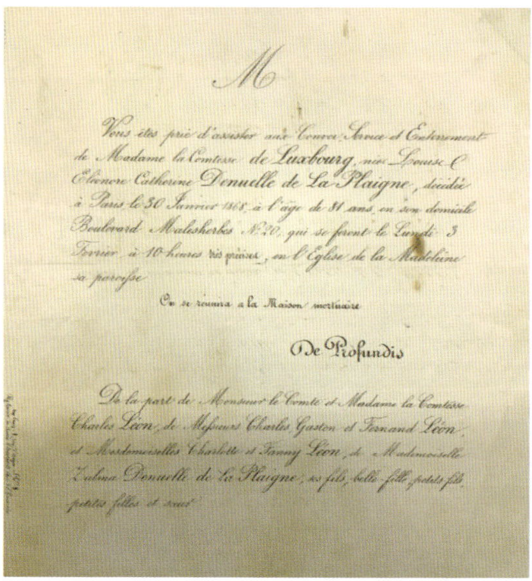

M

Vous êtes prié d'assister aux Convoi, Service et Enterrement de Madame la Comtesse de Luxbourg, née Louise Eléonore Catherine Denuelle de La Plaigne, décédée à Paris le 30 Janvier 1868, à l'âge de 81 ans, en son domicile Boulevard Malesherbes N° 20, qui se feront le Lundi 3 Février à 10 heures très précises, en l'Église de la Madeleine sa paroisse

On se réunira à la Maison mortuaire

De Profundis

De la part de Monsieur le Comte et Madame la Comtesse Charles Léon, de Messieurs Charles Gaston et Fernand Léon, et Mesdemoiselles Charlotte et Fanny Léon, de Mademoiselle Zulma Denuelle de La Plaigne, ses fils, belle-fille, petits fils, petites filles et nièce

Trauerkarte für Eleonore. Verfertigt und übersandt von Leon an die Luxburgsche Verwandtschaft.

Boulevard Malesherbes im 17. Arrondissement. Hierbei handelte es sich um ein ursprünglich ärmeres Viertel, das zu Beginn der 1860er Jahre von Haussmann grundsaniert worden war und nun zu den modernen und bevorzugten Wohngegenden der Stadt gehörte. Bestattet wurde sie auf dem Friedhof Père Lachaise, neben dem Grab ihrer Eltern. Leon ließ es sich nicht nehmen, im Namen seiner Familie und der Schwester Zulma eine Trauerkarte zu drucken und diese auch an die Verwandten nach Deutschland zu schicken.[222] Der Tod der Gräfin wurde teilweise auch von der Presse vermerkt und dabei noch einmal auf ihre besondere Geschichte hingewiesen. So meldete etwa die Münchner „Bürger-Zeitung“: *Hier ist eine alte Geliebte Napoleons I., die Gräfin Luxbourg, die Mutter des Grafen Leon, 81 Jahre alt, gestorben.*[223]

Der trauernde Sohn sah in der möglichen Erbschaft einen neuerlichen finanziellen Rettungsanker. Doch dieser blieb ihm verwehrt. Mit der Witwe Lantenois et Denuelle-Saint Lou hatte Eleonore testamentarisch eine andere Erbin bestimmt, was nun vom Grafen angefochten wurde. Der Prozess zog sich mit Revisionen über mehrere Jahre hin, endete 1872 mit einer Niederlage des Grafen – und in einer politisch völlig neuen Zeit.[224] Frankreich war wieder eine Republik, der Bonapartismus am Ende, der Kaiser abgesetzt und im Exil in London – und hier weilte inzwischen auch Leon.

Was war geschehen? Im Laufe der 1860er Jahre geriet das Zweite Kaiserreich innen- wie außenpolitisch zunehmend in die Defensive. Napoleon III., von Krankheiten gequält, zeigte sich nicht mehr als der scharfsinnige Denker und Entscheidungsträger. Eine Verkettung verschiedener Umstände, unkluges Handeln, überzogene Stolz- und Ehrgefühle sowie eine realitätsferne, hysterische Kriegsbegeisterung führten 1870 in den Deutsch-Französischen Krieg. In der Schlacht von Sedan am 2. September 1870 erlitt Frankreich eine entscheidende Niederlage, bei der auch Napoleon III. in Gefangenschaft geriet. Wenige Tage später wurde in Paris die Republik ausgerufen, der Kaiser für abgesetzt erklärt. Dieser befand sich auf dem Weg nach Kassel, wo er in den folgenden Monaten in einem „*goldenen Gefängnis*“ das weitere Geschehen abwarten musste.[225] Der Krieg dauerte derweilen bis 1871, ehe in Versailles Frieden geschlossen wurde. Keine Rolle mehr spielte dabei Napoleon III., der als nunmehriger Ex-Kaiser die Reise nach England antrat, das er als Exil ausgewählt hatte. Hier lebte er in dem Landschloss Camden Place bei Chislehurst (Grafschaft Kent) in der weiteren Umgebung Londons.

Ebenfalls in Camden Town wohnte ab 1871 in weitaus bescheideneren Verhältnissen Leon. Als ein Cousin des Kaisers und ein bonapartistischer Kostgänger des Staates war

Letzte Wohnstatt von Eleonore auf dem Boulevard Malesherbes.

Camden Place, Residenz des exilierten Napoleon III. Grafik, 1870.

er in den Fokus der französischen Revolutionäre geraten. Zwar konnte er sich deren Zugriff durch Flucht entziehen, jedoch nicht verhindern, dass seine Wohnung geplündert wurde. Angesichts dieser Bedrohungslage zog er die Sicherheit im Ausland vor. Die Entscheidung für Camden Town fiel alles andere als zufällig. Wie ein Bär dem Honigtopf folgte Leon dem Ex-Kaiser in der Hoffnung, dass ein paar Tropfen auch für ihn abfallen würden. Und Louis-Napoleon zeigte sich durchaus generös und zahlte dem Cousin die zugesagte Rente einstweilen weiter, dieses Mal jedoch aus eigener Tasche.[226] Ob es zu einem persönlichen Zusammentreffen oder gar zu einer Versöhnung der beiden Schicksalsgenossen kam, ist unbekannt, erscheint jedoch angesichts der Vorgeschichte eher zweifelhaft.

Von einem Nieren- und Blasenleiden schwer gezeichnet, starb Louis-Napoleon bereits am 9. Januar 1873 in seinem Exil. Damit entfiel auch für Leon der Grund, noch länger in England zu bleiben. In Frankreich hatten sich die politischen Verhältnisse einigermaßen stabilisiert und mit dem Tod des Ex-Kaisers wich die Gefahr einer bonapartistischen Restauration, so dass einer Rückkehr nichts mehr im Wege stand. Die folgenden Jahre lebte Leon an verschiedenen Orten fernab der Hauptstadt, zunächst in Toulouse, schließlich in Pontoise, einem kleinen Ort nördlich von Paris. Hier verbrachte er die letzten Jahre mit seiner Familie in ärmlichen Verhältnissen. Die von seinem Cousin gezahlte Rente war 1877 endgültig weggefallen und so lag es vor allem an seiner Ehefrau, für das Auskommen zu sorgen. Am 14. April 1881, im Alter von 75 Jahren, starb Leon unbeachtet von der Öffentlichkeit nach langwieriger Krankheit. Bestattet wurde er in einem Armengrab auf dem Friedhof von Pontoise, das Kreuz mit seinem Namen verschwand nach kurzer Zeit. Die Grabstätte war schon nach wenigen Jahren nicht mehr identifizierbar. Dieser stille Abschied Leons von der Welt stand ganz im Gegensatz zu seinem lauten, bunten Leben, das zeitweise Tagesgespräch in Paris war, das in London für Aufsehen gesorgt und das auch in Mannheim Spuren hinterlassen hat.

In Pontoise, dem letzten Wohn- und Sterbeort Leons, arbeitete in den 1870er und 1880er Jahren unter anderem der impressionistische Maler Camille Pissarro (1830 – 1903). Aus dieser Zeit stammt das Bild „Paysage Pointoise" (Landschaft Pontoise) von 1880, heute im Musée d'Orsay, Paris.

NAPOLEON III. UND MANNHEIM

Napoleon III. Kopie nach Franz Xaver Winterhalter, nach 1853

Mannheim gehört sicherlich zu den Städten in Deutschland, mit denen Napoleon III. in guter Verbindung stand. Bereits in seiner Jugendzeit war er des Öfteren Gast in der Quadratestadt, wo er seine Tante Stephanie besuchte. Das Schloss mit dem Appartement der Großherzoginwitwe war ihm ebenso vertraut wie die Innenstadt mit Markt- und Paradeplatz. Er kannte den Schlossgarten und auch die Alleen entlang der beiden Flüsse und nicht zuletzt die alte Schiffsbrücke über den Neckar, von der er sich 1823 mit einem beherzten Sprung ins Wasser gestürzt hatte. Diese Erinnerung dürfte ihm nachdrücklich im Gedächtnis geblieben sein wie auch die anderen Aufenthalte in Mannheim. So erzählte er 1857 der Presse von einem Besuch in Mannheim im Jahr 1834, der ihn damals auch über den Rhein geführt hatte, wo es an der Stelle der heutigen *hübsche*[n] *Stadt* Ludwigshafen nur wenige Häuser gegeben habe.[227] Napoleon III. bzw. damals noch Louis-Napoleon weilte in den 1820er und 1830er Jahren teilweise über mehrere Wochen bei seiner Tante in der Quadratestadt, so dass es sehr wahrscheinlich ist, dass er mit dieser auch Aufführungen im Nationaltheater besucht hat. Im Vergleich zum beschaulichen Arenenberg in der Schweiz musste das grenznahe Mannheim mit seiner doch sehr frankophilen Bevölkerung wie ein Tor zu seinem Heimatland wirken, das dem Prinzen als Napoleonid bislang verschlossen war und das er bis dato nur als Kleinkind gesehen hatte.

Doch nicht nur dem 15-jährigen Kavalier von 1823, sondern auch dem stürmischen, wenn auch erfolglosen Putschisten Louis-Napoleon dürfte sich die Quadratestadt positiv eingeprägt haben. Nach seiner kurzzeitigen Flucht nach Amerika war er nach Europa zurückgekehrt, in der Hoffnung, sich wieder in Arenenberg niederlassen zu können. Doch dem schob die französische Regierung einen Riegel vor, indem sie im Oktober 1838 Truppen an der Schweizer Grenze zusammenzog und so die Ausweisung des Putschisten erwirkte. Nachdem England sich zu seiner Aufnahme bereit erklärt hatte, reiste Louis-Napoleon rheinabwärts und übernachtete dabei auch in Mannheim. Dort kam es zu öffentlichen Sympathiekundgebungen, indem sich eine Menschenmenge vor seinem Hotel „Pfälzer Hof“ versammelte und „*Vive Napoleon*“ rief. Hier und in anderen Städten Deutschlands wurde er offensichtlich als politischer Hoffnungsträger wahrgenommen, der gegen die Reaktion kämpfte und mit seinen liberal-monarchistischen Ideen begeisterte.[228]

Demgegenüber verlief der vermutlich nächste Besuch Napoleons weitaus weniger emotional und stürmisch. Nach Verhandlungen mit dem russischen Zaren in Stuttgart passierte er, nunmehr als französischer Kaiser, Ende

September 1857 die Quadratestadt. Mannheim war in jenen Jahren Endstation der Eisenbahnstrecke, eine Verbindung über den Rhein nach Ludwigshafen gab es noch nicht. Daher war der Kaiser gezwungen, umzusteigen und mit der Kutsche in die Nachbarstadt zu fahren. Seine Ankunft sorgte in Mannheim bereits im Vorfeld für Aufregung und hektische Betriebsamkeit. *Bereits sind hier viele Maßregeln zu seinem Empfange getroffen. Die Straßen der Stadt, durch die der kaiserliche Zug sich bewegen wird, sind bereits mit Kies bedeckt; während die Ein- und Ausgänge der Stadt durch Fahnendraperien geziert werden sollen. Schon treffen Fremde in großer Zahl hier ein.*[229] Am großen Tag, dem 29. September 1857, ging dann alles ganz schnell: Napoleon III. kam gegen halb elf mit einem Extrazug am Bahnhof – damals noch am Tattersall – an, wo er mit Militärmusik empfangen wurde. Stadtdirektor Graf Rudolf von Hennin und Oberbürgermeister Heinrich Christian Diffené begrüßten den Ankömmling, der anschließend in offener Kutsche und unter Begleitung einer Dragonerabteilung zu Pferde durch die Planken fuhr, vom Paradeplatz dann zum Schloss und durch den Schlossgarten zur Rheinbrücke. Der Kaiser wurde unter anderem von Außenminister Walewski, dem Halbbruder Leons, begleitet, ebenso von verschiedenen Offizieren und einigen Dienern. Nicht in Mannheim anwesend war derweil seine Tante Stephanie; sie hatte er wenige Tage zuvor in Bruchsal getroffen.

In Mannheim war es eine reine Durchfahrt, die kaum länger als eine halbe Stunde dauerte. Auf der Rheinbrücke wurde Napoleon III. von Prinz Luitpold im Namen des bayerischen Königs in Empfang genommen und nach Ludwigshafen begleitet. Nach einem kurzen *Dejeuner* stieg er um 12.30 Uhr in den Zug nach Forbach.[230]

Der Kaiser wurde dabei sicherlich von den Einheimischen beobachtet, zu Vivat-Rufen oder sonstigen Sympathiebekundungen wie 1838 kam es jedoch nicht. Die Zeiten waren auch andere. Der einstige Hoffnungsträger war ein Staatsmann geworden, der außenpolitisch eine Vormachtstellung Frankreichs in Europa anstrebte und dafür auch so manchen kriegerischen Konflikt riskierte. Insgeheim liebäugelte er mit dem Rhein als deutsch-französische Grenze, was er öffentlich zwar immer abstritt, ihm aber des Öfteren vorgeworfen wurde. Letztlich jedoch scheiterte er mit seiner Politik, da er insbesondere die deutschen Verhältnisse zuletzt falsch einschätzte und sich von Bismarck provozieren ließ. Die Niederlage im deutsch-französischen Krieg 1870 beendete seine Herrschaft und zwang ihn ins Exil nach London, wo er 1873 starb.

Dennoch sollte er nach Mannheim zurückkehren: Im Zuge der Neueinrichtung des Mannheimer Schlosses erwarb das Land Baden-Württemberg 2006 ein Ganzfigurenporträt von Kaiser Napoleon III., gefertigt nach einem Gemälde von Franz Xaver Winterhalter. Es hängt seither im sogenannten Blauen Salon des ehemaligen Appartements der Großherzogin Stephanie.

Ebenfalls in Mannheim: Edouard Manets Gemälde „Die Erschießung des Kaisers Maximilian von Mexiko" von 1869. Auf der rechten Seite befindet sich ein Soldat, der Napoleon III. ähnelt. Manet kritisiert damit implizit die Außenpolitik des französischen Kaisers, die zum Tod Maximilians führte.

16. NAPOLEONS ZWEITFAMILIE UND MANNHEIM – WAS BLEIBT

Mit Leon starb im Jahr 1881 das letzte Mitglied der ehemaligen Mannheimer „Zweitfamilie" Napoleons. Abgesehen von Luxburg, der ja streng genommen nicht zur Familie gehörte, verschied keiner der beschriebenen Protagonisten in der Quadratestadt bzw. Umgebung. Weder Eleonore noch Leon dürften nach 1853 noch einmal in der Rhein-Neckar-Region gewesen sein. Demgegenüber hielt Stephanie gewissermaßen als Lokalmatadorin Mannheim die Treue, das bis zuletzt neben Baden-Baden und Umkirch ihr bevorzugter Aufenthaltsort blieb. Der Umstand, dass sie 1860 ausgerechnet im fernen Nizza an der Côte d'Azur verschied, war eher dem Zufall geschuldet.

Ihre sterblichen Überreste, oder, wie die zeitgenössischen Zeitungen es schrieben, *die hohe Leiche Ihrer Königlichen Hoheit*, wurde am 6. Februar 1860 in der badischen Fürstengruft in der Schlosskirche zu Pforzheim beigesetzt.[231] Knapp eine Woche vorher war ihr Ableben im Land bekannt geworden. Das Mannheimer Journal schrieb hierzu: *Die Trauer ist hier um so größer, als die hiesige Stadt, welche das Glück hatte, nahezu vierzig Jahre die Residenz der nunmehr verewigten Großherzogin zu sein, in reichem Maße sich der Gunst der höchstselbigen Fürstin erfreute, einer Fürstin, welche alle Vorzüge des Geistes und des Herzens in sich vereinte, und mit ihren leuchtenden Eigenschaften eine hohe Zier der Stelle war, die ihr die Vorsehung zugewiesen.*[232] An der Beisetzung in Pforzheim

Trauerzug zur Beisetzung der Großherzogin Stephanie. Druck, 1860.

nahm auch eine Delegation aus Mannheim teil, bestehend aus dem Oberbürgermeister Heinrich Christian Diffené sowie weiteren Repräsentanten der Gemeinde.

Allzu groß dürfte die Trauer unter den Einheimischen dennoch nicht gewesen sein. Wie bereits die Schilderungen ihrer Verwandten Stephanie Tascher de la Pagerie zeigten, wurde der Hofstaat der Großherzoginwitwe selbst von ihr wohlgesonnenen Personen als skurriles Relikt einer vergangenen Zeit wahrgenommen. Ihre Ausstrahlung in die Stadt und Stadtgesellschaft, die Stephanie in den 1820er und 1830er Jahren ausgezeichnet hatte, war mit der Zeit verblasst. Darüber konnten auch ihre wohlmeinenden Stiftungen nicht hinwegtäuschen. Eine *Hof- und Invitations-Liste für das Jahr 1858/59* zeigt, dass Stephanie nach wie vor bevorzugt Adlige, Militärs, Beamte und nur wenige Personen aus dem lokalen Bürgertum zu Veranstaltungen im Schloss willkommen hieß; kein Wunder, hatte sich doch ein Großteil der bürgerlichen Bevölkerung und der politisch Verantwortlichen 1848 der Revolution und auch der 1849 ausgerufenen badischen Republik angeschlossen. Beides wurde von Stephanie strikt abgelehnt. Obwohl selbst nur dem niederen Adel entstammend, hatte sie sich vollumfänglich in ihre Rolle als Teil des regierenden Hochadels eingefunden und dessen konservative Ideologie übernommen. Dennoch sah man in ihr zeitweise die Landesmutter vor Ort – eine Reminiszenz an die verlorene Residenzzeit, der Mannheim noch über Jahrzehnte hinweg nachtrauerte.

Stephanie erwarb sich mit der Errichtung und Erweiterung des Schlossgartens wie durch ihre verschiedenen Stiftungen bleibende Verdienste um die Stadt. Auch wenn die Parkanlage im Laufe des 20. Jahrhunderts zu großen Teilen dem Verkehr zum Opfer fallen sollte, so erinnert heute noch die Bezeichnung Stephanienufer für die rheinnahe Straße im Stadtteil Lindenhof an ihre Person. Gleiches gilt für die Luisen-Stephanien-Stiftung, die auf das ehemalige Louisenhaus zurückgeht und unter dem Dach des Caritas-Verbandes immer noch existiert.

Trotz ihrer Sympathien für den Bonapartismus eckte sie politisch nicht weiter an, so dass sie seit der Wende vom 19. zum 20. Jahrhundert in Mannheim zu den gerne genannten und gefeierten historischen Persönlichkeiten gehörte. Ihre französische Herkunft wie

Kopie der Statue von Stephanie Beauharnais am Mannheimer Stephanienufer. Foto von Konrad Taucher, 2017.

ihre zeitlebens vorhandene Sehnsucht nach ihrem Heimatland wurden ihr selbst in den nationalistischsten Zeitaltern kaum verübelt. Vor diesem Hintergrund erscheint es folgerichtig, dass sie 1907 mit einer Statue geehrt wurde, die man damals hinter dem Westflügel des Schlosses aufstellte. Der Mannheimer Bankier, Mäzen und Ehrenbürger Karl Reiß stiftete sie anlässlich des 300. Stadtjubiläums – gewissermaßen ein Gegengeschenk zu den vom Haus Baden im gleichen Jahr spendierten Statuen des Kurfürsten Karl Ludwig und des Großherzogs Karl Friedrich. Diese fanden vor dem Schloss einen noch prominenteren Platz und stehen heute im Ehrenhof. Die Tatsache, dass Reiß das Abbild einer Frau in Marmor fertigen ließ, ist bemerkenswert ebenso wie der Umstand, dass ausgerechnet die in Karlsruhe nicht immer wohlgelittene Stephanie mit dieser Auszeichnung bedacht wurde und nicht eine andere Badnerin. Die Ehrung war daher sicher eine staatstreue Geste, jedoch mit starkem Mannheimer Kolorit versehen. Sie brachte die spezielle Beziehung, um nicht zu sagen Anhänglichkeit der Quadratestadt zu Stephanie zum Ausdruck, die sich bis in die Gegenwart zieht.

Und so verwundert es auch nicht, dass es vor allem Historiker aus Mannheim waren, die sich mit der ehemaligen Großherzogin beschäftigt haben. Der ehemalige Stadtarchivar Friedrich Walter widmete ihr eine ausführliche Biographie wie auch der Vorsitzende des Mannheimer Altertumsvereins Rudolf Haas. Die von Karl Reiß gestiftete Statue (bzw. eine Replik) befindet sich heute am Stephanienufer und wird jährlich ehrenamtlich von einer lokalen Bürgerinitiative gereinigt – ein ungewöhnliches Privileg, das es für die anderen 1907 gestifteten Denkmäler im Übrigen nicht gibt. Und auch von offizieller Seite hat man Stephanie längst als Werbebotschafterin für die Region entdeckt. Das seit 2007 erneuerte Schlossmuseum widmet ihr breiten Raum, indem nicht nur ihre ehemaligen Zimmer, die im Zweiten Weltkrieg zerstört worden waren, im zeitgenössischen Stil wiedereingerichtet wurden; zudem gab es erfolgreiche Initiativen, Teile ihres Schmucks bzw. der Garderobe käuflich zu erwerben und auszustellen. Und auch bei den Einwohnern Mannheims genießt die *Herzogin mit großem Herz* als *badische Sissi* oder gar *Lady Di des 19. Jahrhunderts* immer noch eine gewisse Bekanntheit und Sympathie.[233]

Diese starke Erinnerung an Stephanie kontrastiert mit jener an Eleonore, die komplett in Vergessenheit geraten ist. Die ehemalige Schulkameradin der Großherzogin war, wie geschildert, in den 1820er und 1830er Jahren eine schillernde Berühmtheit in der Quadratestadt gewesen. Dies hing nicht zuletzt mit ihrer häufigen Präsenz im Nationaltheater zusammen, für das über lange Jahre ihr Ehemann Karl August von Luxburg verantwortlich war. Mit ihrem Wegzug aus Mannheim erlosch auch die Erinnerung an sie weitgehend. Zwar wurde ab und an noch im frühen 20. Jahrhundert ihre Geschichte in Artikeln der lokalen Zeitungen aufgegriffen –, dabei freilich im Stile einer sensationshungrigen Yellow Press, die vor allem an Kuriositäten interessiert waren und dabei zahlreiche Falschangaben machten. Dies gilt im Übrigen auch für Karl August von Luxburg, aus dessen Leben Historiker, wie beschrieben, eine Mélange mit dem Werdegang seines Bruders Friedrich Christian zusammenrührten. Dabei stand der Diplomat immer im Vordergrund, während man den Theaterintendanten selbst in Mannheim nicht mehr kennt. Indes geht das überaus kritische Urteil seines Großneffen zu weit, der schrieb: *Karl Luxburg hat ein anfangs recht leichtsinniges, wenig ziel- und verantwortungsbewusstes, darum wohl auch nicht erfolgreiches Leben geführt, das keine bleibenden Spuren hinterlassen hat.*[234] Allein das Nationaltheater in den kritischen 1820er und 1830er Jahren am Leben gehalten zu haben, ist sicherlich ein bleibendes Verdienst des Grafen.

In der Rhein-Neckar-Region erinnert nichts mehr an die ungewöhnliche Geschichte des Ehepaars Luxburg. Ihr ehemaliger Wohnsitz, das Stengel'sche Schloss, erlebte nach 1852 mehrfache Besitzwechsel und wird derzeit von der Stadt Mannheim als Verwaltungsgebäude mit Trausaal genutzt. Heute noch und damit 150 Jahre nach ihrem Tod existent ist hingegen das Grab Eleonores sowie ihrer 1870 verstorbenen Schwester Zulma auf dem Friedhof Père Lachaise in Paris. Dies verdankt sich der „Association Conservation Monuments Napoléoniens (ACMN)“, die es 2006 renovieren und mit einer modernen Grabplatte versehen ließ. Eleonore wird hierbei ausschließlich mit ihrem Mädchennamen genannt, ihre Beziehung mit dem Kaiser auf einem Extraschild aufgeführt.[235]

Grab Eleonores mit der Plakette der ACMN. Foto, 2023.

Demgegenüber hatte die letzte Ruhestätte ihres Gemahls Karl August von Luxburg in Seckenheim keinen dauerhaften Bestand. Sie war um 1930 noch vorhanden, verschwand jedoch in den folgenden Jahrzehnten. Der Stammsitz seines Adelsgeschlechts wurde in der zweiten Hälfte des 19. Jahrhunderts das Schloss Aschach bei Bad

Innenhof von Schloss Aschach in Unterfranken. Foto 2022.

Kissingen in Unterfranken. Friedrich von Luxburg, einer der Söhne Friedrich Christians und Erbe des Schlosses von Seckenheim, erwarb 1873 das Anwesen und baute es zu einem neuen Familiensitz aus. Heute befindet sich hier unter anderem das Graf-Luxburg-Museum, das neben einem Bild Karl Augusts auch einige ihn betreffende Archivalien verwahrt.

Erwähnung auf dem genannten Grabstein Eleonores findet auch Leon. Sein eigenes Grab war bereits 1901 nicht mehr aufzufinden, dennoch blieb er noch Jahrzehnte nach seinem Tod im Gedächtnis der Pariser Öffentlichkeit. Ein literarisches Denkmal setzte ihm der Journalist Philibert Audebrand (1815 – 1906) in seinen 1905 erschienenen Memoiren „Dernier Jours de La Bohème". Leon sei 35 Jahre lang *eine der Kuriositäten von Paris* gewesen. *Wer hat ihn nicht gesehen, beäugt, gezeichnet, entweder mit dem Bleistift oder dem Pinsel? Wer wurde nicht bewundert, der mit ihm plaudern konnte? Er war von sehr großem Wuchs, fünf Fuß und zehn Zoll mindestens, er hielt sich gerade, kleidete sich schön, er war wie eine lebendige Fotografie von Napoleon, wie von einer Lupe vergrößert.*[236] Allerdings sei er nur eine schlechte Kopie des wahren Napoleon gewesen, obwohl er sich als solcher geriert habe, eine armselige und lächerliche Figur, die in keiner Weise an die Geistes- und Schaffenskraft des Vaters reichte.

Hielt lange die Erinnerung an Leon wach: Der französische Journalist und Schriftsteller Audebrand (1815 – 1906). Foto, o.D.

Die Jahre um die Wende zum 20. Jahrhundert zeichneten sich durch einen neuerlichen Napoleonkult aus, das Ausgreifen des Kaisers auf Europa erschien als Vorbild für koloniale Bestrebungen. Doch mehr als in der vergleichbaren Phase um 1840 wurde nun auch Kritik an ihm geäußert, die sich unter anderem in Darstellungen seines Privatlebens und somit auch in der Biographie Leons niederschlug. 1913 erschien das große Buch über Leon, geschrieben vom belgischen Populärhistoriker Hector Fleischmann. Dieser hatte Zugang zu Quellen bei Nachfahren Ménevals und schrieb auf dieser Basis die letztlich geschichtsbildgebende Biographie, allerdings mit zahlreichen Fehlern (wie bei Luxburg) und vielen eher ironisch-verächtlichen Seitenhieben auf die Person seines Interesses. Mannheim kam darin kaum vor, lediglich die Zeit um 1823, der kurze Aufenthalt bei der Mutter und das Studium in Heidelberg. Gleichwohl bildete Fleischmanns Arbeit die Basis für mehrere Werke, die seit den 1970er Jahre erschienen sind. Unter ihnen ragt die Arbeit von Dennis Walton Dodds hervor, der zwar manche Irrtürmer Fleischmanns fortschrieb, jedoch auch Unterlagen aus dem Besitz der Nachfahren Leons einsehen konnte. Schließlich fanden sich in den letzten Jahrzehnten französischsprachige Autorinnen und Autoren, die den spektakulären und teilweise auch bizarren Werdegang literarisch verarbeiteten und Romane sowie Dramen über ihn verfassten.[237] Eine Verfilmung scheint es bislang nicht gegeben zu haben.

Somit erfreut sich Graf Leon in Frankreich immer noch einer gewissen Bekanntheit. Ganz anders ist die Situation in Deutschland, wo er mittlerweile komplett in Vergessenheit geraten ist – ähnlich wie seine Mutter Eleonore und der De-facto Stiefvater Karl August von Luxburg. Selbst in Mannheim, Seckenheim und Neckarhausen, wo sie alle zumindest zeitweise gelebt haben, sind sie völlig aus dem historischen Bewusstsein verschwunden. Aber auch wenn ihre Spuren heute nicht mehr sichtbar sind, so hat doch die Quadratestadt für sie eine gewisse Bedeutung gehabt und ihr Leben in mancher Hinsicht geprägt. Dies gilt auch für Stephanie, der heute immer noch bekannten Napoleonidin, die trotz der vorhandenen Abneigung und Distanzierung doch einiges gemeinsam mit Karl August, Eleonore und Leon hatte.

Leon als alter Mann. Foto in Privatbesitz, abgebildet bei Dodds, S. 194.

Auch wenn die hier verwendete Bezeichnung als Napoleons „Zweitfamilie“ vielleicht als zu provokant erscheinen mag – es war letztlich der große Korse, mit dem sie alle verwandtschaftlich verbunden waren und der ihr Leben entscheidend bestimmte. Ihre enge, direkte Beziehung zu Napoleon brachte sie nach Mannheim, wo sie teilweise über Jahrzehnte miteinander oder auch nebeneinander lebten. Die Verbindung zum ehemaligen Kaiser war es auch, die ihr Leben wiederholt in den Fokus der Öffentlichkeit rückte. Er war es, der ihnen auch nach seinem Tod einen Stempel aufdrückte – als sein Sohn, als seine Geliebte (und deren Ehemann), als seine Adoptivtochter. Ihr Leben stand damit immer wieder unter dem schwer steuerbaren, teils auch unguten Einfluss einer großen Vergangenheit. Damit hatten sie allesamt umzugehen und jeder bzw. jede für sich einen Weg zu finden. Einem eher wankelmütigen Charakter wie Leon gelang dies weniger, einer gefestigten

Frau wie Stephanie indes mehr. Dennoch: Napoleon war ihr Anfang und bestimmte ihr Leben. Er war zwar nicht ihr Ende, aber sein Geist griff immer wieder bis zu ihrem Lebensende auf sie über, sein Name findet sich teilweise sogar auf ihren Grabsteinen.

Und so bleiben vier Biographien, vier Lebensläufe, die spektakulär und in mancher Hinsicht auch skurril erscheinen. Sie waren voller wechselhafter Umstände, schwebten zwischen kleiner Normalität und dem Schatten der großen Historie, zwischen stiller Privatheit und schreiender Öffentlichkeit. Und nicht zuletzt waren sie voller Emotionen, Sehnsüchte, Begehrlichkeiten, Liebe und auch immer wieder Hass. In ihnen gab es Höhenflüge, aber auch großes Scheitern.

Kurzum, es ist eine dramatische Geschichte von vier außergewöhnlichen Menschen aus Mannheim. Eine Geschichte, die nicht direkt mit Lehren und großen Betrachtungen aufwarten kann, die vielleicht nur wenig bereichernde Erkenntnisse und Einsichten zu bieten scheint, die vielleicht einfach nur interessant zu lesen und zu hören ist. Eine Geschichte, die es sich hoffentlich gelohnt hat, erzählt zu werden. Für den Autor allemal.

Bis zuletzt dem Vater ähnlich: Während des Londoner Exils fertigte John Theodore Tussaud eine Wachsmaske von Leon an. Abgebildet bei Dodds, S. 208.

ANHANG

ANMERKUNGEN

1 Schuler, S. 29.
2 Stockert, Häuser, S. 144.
3 www.geschichte.fm (Aufruf vom 9.7.2023).
4 Der bei Wikipedia aufgelisteten Zeitreihe zufolge, die auf Rechnungen von Franz Baur (1975) basiert, betrug die Durchschnittstemperatur in Mitteleuropa im Januar 1823 minus 8,1 Grad Celsius und war damit nach dem Januar 1838 der zweitkälteste Monat des 19. Jahrhunderts. Vgl. https://de.wikipedia.org/wiki/Zeitreihe_der_Lufttemperatur_in_Deutschland (Aufruf vom 2.1.2023).
5 Walter, Mannheim Band. 1, S. 719 ff.
6 Zitat und Anzeigen in: Mannheimer Tageblätter, 11.1.1823.
7 Anders als im Französischen werden die Namen Leon, Stephanie, Napoleon und Eleonore in den deutschen Quellen und Darstellungen ohne Accent aigu geschrieben. Um eine gewisse Einheitlichkeit im Text zu gewährleisten, werden diese Namen im Folgenden konsequent in deutscher Schreibweise wiedergegeben. Ausnahmen bilden wörtliche Zitate aus dem Französischen, die in der vorliegenden Form übernommen werden.
8 Jerrold, Band 1, S. 119.
9 Vgl. Anzeige in: Neue Speyerer Zeitung, 22.2.1823.
10 Beide Zitate aus den 1827 erschienenen „Reisebildern“ von Heinrich Heine. Hier bei: Willms, Mythos, S. 298.
11 Neue Speyerer Zeitung, 14.1.1823.
12 Tagebucheintrag vom 21.4.1824. Varnhagen von Ense, S. 61.
13 Nipperdey, S. 11.
14 Tulard/Garros, S. 265.
15 Stockert, 1801–1815, S. 6.
16 Gall, S. 224.
17 Revel, Ravisseur, S. 42. Vgl. Fleischmann, Bâtard, S. 33.
18 Vgl. überblicksartig https://www.napoleon.org/histoire-des-2-empires/articles/madame-campan-et-ses-eleves (Aufruf vom 2.1.2023).
19 Haroche-Bouzinac, S. 241.
20 Vgl. zum Folgenden: Haas, S. 9–16.
21 Vgl. Stratmann-Döhler, S. 262–263; anders Haas, S. 9, der als Todesjahr der Mutter 1792 angibt.
22 Vgl. Fleischmann, Bâtard, S. 23 f. Fleischmann stützt sich dabei auf die Angaben von Eleonores Gatten Revel, die als tendenziös einzuschätzen sind.
23 Apponyi, S. 146 ff; vgl. Masson, S. 175.
24 So Revel rückblickend. Zitat bei Fleischmann, Bâtard, S. 21.
25 Campan, Band 1, S. 291.
26 Willms, Napoleon, S. 439.
27 Zum Folgenden vgl. Haas, S. 27–34.
28 Zitat bei Taube, S. 58.
29 Zitat bei Haas, S. 39.
30 Caude, S. 79.
31 https://www.napoleon.org/en/history-of-the-two-empires/paintings/the-hotel-bonaparte-on-the-rue-chantereine-later-rue-des-victoires (Aufruf vom 15.4.2023).
32 Abschrift der Urkunde in: Fleischmann, Bâtard, S. 9.
33 Vgl. z.B. Dodds, S. 14. Gleichwohl gibt es Berichte darüber, dass Napoleon seine Vaterschaft anzweifelte.
34 Gavoty, S. 121; Normington, S. 7ff., 19.

35 Vgl. etwa Dodds, S. 28.
36 Dodds, S. 39.
37 https://www.instagram.com/p/Bymt9Q0jug1 (Aufruf vom 29.4.2023).
38 https://zeitreise.staedelmuseum.de/kunstwerk/1031/ (Aufruf vom 17.7.2023). Hier wird irrtümlich nicht der Gérard im Privatbesitz sondern das Gemälde aus Saint-Quentin gezeigt.
39 Städel-Archiv, GS 136, S. 3.
40 Galerie Hugo Helbing, S. 3.
41 Der Dialog findet sich in den posthum herausgegebenen Memoiren von Hortense. Memoires Hortense, Band 3, S. 32 f. Vgl. Dodds, S. 36 f.
42 Fleischmann, Bâtard, S. 73.
43 Fleischmann, Bâtard, S. 75.
44 Zu Mauvières vgl. https://www.alsace-histoire.org/netdba/mathieu-joseph-ignace-baron-de-mauvieres/ (Aufruf vom 17.7.2023).
45 Eine Abschrift der Urkunde wurde später im Gerichtsprozess von Revel verwendet und veröffentlicht. Erstmals bei Revel, Désaveu, S. 23 – 27; vgl. später bei Nauroy, S. 116 – 117.
46 Correspondance de Napoléon Ier, S. 604.
47 Fleischmann, Bâtard, S. 82.
48 Fleischmann, Bâtard, S. 139f.; Dodds, S. 44f.
49 Fain, S. 307.
50 Ernennungsurkunde von 1801 sowie Kopie der Schuldverschreibung von 1783 in der Dienstakte Luxburg. BHStA Abt IV OP 79941. Hier auch eine Beschreibung des Lebenslaufs von Karl August vom 25.8.1813 durch den bayerischen Kriegsminister Johann Nepomuk von Triva.
51 Regest zum 18.4.1798. Luxburg-Archiv A587.
52 Blust, S. 76 – 80.
53 Vgl. Notiz des bayerischen Referenten Krenner o. D. in der Dienstakte Luxburg. BHStA Abt IV OP 79941.
54 Die folgenden Daten stammen aus Regesten, die Heinrich von Luxburg um 1930 aus den Tagebucheinträgen seines Großvaters Friedrich Christian erstellt hat. Luxburg-Archiv A587. Die Originale des Jahrgangs 1812 sind nicht mehr auffindbar.
55 Luxburg, Abriss, S. 35.
56 Probst, Seckenheim, S. 190.
57 Luxburg, Abriss, S. 21. Laut Luxburg grenzte das Haus direkt an das Oberndorffsche Schloss an.
58 Brief an Adolphe und Delphine Custine in Fervaques vom 12.4.1817. In: Varnhagen, Rahel, Band 3, S. 468
59 Regest zum Tagebucheintrag von Friedrich Christian vom 28.8.1815. Luxburg-Archiv A587.
60 Vgl. hierzu die Zusammenstellung von Heinrich von Luxburg, „Anhaltspunkte zur Lebensgeschichte des Grafen Karl von Luxburg“. MARCHIVUM, Nachlass Walter, Zug. 3/1956 Nr. 616.
61 Regest zum 1.1.1818. Luxburg-Archiv A587.
62 Beleg bei Fleischmann, Bâtard, S. 100.
63 Journal des Débats politques et litteraires, 16.12.1815.
64 Regensburger Zeitung, 16.1.1816.
65 Vgl. etwa Berlinische Nachrichten von Staats- und gelehrten Sachen (23.12.1815), Augsburgische Ordinari Postzeitung (20.12.1815), Fränkischer Merkur (19.12., 25./26.12.1815) Erlanger Real-Zeitung (26.12.1815), Baireuther Zeitung (29.12.1815), Allgemeine Zeitung (23.12., 27.12.1815).
66 So die Berlinische Nachrichten, 23.12.1815.
67 So das Morgenblatt für gebildete Stände, 21.12.1815.
68 Baierische Nation-Zeitung, 23.1.1816.
69 Frankfurter Oberpostamtszeitung, 28.12.1815.
70 Revel, Nouvelles preuves.
71 Diese geht auf Bauer, S. 157 zurück. Vgl. dazu Artikel „Eine schöne Mannheimer Intendantin“, in: Hakenkreuzbanner, 19.8.1937.
72 So auch entsprechende Tagebucheinträge von Friedrich Christian. Vgl. etwa Regest vom 11.7.1819. Luxburg-Archiv A 587.

73 Bourg, S. 491 – 509.
74 So die Erinnerung Rahel Varnhagens. Zitat bei Haas, S. 51.
75 Zitat bei Haas, S. 51.
76 Hofgesellschaft, Sp. 95 f.
77 Die Titulatur müsste eigentlich „Gräfin von Luxburg“ heißen. Da die Schwiegermutter Carolina Maria im Vorjahr verstorben war, muss es sich hier um Eleonore handeln.
78 Dies geht aus der im Stadtrat verhandelten Befreiung Luxburgs vom Pflastergeld hervor, der ein Quartier in Mannheim habe. MARCHVUM, Ratsprotokolle, 1/1900. Eintrag vom 29.3.1816. Im Mannheimer Adressbuch 1817 wird ein Graf Luxburg in O 3,7 gemeldete. Es könnte sich jedoch auch um den Vater Johann Friedrich gehandelt haben.
79 MARCHIVUM, Bestand Polizeipräsidium (Familienstandsbögen 1807 – 1900), Zug. 8/1962. Carl Graf von Luxbourg.
80 Walter, Stephanie, S. 358.
81 Bauer, S. 456.
82 Vgl. MARCHIVUM, (wie Anm. 79).
83 MARCHIVUM, Bestand Polizeipräsidium (Familienstandsbögen 1807 – 1900), Zug. 8/1962. Franziska von Laplaigne.
84 Eintrag vom 31.1.1868, Archives Paris, Actes d’état civil, 8ième Arr., Décès V4E936.
85 Revel, Désaveu, S. 36.
86 Brief von Eleonore an Méneval aus Mannheim vom 5.11.1821, abgedruckt in: Le Constitutionnel. Journal du commerce, politique et littéraire (5.6.1846). Dieser Brief wurde 1845/45 im Prozess zwischen Leon und Eleonore als Beweisstück verwendet.
87 Schreiben in GLA KA, 69 von Holzing-Berstett Nr. 170.
88 MARCHIVUM, Bestand Polizeipräsidium (Familienstandsbögen 1807 – 1900), Zug. 8/1962. Carl von Leon.
89 Brief Leons an Méneval o.D. von 1825, in GLA KA, 69 von Holzing-Berstett Nr. 254.
90 Dodds, S. 48.
91 UA HD, Matrikel der Universität Heidelberg, M 8: 1810 – 1825. Online unter: https://digi.ub.uni-heidelberg.de/diglit/uah_m8/0524 (Aufruf vom 17.7.2023).
92 Für die Auskunft danke ich Diana Weber, Stadtarchiv Heidelberg.
93 Universität Heidelberg, Vorlesungen 1824, S. 10 ff.
94 Vgl. das gedruckte Verzeichnis der sämmtlichen Studierenden der Universität Heidelberg im Sommersemester 1825, S. 71. Online unter: https://doi.org/10.11588/diglit.2669#0478 (Aufruf vom 17.7.2023).
95 Roeseling, S. 67 ff.
96 Menzel, S. 198.
97 Dietz, S. 39.
98 Varnhagen von Ense, S. 348.
99 Schriftwechsel in GLA KA, 69 von Holzing-Berstett Nr. 254.
100 Beide hier angeführten Schreiben Ménevals bei Fleischmann, Bâtard, S. 142 f.
101 GLA KA, 233/19035.
102 Vgl. zum Folgenden die Zeitungsartikel von Lurz.
103 Lurz, Sohn Napoleons.
104 Vgl. Einträge vom 4.10.1830 sowie 10.8.1831 im Pfandbuch 1830/31. MARCHIVUM Zug. 3/1900 Nr. 13, S. 52, 231 f.
105 Verzeichnis Mannheim, S. 1, 4.
106 Vgl. hierzu Anzeigen zu einem Mietprozess gegen den Engländer Thomas Smith. Großherzoglich Badisches Anzeigeblatt für den Unterrhein-Kreis 6.5.1836.
107 Vgl. die eher zufällig gefundenen Gästemeldungen in: Karlsruher Intelligenz- und Wochen-Blatt 12.5.1825, Mannheimer Zeitung vom 7.6.1828, Karlsruher Intelligenz- und Wochenblatt 30.4.1829, Königlicher Bayerischer Polizei-Anzeiger von München, 27.1.1830, Karlsruher Zeitung 29.2.1832, Karlsruher Intelligenz- und Tage-Blatt 19.3.1833, Karlsruher Intelligenz- und Tage-Blatt 8.1.1834.
108 Brief an Friderike Limann in Berlin vom 20.3.1816. Varnhagen, Rahel, Bd. 3, S. 362.
109 Walter, Mannheim Band 2, S. 145.

110 Vgl. Hirsch S. 87 ff.
111 Schreiben des Außen- an das Staatsministerium vom 6.3.1821, in GLA KA, 233/29174.
112 Walter, Mannheim, Band 2 S. 157.
113 Pichler, S. 233.
114 Leopold, S. 93.
115 Feder, Band 2, S. 162.
116 Vgl. Mailath, S. 17 – 28. Der bei Pichler geäußerte Vorwurf, Luxburg habe Sophie Müller nicht halten wollen, trifft daher nicht zu. Pichler, S. 229.
117 Schreiben Großherzog Ludwigs vom 27.8.1827 (Kopie) in GLA KA, 46/7103.
118 Vgl. eine entsprechende Klausel in der Disziplinarordnung des Münchner Theaters: Wer gegen die Sittlichkeit oder gegen die Achtung fehlt, die er dem Hofe, Publikum, der Regie und dem Künstlerpersonale schuldig ist, verfällt in eine festzusetzende verhältnißmäßige Geld- oder Arreststrafe, unabbrüchig der für den einen oder anderen Fall durch die Strafgesetze bedingten Einschreitung. Disciplinar-Satzungen, S. 13.
119 Gutzkow, S. 291 ff. Zitate von S. 299, 300.
120 Pichler, S. 227 f.
121 Pichler, S. 248.
122 Walter, Oper, S. 211.
123 Pichler, S. 248.
124 Bauer, S. 456.
125 Hiltl, S. 108.
126 Schreiben Stengels an den Theaterkommissär Jolly vom 23.10.1835 in GLA KA, 213/3700.
127 Schreiben des Außenministeriums an das Staatsministerium mit Bestätigungsvermerk vom 4.2.1836 in GLA KA, 233/29175.
128 Schreiben an Kühn vom 26.1.1927 in Luxburg-Archiv A585.
129 Luxburg, Frauen, S. 437.
130 Fleischmann, Bâtard, S. 241 f.
131 Revue des études napoléonnienes 1/1929, S. 64.
132 Walter, Stephanie, S. 485.
133 Luxburg, Frauen, S. 435 – 437.
134 Gläser, S. 23.
135 Vgl. z.B. Nauroy, S. 115
136 Simson, S. 113.
137 Allgemeine Zeitung vom 20.3.1840.
138 Billard, S. 25.
139 Dodds, S. 58 ff.
140 Das Ausland. Ein Tagblatt für Kunde des geistigen und sittlichen Lebens der Völker. Artikel vom 8.3.1832.
141 Vgl. etwa The Gentleman's Magazine and Historical Chronicle 102 (1832), S. 382.
142 Allgemeine Zeitung 4.8.1834.
143 Fleischmann, Bâtard, S. 171.
144 Vgl. etwa Artikel in: Karlsruher Zeitung, 2.8.1834 (hier auch das Zitat); Allgemeine Zeitung 4.8., 21.10., 27.10.1834; Der Rheinbayer 5.8.1834.
145 Zitat bei Willms, Mythos, S. 287.
146 Didaskalia. Blätter für Geist, Gemüth und Publizität. 25.8.1840.
147 Dodds, S. 71.
148 Huth, Band 2, S. 1232; Bayer, S. 154.
149 Fetzer, S. 69.
150 Dodds, S. 55.
151 Dodds, S. 56 f.

152 Fleischmann, S. 156.
153 Brief vom 15.9.1834. Fleischmann, Joseph, S. 200 f.
154 Papiers Secrets, S. 19 ff.
155 Willms, Napoleon III., S. 29 f.
156 Riberette, S. 164 ff.
157 Dessoly, S. 65 f.
158 Schreiben vom 29.2.1840. Fleischmann, Bâtard, S. 189.
159 Schreiben vom 2.3.1840. Fleischmann, Bâtard, S. 191.
160 Zitat bei Dodds, S. 93.
161 Allgemein Zeitung 12.9.1840; Karlsruher Zeitung 8.9.1840.
162 Neueste Weltbegebenheiten 25.3.1840.
163 Neueste Weltbegebenheiten 25.3.1840 und 27.3.1840.
164 Zitat aus einem ausführlichen Artikel in der Beilage zur Allgemeinen Zeitung vom 20.3.1840, Auszüge in: Münchner Tagpost 21.3.1840.
165 Regest des Briefs vom 1.6.1846 bei Haas, S. 104.
166 Zitate bei Walter, Stephanie, S. 316.
167 Ungern-Sternberg, S. 63.
168 Ungern-Sternberg, S. 70.
169 Ungern-Sternberg, S. 71.
170 Brief Stephanies vom 12.7.1837, zitiert in: Haas, S. 80.
171 Gall, S. 224.
172 Taube, S. 106.
173 Bauer, S. 457.
174 Ungern-Sternberg, S. 71.
175 Walter, Stephanienschlößchen, Sp. 30.
176 Hirsch, S. 117.
177 Taube, S. 106.
178 Ungern-Sternberg, S. 77.
179 Brief vom 18.3.1828 an Adelheid von Carolath. Varnhagen, Rahel, Bd. 5, S. 188.
180 Zitat bei Haas, S. 71.
181 Taube, S. 107.
182 Ungern-Sternberg, S. 74.
183 Zitat bei Fleischmann, Bâtard, S. 173. Billard S. 32 ff.
184 Allgemeine Zeitung vom 20.3.1840, Auszüge in: Münchner Tagpost 21.3.1840.
185 Allgemeine Zeitung vom 20.3.1840.
186 Dodds, S. 129.
187 Vgl. Eintrag vom 7.9.1837 im Pfandbuch 1836/37. MARCHIVUM Zug. 3/1900 Nr. 20, S. 311ff.
188 Allgemeine preußische Staats-Zeitung vom 15.7.1837.
189 Schreiben Karl Augusts an Friedrich Christian von Luxburg vom 16.1.1848. Luxburg-Archiv A10.
190 Testamentsentwurf vom 25.2.1845. Luxburg-Archiv A 260.
191 Dodds, S. 127.
192 So die Karlsruher Zeitung am 28.10.1845.
193 Blätter für Unterhaltung und zeitgemäße Mittheilungen. September 1846.
194 Abgedruckt u.a. in: Gazette des Tribuneaux. Journal de Jurisprudence et des Débats Judiciares vom 23.10.1845.
195 Erheiterungen (= Beiblatt der Aschaffenburger Zeitung) 2.11.1845.
196 Schreiben vom 16.1.1848 Luxburg-Archiv A10.
197 Regest des Briefes vom 14.3.1848 in Haas, S. 104.

198 Dodds, S. 143 ff.
199 Willms, Napoleon III, S. 74.
200 Fleischmann, Bâtard, S. 219.
201 Fleischmann, Bâtard, S. 235. Hiervon weicht deutlich die Summe von lediglich 6.000 Franc ab, die Leon einer Liste zufolge erhielt, die nach der Abdankung Napoleons III. zusammengestellt wurde. Papiers et Correspondances II, S. 144 f. Leons eigene Aufzeichnungen machen indes die höhere Summe plausibel.
202 Abschrift in Luxburg-Archiv A 260. Das letztgültige Testament Karl Augusts vom 1.9.1846 ist nicht überliefert.
203 Abschrift der Verkaufsurkunde im Luxburg-Archiv A260.
204 So Heinrich von Luxburg in einem Schreiben an den Mannheimer Stadtarchivar Friedrich Walter vom 28.11.1930. MARCHIVUM, Nachlass Walter Zug. 3/1956 Nr. 616.
205 Vgl. Reisepass von Eleonore o.D. aus den 1850er Jahren in MARCHIVUM, Bestand Polizeipräsidium (Familienstandsbögen 1807 – 1900), Zug. 8/1962. Carl Graf Luxbourg, auf dem Virginie als Begleitperson angegeben wird.
206 Artikel in Didaskalia 31.12.1853.
207 Zitat aus M. le Comte Léon, S. 6.
208 Haas, S. 82.
209 Zitat aus einem Brief vom 8.4.1848 bei Haas, S. 83.
210 Zitat bei Haas, S. 84.
211 Zitat bei Kreutz, S. 342.
212 Taube, S. 107.
213 Vgl. Walter, Jahren, Sp. 56.
214 Zitat ebenda, Sp. 51.
215 Regest bei Haas, S. 115.
216 M. le Comte Léon (1858).
217 Papiers et Correspondances II, S. 144 f.
218 Dodds, S. 178.
219 Zitat aus Schreiben vom 12. Februar 1855 bei Dodds, S. 180.
220 Vgl. Magdeburgische Zeitung 4.1.1855; Leipziger Zeitung 6.1.1855.
221 Dodds, S. 235.
222 Luxburg-Archiv A260.
223 Bürger-Zeitung vom 12.2.1868.
224 Gazette des Tribunaux, 7.12.1872.
225 Willms, Napoleon III., S. 263.
226 Dodds, S. 220.
227 Mannheimer Anzeiger, 1.10.1857.
228 Jerrold, Bd. 2, S. 80.
229 Mannheimer Anzeiger, 29.9.1857. Vgl. Napoleons III. Besuch., Sp. 42 f.
230 Mannheimer Anzeiger vom 30.9.1857.
231 Mannheimer Anzeiger, 7.2.1860.
232 Mannheimer Journal, 30.1.1860.
233 Artikelüberschriften im Mannheimer Morgen vom 31.8.2007, 22.7.2017, 7.9.2018.
234 Luxburg, Abriss, S. 32.
235 https://www.landrucimetieres.fr/spip/spip.php?article3584 (Aufruf vom 2.1.2023).
236 Audebrand, S. 350 f.
237 Vgl. Vebret; Bricard.

BILDNACHWEIS

AKG Images 20, 24, 28, 38 (rechts), 74, 76, 88, 90, 95 (links), 106 (oben), 106 (unten), 109
Badische Landesbibliothek, Karlsruhe 56
Badisches Landesmuseum, Karlsruhe 21 (oben)
Bibliothèque nationale de France, Paris 23 (oben), 38 (links), 42 (links), 42 (rechts), 71 (rechts), 79, 91, 96
Château de Malmaison (Wikicommons) 18
Château de Versailles (Wikicommons) 15
Gemeindearchiv Neckarhausen 54
Landesmedienzentrum Baden-Württemberg 22, 107
Kunsthalle Mannheim 108
Kurpfälzisches Museum Heidelberg 13
Maison de Victor Hugo, Paris 41
MARCHIVUM, Mannheim 7, 8, 9, 35 (oben), 43, 44 (unten), 48 (unten), 49, 51, 55, 57, 59 (unten), 60, 61, 62, 63, 72, 84, 85, 89 (oben), 93
Münchner Digitalisierungszentrum, Digitale Bibliothek 39, 40 (links), 68, 78, 92
Musée Carnavalet, Paris 23 (unten), 34, 67, 71 (links oben), 71 (links unten), 87, 89 (unten), 95 (rechts), 102
Musée des Beaux-Arts Antoine Lecuyer, Saint-Quentin 26
Museen Schloss Aschach, Bezirk Unterfranken 32, 64, 65, 98, 104, 112 (rechts unten)
Napoleonmuseum Arenenberg 16, 81 (oben)
National Gallery of Art, Washington DC (Wikicommons) 11
Privatbesitz 14, 27, 30 (oben), 33, 66, 80, 83, 105, 112 (links), 112 (rechts oben)
Reiss-Engelhorn-Museen, Mannheim 21 (unten), 40 (rechts), 45, 58
Staatliche Schlösser und Gärten Baden-Württemberg 44 (oben), 82
Stadtarchiv Heidelberg 52
Universität Trier, Graphische Sammlungen 25
Universität Heidelberg, Universitätsarchiv 52
Wikicommons 30 (unten), 35 (unten), 47, 53, 59 (oben), 73, 75, 81 (unten), 94, 100, 110, 113

QUELLEN UND LITERATUR

Archive:
Graf-Luxburg-Archiv, Museen Schloss Aschach, Bezirk Unterfranken (= Luxburg-Archiv)
Universitätsarchiv Heidelberg (= UA HD)
Landesarchiv Baden-Württemberg, Generallandesarchiv Karlsruhe (= GLA KA)
MARCHIVUM Mannheim
Bayerisches Hauptstaatsarchiv München (= BHStA)

Zeitungen:
Für die Zeitungsrecherche wurden die folgenden Portale verwendet:
Deutsches Zeitungsportal (https://www.deutsche-digitale-bibliothek.de/newspaper)
Badische Landesbibliothek Karlsruhe (https://digital.blb-karlsruhe.de/zeitungen)
Digitale Bibliothek des Münchner Digitalisierungszentrums (https://www.digitale-sammlungen.de)
Heidelberger historische Bestände digital (https://www.ub.uni-heidelberg.de/helios/digi/digilit.html)
Druckschriften Digital des MARCHIVUM Mannheim (https://druckschriften-digital.marchivum.de)
Digitale Sammlungen der Universitätsbibliothek Mannheim (https://digi.bib.uni-mannheim.de)
Gallica der Bibliothèque Nationale de France (https://gallica.bnf.fr)

Darüber hinaus wurde das Zeitungsarchiv des MARCHIVUM Mannheim eingesehen.

Die einzelnen Zeitungen werden in den jeweiligen Endnoten aufgeführt.

Literatur:

Adressbücher der Stadt Mannheim. Mannheim 1815 – 1860.
Alhoy, Maurice / Lurine, Louis: Les prisons de Paris: Histoire, types, moeurs, mysteres. Paris 1846.
Apponyi, Rudolf: Journal du Comte Rodolphe Apponyi, attaché de l'ambassade d'Autriche-Hongrie à Paris: Vingt-cinq ans à Paris (1826 – 1850). Band II: 1831 – 1834. Paris 1913.
Audebrand, Philibert: Derniers Jours de La Bohème. Souvenirs de la vie littéraire. Paris [1905].
Bauer, Karoline: Aus dem Leben einer Verstorbenen. Verschollene Herzensgeschichten. Nachgelassene Memoiren von Karoline Bauer. Bearbeitet von Arnold Wellmer. Band 3. Berlin 1881.
Bayer, Tilde: Minderheit im städtischen Raum. Sozialgeschichte der Juden in Mannheim während der 1. Hälfte des 19. Jahrhunderts. Stuttgart 2001.
Billard, Max: Un Fils de Napoléon I. D'après des documents inédits. Paris 1909.
Blust, Rolf: Egnacher Heimatbuch. Band 1: Um die Luxburg. Egnach 2000.
Bourg, Edme-Théodore: Amours et galanteries des rois de France jusqu'au règne Charles X. 2 Bände. Paris 1830.
Bricard, Isabelle: Moi, Léon, fils de l'empereur. Paris 1985.
Caude, Élisabeth: Une maison de famille hospitalière. 1799 – 1806, in: Joséphine et Napoléon. L'Hôtel de la rue de la Victoire. Hg. vom Musée national des châteaux de Malmaison et Bois-Préau. Paris 2013, S. 74 – 79.
Correspondance de Napoléon Ier. Publiée par ordre de L'Empereur Napoléon III. Band 32: Oeuvres de Napoléon Ier à Sainte-Hélène. Paris 1869.
Correspondance inédite de M[adame] Campan avec la Reine Hortense. Publ[ié] avec les notes et introd[uction] par J. A. C. Buchon. 2 Bände. Paris 1835.
Dessoly, Jean: L'encyclopédie mondiale des bateaux sous-marins. Band 1: Les présecurseurs – d'une guerre à l'autre.... [Sète] 2016. Online unter: https://www.yumpu.com/fr/document/read/16629746/sous-marins-des-bateaux (Aufruf vom 2.1.2023).
Dietz, Eduard: Die deutsche Burschenschaft in Heidelberg. Ein Beitrag zur Kulturgeschichte deutscher Universitäten. Heidelberg 1895.
Disciplinar Satzungen für das Königliche Hof- und National-Theater zu München. München 1842. Online unter: https://www.google.de/books/edition/Disciplinar_Satzungen_f%C3%BCr_das_Kgl_Hof_u/hcAmiFkUnEwC (Aufruf vom 2.1.2023).

Dodds, Dennis Walton: Napoleon's Love Child. A Biography of Count Leon. London 1974.
Fain, P[aul] (Hg.): Mémoires du Baron Fain, premier secrétaire du cabinet de L'Empereur. Publiés par P. Fain. Paris, 1908.
Feder, Heinrich von: Geschichte der Stadt Mannheim nach den Quellen. 2 Bände. Mannheim/Straßburg 1877.
Fetzer, Ralf: Die letzte Äbtissin von Fraunalb. Zur Geschichte des sogenannten Léon'schen Schlosses, in: Zur ortsgeschichtlichen Bedeutung einer Kreuzung in Neckarhausen, hg. Förderverein Gemeindemuseum Edingen-Neckarhausen e.V. Edingen-Neckarhausen 2016, S. 69 – 74.
Fleischmann, Hector: Bâtard d'Empereur. D' Après les Papiers du Baron de Méneval, Secrétaire du Portefeuille de l'Empereur, et de Nombreux Documents Inédits. Paris 1913.
Fleischmann, Hector (Hg.): Le Roi Joseph Bonaparte: Lettres d'Exil inédites. Amérique – Angleterre – Italie (1825 – 1844). D'après les documents originaux appartenant à M. le baron de Méneval. Paris 1912.
Galerie Hugo Helbing (Hg.): Gemälde alter und moderner Meister, Plastik von der Gotik bis zum Rokoko, Renaissancebronzen, Buchminiaturen, Handzeichnungen, altes Kunstgewerbe. [Versteigerungskatalog mit handschriftlichen Notizen] München 1933. Online unter: https://doi.org/10.11588/diglit.57554 (Aufruf vom 2.1.2023).
Gall, Lothar: Bürgertum in Deutschland. Berlin 1989.
Gavoty, André: Les Drames inconnus de la Cour de Napoléon. 1805 – 1806. Paris 1964.
Gläser, Stefan: Frauen um Napoleon. München 2001.
Gutzkow, Karl von: Zwei Gefangene, in: Gutzkow, Karl von: Die schöneren Stunden. Rückblicke. Stuttgart 1869, S. 291 – 339.
Haas, Rudolf: Stephanie Napoleon. Großherzogin von Baden. Ein Leben zwischen Frankreich und Deutschland 1789 – 1860. Mannheim 1976.
Haroche-Bouzinac, Geneviève: La vie mouvementée d'Henriette Campan. Paris 2017.
Hiltl, Georg: Theodor Döring. Eine Skizze seines Lebens und Wirkens. Teil III. In: Die Gegenwart. Wochenschrift für Literatur, Kunst und öffentliches Leben, hg. Von Paul Lindau, Bände 7 – 8 (1875), S. 107 – 109.
Hirsch, Hans-Joachim: 1815 – 1830. In „kargen Zeiten"?, in: Ulrich Nieß / Michael Caroli (Hg.): Geschichte der Stadt Mannheim. Band 2: 1801 – 1914. Ubstadt-Weiher 2007, S. 58 – 139.
Die Hofgesellschaft der Großherzogin Stephanie 1822, in: Mannheimer Geschichtsblätter 1915, Sp. 95 – 96.
Huth, Hans: Die Kunstdenkmäler des Stadtkreises Mannheim. 2 Bände. München 1982.
Jerrold, Blanchard: The Life of Napoleon III. Derived from state records, from unpublished family correspondence, and from personal testimony. 4 Bände. London 1874 – 1882.
Knötel: Richard: Uniformenkunde. Lose Blätter zur Geschichte der Entwicklung der militärischen Tracht. Band 1 – 5. Babenzien 1890 – 1894.
Kreutz, Wilhelm: 1849 – 1859. Von der Konterrevolution zum liberalen Aufbruch, in: Ulrich Nieß / Michael Caroli (Hg.): Geschichte der Stadt Mannheim. Band 2: 1801 – 1914. Ubstadt-Weiher 2007, S. 312 – 353.
Laborde, Alexandre de: Description des nouveaux jardins de la France et de ses ancien chateaux. Paris 1808. Online unter: https://bibliotheque-numerique.inha.fr/idurl/1/9072 (Aufruf vom 17.7.2023).
Leopold, Silke: Von der Hofoper zur West Side Story, in: Liselotte Homering / Katrin von Welck (Hg.): Mannheim und sein Nationaltheater. Menschen – Geschichte(n) – Perspektiven. Mannheim 1999, S. 86 – 105.
Lurz, Meinhold: Napoleons Sohn Leon lebte dreizehn Jahre in Neckarhausen, in: Mannheimer Morgen – Wochenschau Rhein-Neckar vom 10.5.1991.
Lurz, Meinhold: Sohn Napoleons erlebte sein Waterloo in Neckarhausen, in: Mannheimer Morgen – Wochenschau Rhein-Neckar vom 17.5.1991.
Luxburg, Graf Heinrich von: Abriss einer Familiengeschichte. Meiner Tochter Sofie-Luise zur liebevollen Aufbewahrung gewidmet. Tegernsee 1934 [Unveröffentlichtes Manuskript, Exemplar im Graf-Luxburg-Archiv, Museen Schloss Aschach].
Luxburg, Graf Heinrich von: Frauen um Napoleon I., in: Zeitschrift für bayerische Landesgeschichte 10 (1937), S. 435 – 437.
Mailath, Johann Graf (Hg.): Leben der Sophie Müller, weiland k.k. Hofschauspielerinn [!] und nachgelassene Papiere. Wien 1832.
Masson, Frédéric: Napoleon and the fair sex. London 1894.
Mémoires de la Reine Hortense, publiés par le prince Napoléon; avec notes de Jean Hanoteau. 3 Bände. Paris 1927.
Menzel, Wolfgang: Denkwürdigkeiten, hg. von Konrad Menzel. Bielefeld / Berlin 1877.

M. Le Comte Léon à son Éminence Monseigneur le Cardinal Morlot, Archevêque de Paris, Grand Aumonier de l'Empereur. Paris 1858 [Exemplar in Bibliohtèque Nationale Paris, Res-LN27-12301].
Napoleons III. Besuch in Mannheim-Ludwigshafen 1857, in: Mannheimer Geschichtsblätter 9 (1908), Sp. 42 – 43.
Nauroy, Charles: Les enfants de Napoléon Ier, in: Le Curieux. Première Année. Nr. 8 (1884), S. 113 – 123.
Nipperdey, Thomas: Deutsche Geschichte 1800 – 1866. Bürgerwelt und starker Staat. München 1983.
Normington, Susan: Napoleon's Children. The family life of Napoleon Bonaparte. Bath 1993.
Papiers Secrets brulés dans l'Incendie des Tuileries complèment de toutes les Éditions françaises et belges des Papiers et Correspondance de la Famille Impériale. Brüssel 1871.
Papiers et Correspondance de la Famille Impériale. Band 2. Paris 1872.
Pichler, Anton: Chronik des Großherzoglichen Hof- und National-Theaters in Mannheim. Mannheim 1879.
Probst, Hans-Jörg: Seckenheim. Geschichte eines Kurpfälzer Dorfes. Mannheim 1981.
Revel, J[ean]-H[onoré]-F[rançois]: Buonaparte et Murat, ravisseurs d'une jeune femme, et quelques-uns de leurs agents complices de ce rapt, devant le Tribunal de première instance du département de la Seine. Paris 1815. Online unter: https://gallica.bnf.fr/ark:/12148/bpt6k5864632v (Aufruf 2.1.2023).
[Revel, Jean-Honoré-François]: Nouvelles preuves du rapt de Mme Revel ou réponse de M. Revel, capitaine pensionné à M. M***, se disant officier d'artillerie. Paris 1816. Online unter: https://gallica.bnf.fr/ark:/12148/bpt6k58099262 (Aufruf 2.1.2023).
Revel, Jean-Honoré-François: Désaveu de paternité de Léon, fils naturel de Napoléon Bonaparte. Paris 1822. Online unter: https://gallica.bnf.fr/ark:/12148/bpt6k5623918q (Aufruf 2.1.2023).
Riberette, Pierre: Un réformateur du XIXe siècle et ses disciples: François-Guillaume Coëssin, in: John Barthier (Hg.): 1848. Les utopismes socieaux. Utopie et action à la veille des journées de février. Paris 1981, S. 161 – 180.
Roeseling, Severin: Burschenehre und Bürgerrecht. Die Geschichte der Heidelberger Burschenschaft von 1828 bis 1834. Heidelberg 1999.
Schuler, Thomas: Auf Napoleons Spuren. Eine Reise durch Europa. München 2. Aufl. 2021.
Simson, Gerhard: Schicksal im Schatten. Die drei Söhne Napoleons. München 1970.
Stockert, Harald: 1801 – 1815. Ein „goldenes Zeitalter" unterm badischen Greif?, in: Ulrich Nieß / Michael Caroli (Hg.): Geschichte der Stadt Mannheim. Band 2: 1801 – 1914. Ubstadt-Weiher 2007, S. 1 – 57.
Stockert, Harald: „...viele adeliche Häuser". Stadtsitze, Landschlösser und adlige Lebenswelten in Mannheim und der Kurpfalz. Mannheim 2011.
Stratmann-Döhler, Rosemarie: Stéphanie, in: Neue Deutsche Biographie 25 (2013), S. 262 – 263.
Taube, Otto Freiherr von (Hg.): In Gutshäusern und Residenzen. Denkwürdigkeiten der Freifrau von Hahn, geb. von Graimberg. Hannover 1964.
Tulard, Jean / Garros, Louis: Itinéraire de Napoléon au jour le jour 1769 – 1821. Paris 1992.
[Ungern-]Sternberg, A[lexander] von: Erinnerungsblätter. Erster Theil. Berlin 1855.
Universität Heidelberg (Hg.): Anzeige der Vorlesungen der Badischen Ruprecht-Karls-Universität zu Heidelberg: Anzeige der Vorlesungen, welche im Winterhalbjahre 1820/21 bis Sommerhalbenjahre 1825 auf der Großherzoglich Badischen Ruprecht-Karolinischen Universität zu Heidelberg gehalten werden sollen. Heidelberg 1820 – 1825. Online unter: https://doi.org/10.11588/diglit.2697#0242 (Aufruf vom 2.1.2023).
Valynseele, Joseph: La descendance naturelle de Napoléon Ier. Le Comte Léon. Le Comte Walewski. Paris 1964.
Varnhagen, Rahel Levin: Rahel. Ein Buch des Andenkens für ihre Freunde, hg. von Barbara Hahn. 6 Bände. Göttingen 2011.
Varnhagen von Ense, Karl August: Blätter zur preußischen Geschichte. Band 3. Leipzig 1868.
Vebret, Joseph: Le comte Léon, bâtard infernal de Napoléon. Mesnil-sur-l'Estrée 2012.
Neuestes Verzeichnis sämmtlicher Gebäude in Mannheim mit Bemerkung ihrer dermaligen Eigenthümer. Mannheim 1831.
Walter, Friedrich: Aus den letzten Jahren der Großherzogin Stephanie, in: Mannheimer Geschichtsblätter 13 (1912), Sp. 49 – 58.
Walter, Friedrich: Das Stephanienschlößchen in Mannheim, in: Mannheimer Geschichtsblätter 6 (1905), Sp. 29 – 33.
Walter, Friedrich: Mannheim in Vergangenheit und Gegenwart. Band 1: Geschichte Mannheims von den ersten Anfängen bis zum Übergang an Baden. Mannheim 1907.

Walter, Friedrich: Mannheim in Vergangenheit und Gegenwart. Band 2: Geschichte Mannheims vom Übergang an Baden (1802) bis zur Gründung des Reiches. Mannheim 1907.
Walter, Friedrich: Stephanie Napoleon. Lebensweg und Weggenossen 1789 – 1860. Baden-Baden 1948.
Walter, Michael: Oper. Geschichte einer Institution. Heidelberg 2016.
Willms, Johannes: Der Mythos Napoleon. Verheißung, Verbannung, Verklärung. Stuttgart 2020.
Willms, Johannes: Napoleon. Eine Biographie. München 2007.
Willms, Johannes: Napoleon III. Frankreichs letzter Kaiser. München 2015.

NAMENSREGISTER

Verzichtet wurde auf die Hauptprotagonisten des vorliegenden Buches, Graf Charles de Leon, Gräfin Eleonore von Luxburg (geb. Denuelle de la Plaigne), Graf Karl August von Luxburg sowie Großherzogin Stephanie von Baden (geb. de Beauharnais).

ÜBER DEN AUTOR

Dr. Harald Stockert, geb. 1970 in Tauberbischofsheim, studierte Geschichte, Germanistik und Mathematik in Mannheim und Amsterdam. Er promovierte über die Fürsten von Löwenstein-Wertheim 1780 bis 1850 und absolvierte danach das Referendariat für den höheren Archivdienst. Seit 2001 ist er beim Stadtarchiv Mannheim, dem heutigen MARCHIVUM beschäftigt, zunächst als Abteilungsleiter Zwischenarchiv und IT, ab 2008 als stellvertretender Institutsleiter. Am 1. August 2023 übernahm er die Leitung des MARCHIVUM. Neben der Stadtgeschichte Mannheim interessiert er sich für die Geschichte der Migration, der Kurpfalz, des Adels sowie des Sports. Hierzu legte er zahlreiche Veröffentlichungen vor.

Auf die Spur von Leon, Eleonore, Karl August und Stephanie – Napoleons „Zweitfamilie“ in Mannheim – gelangte er per Zufall. Die verrückten Wendungen ihrer Lebensläufe vor großer Kulisse begeisterten ihn zunehmend und er fasste den Entschluss, diese Geschichten niederzuschreiben. Recherchen führten ihn auch nach Paris, unter anderem ins Schloss Malmaison mit dem bekannten Bild von Jacques-Louis David „Bonaparte beim Überschreiten der Alpen am Großen Sankt Bernhard“ aus dem Jahr 1800.